跨境电商平台分析与运营

KUAJING DIANSHANG PINGTAI FENXI YU YUNYING

主　编　陈琳琳
副主编　张明侠　于　波　刘　娟
　　　　李俊楼　刘　旭
参　编　王艳梅　易建安　钱栋玉

南京大学出版社

图书在版编目(CIP)数据

跨境电商平台分析与运营 / 陈琳琳主编. —南京：南京大学出版社，2025.6. -- ISBN 978-7-305-29306-1

Ⅰ. F713.365.1

中国国家版本馆 CIP 数据核字第 2025ZT9707 号

出版发行	南京大学出版社
社　　址	南京市汉口路 22 号　　邮　编　210093
书　　名	**跨境电商平台分析与运营** KUAJING DIANSHANG PINGTAI FENXI YU YUNYING
主　　编	陈琳琳
责任编辑	武　坦　　编辑热线　025-83592315
照　　排	南京开卷文化传媒有限公司
印　　刷	盐城市华光印刷厂
开　　本	787 mm×1092 mm　1/16　印张 15.25　字数 334 千
版　　次	2025 年 6 月第 1 版
印　　次	2025 年 6 月第 1 次印刷
ISBN	978-7-305-29306-1
定　　价	48.00 元

网　　址：http://www.njupco.com
官方微博：http://weibo.com/njupco
微信服务号：njuyuexue
销售咨询热线：(025)83594756

* 版权所有，侵权必究
* 凡购买南大版图书，如有印装质量问题，请与所购
　图书销售部门联系调换

前　言

当今世界正经历百年未有之大变局，数字经济与全球化进程的深度融合催生了跨境电商产业的蓬勃发展。在国家"双循环"战略的指引下，跨境电商作为外贸新业态的"数字桥梁"，已成为推动中国品牌出海、促进全球贸易普惠发展的重要引擎。全球电商市场呈现多极化发展态势，新兴平台不断崛起，传统平台加速转型，行业对兼具国际视野与实操能力的复合型人才需求日益迫切。本教材的编写正是基于这样的时代背景。

本教材立足于"理论为基、实践为本"的编写理念，具有三大显著特点：其一，系统性构建知识图谱，既涵盖全球跨境电商发展脉络与政策解读，又深度解析八大主流平台的运营规则与商业逻辑；其二，实战导向鲜明，每章均配备商业案例、平台操作流程图示等要点；其三，时效性突出，内容更新至2023年第三季度各平台最新政策。

本教材为教育部产学合作协同育人项目"跨境电商平台研究校企合作实践基地建设"的成果。本教材得到江苏省高校"青蓝工程"资助。教材编写团队由南京传媒学院、南京旅游职业学院教师与业界精英共同组成。江苏省高校"青蓝工程"中青年学术带头人培养对象陈琳琳副教授担任主编，负责全书架构设计和全书的审定与统稿工作；张明侠博士领衔亚马逊、eBay等成熟平台章节的撰写；于波副教授和刘娟博士专注于新兴市场研究，完成速卖通、Lazada、Shopee、Wish等平台的深度解析。李俊楼副教授结合B2B平台的运营模式，完成敦煌网平台的研究。参编团队中，典阅教育王艳梅老师贡献了丰富的实训教学案例，浙非服务中心易建安主任提供了跨境电商的一手调研资料，北京大学经济学院特聘教授、三生智本董事长钱栋玉对平台运营细节提出的修正意见。

本教材旨在为读者提供一套理论与实践深度融合的跨境电商知识体系。全书共分为八章，内容涵盖跨境电商的基本概念、发展历程、主要模式，深入剖析了亚马逊、Wish、速卖通、eBay、Lazada、Shopee、敦煌网等主流平台。教材不仅系统梳理了各平台的运营特点、盈利模式和市场定位，更结合真实案例，提供了涵盖平台入驻流程、产品上架、营销推广、数据分析等关键环节的实操指南，助力读者高效掌握跨境电商的核心技能。

在此，谨向为本教材提供支持的各方致以诚挚谢意：特别感谢敦煌网、全球速卖通等平台运营总部提供的政策白皮书与数据支持，感谢亚马逊中国、Wish亚太事业部相关专家对平台规则解读的专业核校。正是各方力量的鼎力支持与协作，才使这本历时18个月精心编撰、历经3轮严格校对的教材得以付梓。

鉴于跨境电商行业发展迅猛，平台、技术、产品、服务及商业模式等均处于持续迭代更新之中，平台相关政策亦动态调整。加之编者学识水平所限，书中难免存在遗漏和不足之处。恳请广大读者不吝批评指正。

编　者

2025年5月

目　录

第一章　跨境电商简介 ··· 1
　　教学目标 ··· 1
　　引　例 ·· 2
　　第一节　跨境电商概述 ·· 3
　　第二节　跨境电商的主要模式与平台 ·· 7
　　第三节　跨境电商的机遇与挑战 ··· 15
　　课后习题 ··· 21

第二章　亚马逊平台 ·· 23
　　教学目标 ··· 23
　　引　例 ·· 24
　　第一节　亚马逊平台概述 ··· 25
　　第二节　亚马逊平台的运营策略 ··· 30
　　第三节　亚马逊平台的规则与政策 ·· 35
　　第四节　亚马逊平台的实操要点 ··· 41
　　课后习题 ··· 48

第三章　速卖通平台 ·· 50
　　教学目标 ··· 50
　　引　例 ·· 51
　　第一节　速卖通平台概述 ··· 53
　　第二节　速卖通的商业模式 ··· 57
　　第三节　速卖通的目标市场与用户特征 ··· 65
　　第四节　速卖通的营销策略 ··· 69

第五节　速卖通实操指南 …………………………………… 75
课后习题 ……………………………………………………… 81

第四章　eBay 平台 … 84

教学目标 ……………………………………………………… 84
引例 …………………………………………………………… 85
第一节　eBay 平台概述 ……………………………………… 86
第二节　eBay 平台的核心架构要素 ………………………… 91
第三节　eBay 平台的运营实践 ……………………………… 95
课后习题 ……………………………………………………… 105

第五章　Lazada 平台 … 107

教学目标 ……………………………………………………… 107
引例 …………………………………………………………… 108
第一节　Lazada 平台概述 …………………………………… 109
第二节　Lazada 平台的商业模式与运营策略 ……………… 114
第三节　Lazada 平台的多维策略 …………………………… 118
第四节　Lazada 平台的机遇与挑战 ………………………… 120
第五节　Lazada 平台的实操指南 …………………………… 122
课后习题 ……………………………………………………… 124

第六章　Shopee 平台 … 126

教学目标 ……………………………………………………… 126
引例 …………………………………………………………… 127
第一节　Shopee 平台概述 …………………………………… 128
第二节　Shopee 平台的优势与挑战 ………………………… 130
第三节　Shopee 平台的商业模式 …………………………… 132
第四节　Shopee 平台的商品品类与目标市场及用户分析 … 136
第五节　Shopee 平台的营销策略 …………………………… 139
第六节　Shopee 平台的实操指南 …………………………… 141
课后习题 ……………………………………………………… 145

第七章 敦煌网平台 ············· 147
教学目标 ············· 147
引　例 ············· 148
第一节　敦煌网平台概述 ············· 149
第二节　敦煌网商业模式的重要组成部分 ············· 152
第三节　敦煌网的商品类目与目标市场 ············· 154
第四节　敦煌网的客户与服务 ············· 158
第五节　敦煌网的海外引流策略 ············· 160
第六节　敦煌网平台的实操指南 ············· 162
课后习题 ············· 163

第八章 Wish 平台 ············· 166
教学目标 ············· 166
引　例 ············· 167
第一节　Wish 平台概述 ············· 168
第二节　Wish 平台的运营模式与推广策略 ············· 171
第三节　Wish 平台的卖家运营实操指南 ············· 177
课后习题 ············· 186

第一章 跨境电商简介

教学目标

【知识目标】

1. 理解跨境电商的基本概念：

掌握跨境电商的定义和关键特征。

了解跨境电商与传统贸易的区别。

2. 了解跨境电商的发展历程：

认识跨境电商的起步期、发展期和成熟期的特点。

了解跨境电商发展的历史背景和技术推动力。

3. 掌握跨境电商的主要模式：

识别并理解 B2B、B2C、C2C 和 O2O 等不同跨境电商模式。

了解各种模式的运作机制和适用场景。

4. 认识跨境电商平台的类型与特点：

了解综合型、垂直型和社交型跨境电商平台的区别。

掌握各大跨境电商平台的成功案例和运营模式。

5. 识别跨境电商的市场机遇与挑战：

了解全球化需求、数字化转型等因素对跨境电商的影响。

识别法律法规、物流、货币汇率等方面的挑战。

6. 了解跨境电商的未来趋势：

掌握跨境电商的发展趋势和潜在发展方向。

【技能目标】

1. 分析能力：

能够分析跨境电商的市场机遇与挑战。

能够评估不同跨境电商模式的优劣和适用性。

2. 决策能力：

能够根据市场分析制定相应的跨境电商策略。

能够选择合适的跨境电商平台进行业务拓展。

3. 沟通能力：

能够在跨文化背景下与合作伙伴和消费者有效沟通。

能够理解和适应不同国家和地区的商业习惯和文化差异。

4. 问题解决能力：

能够针对跨境电商中遇到的物流、支付、税务等问题提出解决方案。

能够应对跨境电商中的法律法规变化和市场波动。

5. 创新能力：

能够运用新技术和新模式优化跨境电商运营。

能够创新跨境电商服务以提升用户体验和满意度。

【思政目标】

1. 全球化视野与国际合作：

强调跨境电商在推动全球贸易自由化和经济全球化中的重要作用，培养学生的国际视野和合作精神。

2. 国家战略与政策支持：

介绍中国政府如何通过政策支持跨境电商发展，体现国家战略对新兴产业的引导和扶持，增强学生对国家政策的理解。

3. 创新驱动发展：

通过跨境电商的发展，展示技术创新如何推动商业模式变革，激发学生的创新意识和创业精神。

引 例

跨境电商成为经济发展新引擎

在全球化和数字化的浪潮中，跨境电商作为一种新兴的国际贸易模式，正逐渐成为推动全球经济增长的新引擎。根据海关总署的统计数据，2024年上半年，我国跨境电商进出口额达到1.25万亿元，同比增长13%，占我国进出口总值的5.9%。这一增长势头不仅得益于国内消费需求的日益增长，也得益于国际物流运输便捷性的提升——这些为跨境电商的发展提供了有力支撑。

【请思考】

1. 跨境电商相比传统贸易有哪些优势？这些优势如何促进国际贸易的发展？

2. 互联网技术的发展对跨境电商的兴起起到了至关重要的作用，技术进步对跨境电商模式有哪些具体影响？

3. 跨境电商已经成为我国外贸发展的新动能，它对我国经济增长有哪些直接和间接的贡献？

4. 跨境电商在全球供应链中扮演了什么角色？它如何影响全球供应链的优化和重组？

第一节　跨境电商概述

跨境电商的核心优势在于线上平台的运用,它连接了世界各地的商家和消费者,为双方提供了一个交流、洽谈和交易的场所。通过线上平台,商家可以展示和销售商品,消费者可以浏览和选择自己感兴趣的商品。当双方达成交易意向后,便可进行支付结算,这一过程同样是通过线上平台完成的,既安全又便捷。

一、跨境电商的定义与特征

跨境电商,全称为跨境电子商务(Cross-Border E-commerce),是指不同国家或地区的交易主体通过互联网平台进行的,涉及跨越国界的在线交易、支付结算,并通过跨境物流送达商品、完成交易的一种国际商业活动。跨境电商的核心在于利用互联网技术和数字化手段,打破地理距离的限制,实现全球范围内的商业活动。

跨境电商的特征使其成为现代国际贸易的重要组成部分,对全球经济的发展产生了深远的影响。具体而言,跨境电商的特征有以下几个方面。

(一) 全球性与无边界化

全球性是跨境电商显著的特征之一。这一特征意味着商业活动不再受地理位置的限制,企业可以轻松进入全球市场,触及世界各地的消费者。通过跨境电商平台,企业能够跨越国界,实现商品和服务的全球交易,这极大扩展了企业的潜在市场和消费者基础。此外,全球性还带来了文化多样性的挑战,企业在营销策略、产品设计、客户服务等方面进行本地化调整,以适应不同国家和地区的市场需求。

(二) 数字化与技术驱动

数字化是跨境电商的另一个核心特征,它涵盖了从商品展示、交易、支付到物流配送的全过程。数字化使得跨境电商的交易过程更加高效、便捷和透明。技术的进步,尤其是互联网技术、大数据分析、人工智能、云计算等,为跨境电商提供了强大的支持。这些技术的应用不仅提高了交易效率,还使得个性化营销、智能推荐、自动化物流成为可能,极大地改善了消费者的购物体验。同时,数字化也带来了网络安全和数据保护的挑战,要求企业和平台加强技术投入,确保交易的安全性和数据的隐私性。

(三) 高效性与成本优势

高效性是跨境电商的第三个主要特征。通过减少中间环节,跨境电商能够显著降低交易成本,提高交易效率。在线平台的即时性使得信息传递和反馈更加迅速,加速了决策过程。同时,无纸化的交易流程减少了纸质文档的处理,降低了成本。此外,跨境电商的高效性还体现在库存管理和物流配送上,通过实时监控和数据分析,企业能够更精准地预测市场需求,优化库存管理,降低库存成本。然而,高效性也要求企业具备强大的供应链管理和物流协调能力,以应对全球供应链中的复杂性和不确定性。

这三个特征共同构成了跨境电商的核心优势,使其成为推动全球贸易和经济发展的重要力量。同时,这些特征也带来了新的挑战,要求企业和政策制定者不断适应和创新,以充分利用跨境电商的潜力。

二、跨境电商的发展历程

跨境电商的发展历程可以划分为几个重要的阶段,每个阶段都有其独有的特点和驱动因素。

(一)萌芽期:邮件和电话时代的跨境交易(20世纪90年代初至90年代中期)

在互联网普及之前,跨境电商主要以邮件和电话的形式进行。这一时期的跨境交易受限于信息流通的局限性,交易规模较小,效率低下。企业之间的国际贸易主要依靠传统的贸易公司和贸易展会来建立联系和达成交易。

(二)起步期:互联网的兴起与B2B平台的发展(20世纪90年代末至21世纪初)

随着互联网技术的快速发展,跨境电商开始进入起步期。这一时期,B2B(Business to Business)模式的跨境电商平台,如阿里巴巴、Global Sources等开始出现,为企业提供了在线展示产品、发布供求信息和在线沟通的平台。这些平台极大地促进了全球贸易的便利性和效率。

(三)成长期:电子商务平台的多样化与B2C模式的兴起(21世纪初至2010年左右)

随着电子商务技术的成熟和消费者对在线购物接受度的提高,跨境电商进入了快速成长期。B2C(Business to Consumer)模式开始兴起,亚马逊、eBay等平台开始提供跨境购物服务。同时,C2C(Consumer to Consumer)模式也随着eBay等平台的流行而发展起来。这一时期,跨境电商的支付、物流等配套服务也开始逐步完善。

(四)成熟期:全球化与技术创新的推动(2015年左右至今)

跨境电商进入成熟期,平台竞争加剧,服务更加多元化和个性化。技术创新,如大数据、人工智能、云计算等,开始在跨境电商中发挥重要作用。同时,全球供应链的优化、物流配送的智能化、支付方式的多样化等,都为跨境电商的进一步发展提供了支持。这一时期,跨境电商政策也逐渐完善,各国政府开始出台相关政策以促进和规范跨境电商的发展。

(五)未来趋势:数字化转型与全球供应链的深度整合

展望未来,跨境电商将继续朝着数字化转型的方向发展。全球供应链的深度整合、区块链技术的应用、消费者个性化需求的满足将成为跨境电商发展的关键。同时,随着全球经济一体化的深入,跨境电商将在促进国际贸易、提升消费者福利、推动经济增长等方面发挥更加重要的作用。

跨境电商的发展历程是一个由技术驱动、市场需求推动、政策环境不断完善的过程。随着技术的不断进步和全球市场的不断融合,跨境电商将继续在全球贸易中扮演越来越重要的角色。

三、跨境电商在全球经济中的作用

案例与思考1

请根据以下几个案例说明跨境电商在全球经济中有哪些作用。

阿里巴巴集团是中国最大的跨境电商平台之一,通过其B2B平台,全球各地的中小企业能够展示自己的产品,与全球买家建立联系。这个平台不仅帮助中国制造商拓展国际市场,也为全球买家提供了丰富的商品选择,促进了全球贸易的便利化。

亚马逊作为全球最大的在线零售平台之一,其跨境电商业务覆盖了多个国家和地区。亚马逊的全球扩张不仅为其自身带来了巨大的销售额,也为当地创造了大量的就业机会,包括物流、客户服务和技术支持等岗位。

eBay作为一个全球性的C2C电商平台,消费者能够直接从海外卖家购买商品。这种直接的跨境交易方式为消费者提供了更多的选择和更优惠的价格,增加了消费者的购买力和福利。

SHEIN是一家中国快时尚跨境电商平台,通过利用大数据和社交媒体营销,迅速在全球范围内获得了知名度。SHEIN的成功展示了跨境电商利用技术创新来满足全球消费者的需求,推动了相关技术的发展。

国际物流公司如DHL和UPS,通过提供全球物流服务,支持跨境电商的供应链管理。它们通过数字化工具和平台,提高了物流的效率和透明度,帮助企业优化库存管理和物流配送。

Etsy是一个以手工艺品和复古商品为主的跨境电商平台,它连接了全球的手工艺人和消费者。Etsy不仅为手工艺人提供了一个展示和销售自己作品的国际平台,也促进了不同文化之间的交流和理解。

Wish是一个面向全球消费者的移动电商平台，它通过算法推荐系统，帮助商家精准地触达目标消费者。Wish平台的全球覆盖帮助商家提高了品牌知名度，增强了其在国际市场上的竞争力。

（一）促进全球贸易自由化和市场多元化

跨境电商通过数字化平台消除了地理和时间障碍，使得全球贸易更加自由和便捷，从而促进了全球贸易自由化和市场多元化。具体来说，企业能够轻松进入新市场，无须在海外设立实体店铺或仓库，降低了市场拓展的成本和风险。同时，跨境电商简化了复杂的国际贸易流程，包括支付、物流、清关等，提高了交易效率。此外，消费者可以购买全球各地的商品，享受到更多样化的选择和更有竞争力的价格。

（二）推动经济增长创造就业

跨境电商对全球经济增长、创造就业有着显著的推动作用。一方面，跨境电商平台的运营、物流配送以及客户服务等环节直接创造了大量的就业机会；另一方面，其发展还促进了支付技术、数据分析、市场营销等相关产业的繁荣，从而间接创造了更多的就业机会。此外，跨境电商通过增加企业的出口，促进了全球贸易的增长，进而推动了全球经济的增长。

（三）加速供应链创新和效率提升

跨境电商的发展加速了供应链的数字化转型和效率提升。通过跨境电商平台，企业能够实时监控供应链状态，优化库存管理和物流配送。同时，跨境电商使得供应链更加直接和高效，减少了中间环节，降低了成本，提高了响应速度。此外，跨境电商还推动了供应链管理的创新，如利用大数据和人工智能技术进行需求预测和库存优化，从而进一步提升了供应链的整体竞争力。

（四）增强文化多样性和国际交流

跨境电商不仅是一种经济活动，更是文化交流的重要平台。它使得文化产品能够跨越国界，自由流通于世界各地，从而极大地促进了全球文化的多样性和交流。通过跨境电商，不同国家和地区的人们可以更加便捷地接触和了解彼此的文化和生活方式，增进国际的相互理解和友谊。此外，跨境电商还为企业提供了一个推广本土文化和品牌的绝佳机会，帮助它们在全球范围内提升品牌的知名度和影响力，推动文化的国际化传播。

第二节　跨境电商的主要模式与平台

一、跨境电商的主要模式

跨境电商的商业模式可从运营逻辑、物流路径、交易主体及创新形态等维度进行系统划分，每种模式对应不同的商业逻辑与适用场景。

(一) 根据运营模式划分

1. 平台型模式

平台型跨境电商为企业或个人提供开展跨境电商业务的线上场所，自身并不直接参与商品销售。其依靠吸引众多卖家入驻，整合海量商品资源，吸引全球买家，通过收取交易佣金、服务费盈利。以亚马逊为例，全球卖家入驻后能将商品销售给海量消费者。消费者可在亚马逊上选购各类产品，卖家借助亚马逊物流、支付等服务完成交易，亚马逊从中收取相应费用。

2. 自营型模式

自营型跨境电商企业自主采购商品，通过自建线上销售平台面向海外消费者或企业销售。其对商品供应链把控强，注重品牌建设与推广。例如，京东全球购，作为京东集团的跨境电商板块，直接采购海外优质商品，借助京东强大的物流体系和品牌优势，为国内消费者提供优质的海外商品购物体验，通过商品销售差价实现盈利。

(二) 根据商品的物流模式划分

1. 直邮

商品直接从卖家所在国通过邮政或快递公司发送给海外消费者。中国邮政提供的国际小包服务是一个典型的直邮物流模式。在这种模式下，中国的卖家可以直接将商品通过中国邮政发送给海外的消费者。这种方式适用于小规模的跨境电商交易，尤其是C2C平台(如 eBay)上的个人卖家。例如，一个中国的手工艺品卖家可以通过中国邮政国际小包服务将商品直接邮寄给美国的客户，客户下单后，商品从中国发出，通过邮政网络最终送达美国客户手中。

2. 保税仓

商品预先存储在目的国的保税仓库,待消费者下单后再清关发货。天猫国际是中国较大的跨境电商平台之一,它采用保税仓模式来提高物流效率和客户体验。在这种模式下,海外卖家的商品被预先运输到中国的保税仓库中存储。当中国消费者在天猫国际下单后,商品直接从保税仓清关并快速配送到消费者手中。这种模式大大缩短了国际物流时间,提高了消费者的购物体验。例如,一个澳大利亚的商品可以通过天猫国际进入中国市场,商品存储在中国的保税仓中,中国消费者下单后,商品迅速清关并送达。

3. 海外仓

卖家在海外设立仓库,实现本地化存储和配送。京东全球售是京东集团的跨境电商平台,它在全球多个国家和地区设立了海外仓库。这些海外仓使得京东能够为当地消费者提供更快的配送服务。例如,京东在美国、欧洲等地设有海外仓,中国卖家可以通过京东全球售平台将商品存储在美国的海外仓中。当地消费者下单后,商品直接从美国海外仓发出,实现本地化配送,大大缩短了配送时间,提高了客户满意度。

【小提示】 直邮模式适合小规模交易,保税仓模式提高了国内消费者的购物体验,海外仓模式则为海外消费者提供了更快的配送服务。

(三) 根据交易主体的不同划分

1. B2B(Business to Business)模式

企业与企业之间的电子商务交易模式,主要涉及大宗商品交易和批发业务。其特点为交易规模较大,交易频率相对较低,通常涉及复杂的合同谈判和长期合作关系。阿里巴巴国际站是一个全球领先的 B2B 电子商务平台,连接全球买家和供应商。在这个平台上,企业可以发布产品信息,寻找合作伙伴,进行大宗商品交易和批发业务。例如,一个美国的零售商可以通过阿里巴巴国际站从中国的制造商那里直接采购大量的服装或电子产品,进行国际贸易。

2. B2C(Business to Consumer)模式

企业直接面向消费者销售产品和服务的模式。其特点是交易规模较小,交易频率高,注重品牌建设和消费者体验,通常通过在线零售平台进行。亚马逊是全球最大的 B2C 电商平台之一,直接面向消费者提供各种产品和服务。消费者可以在亚马逊上购买书籍、电子产品、日用品等。亚马逊通过高效的物流和优质的客户服务,确保消费者获得良好的购物体验。

3. C2C(Consumer to Consumer)模式

消费者之间直接进行商品交易的模式,类似于在线拍卖或二手交易。其特点是交易灵活,适用于个人卖家和小规模交易,平台通常提供支付和物流支持。eBay是一个全球性的C2C电商平台,允许消费者之间进行商品交易。个人卖家可以在这个平台上展示自己的商品,买家则可以浏览和购买。eBay提供了支付和物流支持,使得个人之间的交易变得更加便捷。例如,一个英国的卖家可以在eBay上出售自己的收藏品,一个美国的买家则可以购买这些收藏品。

4. M2C(Manufacturer to Consumer)模式

制造商直接向消费者销售产品,省去了中间环节。其特点是可以提供更具竞争力的价格,增强品牌控制力,但需要较强的物流和客户服务能力。小米是一家直接面向消费者销售智能手机和智能家居产品的制造商。通过其官方网站或应用程序,小米能够省去中间环节,提供更具竞争力的价格。小米通过在线销售和高效的物流网络,直接将产品送达消费者,同时提供在线客户服务和社区支持。

(四) 根据新兴模式划分

1. 社交电商模式

社交电商借助社交媒体平台或社交网络开展跨境商品销售,将社交互动与电商交易深度结合。如SHEIN,通过在社交媒体上进行大量营销推广,利用用户分享、网红带货等方式,将服装等商品推向全球市场。消费者在社交平台上看到商品分享后,可直接点击链接进入SHEIN购物页面完成购买,其传播速度快、覆盖面广,能快速吸引年轻消费群体。

2. 独立站模式

独立站是企业自主搭建运营的跨境电商平台,独立于第三方电商平台之外,企业拥有完全自主权,自主设计网站界面、规划营销策略、管理客户数据等。例如,Anker(安克创新),通过自建独立站销售智能硬件产品,精准定位目标客户群体,打造个性化购物体验,积累品牌忠实用户,提升品牌知名度与竞争力。

3. 全托管模式

全托管模式下,卖家将商品入驻到平台设立的海外仓,平台负责商品的存储、包装、发货等全部物流环节,以及售后等服务。例如,京东的全托管模式,卖家无需操心物流与售后细节,平台凭借专业物流团队和售后体系保障服务,吸引卖家入驻,提升平台商品丰富度,卖家可专注于商品开发与运营。

4. 半托管模式

半托管模式中,卖家负责商品的存储与发货,将部分关键运营环节如支付、售后等交由平台托管。像速卖通的半托管模式,卖家自行备货发货,平台提供安全支付保障和售后协调服务,既降低卖家运营成本与风险,又保证消费者购物体验,实现平台、卖家与消费者的多方共赢。

5. 订阅电商

消费者通过跨境电商平台或品牌官网等渠道,订阅特定的商品或服务,商家按照一定的时间周期(如每月、每季度、每年等)向消费者寄送商品或提供服务。例如,一些美妆品牌推出的订阅服务,消费者可以根据自己的喜好选择不同的美妆产品组合进行订阅,商家定期将产品寄送到消费者手中。这种模式的优势在于能够建立长期稳定的客户关系,增加客户的忠诚度和复购率,同时也有助于企业更好地预测销售情况,合理安排库存和生产计划。

6. 直播电商

通过在线直播平台(如YouTube、Twitch、Facebook、Instagram等)或电商平台自带的直播功能,将商品或服务展示给全球消费者,并在直播过程中与观众互动、促成交易。这种模式具有实时互动性强、增加品牌曝光、借助网红影响力等优势,可有效提升购物的透明度和信任感,激发观众的购买欲望,增强直播购物体验的吸引力和个性化

表1-1 跨境电商模式全维度对比

分类维度	子类型	核心逻辑	代表平台/案例	核心优势	主要挑战	适用场景与企业类型
一、运营模式	平台型	第三方卖家入驻,平台提供流量、规则与基础设施	亚马逊、阿里巴巴国际站、eBay	流量红利显著(亚马逊全球活跃用户超3亿),低门槛(eBay个人卖家零费用入驻)	竞争激烈(亚马逊头部3%卖家占据70%销量),佣金成本高(平台抽成10%~20%)	中小卖家试水跨境多品类、多市场快速铺货
	自营型	企业自主掌控选品、库存、物流全链路,强化品牌与供应链深度整合	SHEIN、Anker、小米国际	品牌溢价高(Anker毛利率超50%),用户数据自主(复购率提升至35%+)	重资产投入(SHEIN海外仓超60个),库存周转压力大(需维持7天极速上新)	品牌商、垂直品类玩家(如快时尚、3C)追求长期用户价值的企业

续 表

分类维度	子类型	核心逻辑	代表平台/案例	核心优势	主要挑战	适用场景与企业类型
二、物流模式	海外仓	提前备货至目标国仓库，本地发货缩短履约时效	亚马逊FBA、菜鸟国际、谷仓	配送时效快(美国3日达覆盖率超90%)，退换货便利(支持本地售后)	库存积压风险(2024年美国海外仓空置率25%)，仓租成本高(较2021年上涨120%)	高频复购标品(如家居、美妆)，大件商品(速卖通大件物流支持67kg)
	直邮模式	商品从中国或第三国直接发货至消费者，依赖国际物流网络	速卖通、Zara、PatPat	轻资产运营(物流成本占比15%~20%)，SKU灵活性高(支持百万级长尾商品)	时效不稳定(平均15~30天)，清关政策风险(美国UFLPA审核导致延误率上升18%)	低货值小件(如饰品、3C配件)，测试新市场的选品策略
	保税仓模式	商品提前存入境内保税区，享受税收优惠与快速清关	天猫国际、京东国际、考拉海购	税收成本低(综合税率约9.1%)，清关时效快(48小时内完成)	备货资金压力大(需提前3~6个月采购)，品类受限(集中于美妆、母婴等热门品类)	政策敏感型商品(如保健品)，追求"次日达"体验的高线城市消费者
三、交易主体	B2B	企业间大宗交易，以供应链批发、长期合作为核心	敦煌网、阿里巴巴国际站、环球资源	订单规模大(敦煌网2023年交易额超500亿元)，合作稳定性强(复购率超60%)	回款周期长(平均90~180天)，客户开发成本高(需参加国际展会)	产业带工厂(如义乌小商品、深圳3C)，产能稳定的制造型企业
	B2C	企业直接面向终端消费者，注重品牌营销与用户体验	SHEIN、Temu、小米国际	品牌触达效率高(SHEIN全球下载量超10亿次)，溢价空间大(Allbirds环保溢价30%)	流量成本高(独立站获客成本超$30/人)，本地化运营复杂(需适配支付、合规等)	高客单价商品(如奢侈品、家电)，DTC品牌(如Warby Parker)
	C2C	个人卖家通过平台直接向消费者销售，低门槛、碎片化交易	eBay、Mercari、闲鱼国际	入驻成本极低(eBay个人账号零费用)，商品多样性强(二手奢侈品交易占比25%)	品控难度大(假货纠纷率15%)，平台规则严苛(账号封禁率同比上升8%)	二手闲置、手工艺品、小众收藏品，个体创业者与小微商家
	M2C	制造商绕过中间商直接触达消费者，强调去中间化与成本优化	海尔海外官网、美的亚马逊店铺、得力	价格竞争力强(比传统渠道低20%~30%)，供应链响应快(新品上市周期缩短40%)	品牌建设投入大(营销费用占比25%+)，渠道冲突风险(线下经销商抵制)	标准化制造企业(如家电、办公文具)，产能过剩需清货的工厂

第一章 跨境电商简介

11

续 表

分类维度	子类型	核心逻辑	代表平台/案例	核心优势	主要挑战	适用场景与企业类型
四、新型模式	社交电商	依托社交媒体内容（短视频、直播），实现流量裂变与交易转化	TikTok Shop、Temu、Instagram Shop	流量获取成本低（Temu社交裂变获客成本＜1美元），用户粘性高（日均使用时长超60分钟）	内容运营门槛高（需专业团队制作短视频），退货率高（比传统模式高5%～8%）	快消品（美妆、家居），年轻群体（Z世代占比超70%），品牌冷启动阶段
	独立站（DTC）	品牌自建官网直接触达用户，掌控数据与定价权	Shopify、Allbirds、Glossier	用户数据完全自主（可深度分析消费行为），品牌调性自由（如Glossier极简风格）	引流成本高（Google广告CPC超$5），技术运维复杂（需多语言、多货币支持）	高净值用户品类（如高端服饰、保健品），追求差异化竞争的品牌
	全托管模式	平台包揽选品、物流、售后，卖家仅负责生产、供货	Temu、速卖通全托管、亚马逊VC	零运营成本（Temu卖家0佣金），流量扶持力度大（超级碗广告曝光超10亿次）	利润空间极薄（毛利率常不足10%），平台依赖性强（规则变动风险高）	工厂型卖家（尤其是长三角/珠三角代工厂），标品（如日用品、基础款服装）
	半托管模式	平台负责部分环节（如物流），卖家保留运营自主权	速卖通半托管、Lazada Global Plus	物流成本优化（比第三方低25%），运营灵活性高（可自主定价、选品）	流量分配被动（依赖平台推荐算法），政策变动频繁（如速卖通调整半托管类目）	中小卖家（缺乏物流资源），多平台运营者（需平衡不同渠道策略）
	订阅电商	用户定期付费获取商品/服务，强化长期复购	FabFitFun、Cvs Health订阅箱	现金流稳定（用户续费率超70%），用户生命周期价值（LTV）高（比普通用户高3～5倍）	选品压力大（需持续提供新鲜感），仓储预测难度高（库存周转率要求＞95%）	美妆个护、宠物用品、食品等高频消耗品类，追求用户忠诚度的品牌
	直播电商	实时互动展示商品，结合限时促销促成交易	亚马逊Live、Temu直播、淘宝全球购	转化率高（比图文详情高300%），库存周转快（单次直播可售罄上万件）	直播团队专业度要求高（需控场、话术、选品能力），流量峰值波动大（依赖主播个人IP）	非标品（如服饰、珠宝），清库存、推新品场景

二、跨境电商平台的类型与特点

跨境电商平台类型根据服务特点、业务模式和市场定位等因素,可以分为以下几种主要类型。

(一) 综合型跨境电商平台

其特点是提供广泛的商品和服务,覆盖多个行业和市场;吸引各种规模的卖家和多元化的消费者群体;通常具有强大的品牌影响力和用户基础;提供一站式服务,包括支付、物流、客户服务等。

代表性平台有亚马逊(Amazon)和阿里巴巴国际站(Alibaba.com)。

(二) 垂直型跨境电商平台

其特点是专注于特定行业或商品类别,如电子产品、时尚服饰或母婴用品;提供深度的行业解决方案和专业化服务;针对特定领域的消费者和专业买家。

代表性平台有全球速卖通(AliExpress)和 Inkster。其中全球速卖通主要针对小额 B2C 交易、Inkster 针对手表市场。

(三) 社交型跨境电商平台

其特点是结合社交媒体功能,利用社交网络进行商品推广和销售;强调用户互动和社区建设,通过用户生成内容(UGC)吸引消费者;利用社交影响力和口碑营销。

代表性平台有 Wish 其通过用户分享和推荐来增加销量。

(四) 本地化跨境电商平台

其特点是针对特定地区或国家的市场,提供本地化服务;考虑当地文化、消费习惯和法律法规;提供本地货币支付和多语言支持。

代表性平台有 Lazada 和 Shopee。这两个平台主要服务于东南亚市场,提供本地化服务和支付解决方案。

(五) 移动电商平台

其特点是主要通过移动设备进行交易,优化移动购物体验;利用移动设备的便捷性和随时随地的购物优势;可以集成 AR/VR 等移动技术。

代表性平台有天猫国际和京东全球售。

(六) B2B 批发跨境电商平台

其特点是专注于企业间的大宗商品交易;提供供应链管理工具和大宗交易服务;通常涉及复杂的订单处理和物流安排。

代表性平台有敦煌网(DHgate)和 Global Sources。

(七) C2C 拍卖和二手交易跨境电商平台

其特点是允许个人卖家和买家进行商品交易,包括二手商品和收藏品;强调价格发现和竞价机制;提供评价系统和信任建设。

代表性平台有 eBay 和 Etsy。

三、跨境电商平台的成功案例分析

案例与思考2

SHEIN——跨境电商的时尚革命

SHEIN,一家起源于中国的跨境电商平台,已经成为全球时尚电商领域的一个成功案例。自2008年成立以来,SHEIN通过其独特的商业模式和市场定位,迅速崛起为国际时尚零售的重要力量。

该企业的市值在两年内增加了84%,达到470亿美元。2023年的收入达到325亿美元,较上一年增长了43%。

平台的主要受众是35岁以下的年轻人群,尤其是Z世代女性。巴西、墨西哥和美国是SHEIN的三大市场,约有7 470万活跃消费者。SHEIN的全球用户覆盖范围广泛,服务200多个国家的客户。

企业之所以成功有以下几个方面:以"小单快反"模式和灵活的供应链合作,提高了生产效率,降低了库存压力。这种模式使得SHEIN能够快速响应市场变化,及时调整产品线,满足消费者对时尚和速度的需求。平台的产品价格区间大多在5美元~20美元,相比竞争对手(如 H & M 和 Zara)具有明显价格优势。同时,SHEIN每天新增约6 000件商品,推出2 000个库存单位(SKU),保持了产品的高周转率和多样性。另外,平台在社交媒体上具有强大的影响力,特别是在TikTok上,它通过与年轻时尚爱好者的互动,增强了品牌吸引力。SHEIN的下载量在全球购物应用中排名第一,2023年下载量达到2.38亿次。该企业在环境和社会责任方面也做出了努力,如具备太阳能发电能力或安装太阳能发电系统、减少排放、支持社区项目等。这些举措不仅提升了SHEIN的品牌形象,也符合全球消费者对可持续时尚的期待。

尽管SHEIN取得了显著的成功,但也面临包括市场竞争、法规合规等挑战。例如,SHEIN在越南的业务因合规问题暂时停止,这表明跨境电商平台在全球扩张中需要不断适应不同国家的法律法规。(据国外科技媒体 NewsReports 整理)

1. SHEIN 的市场增长主要得益于哪些因素?
2. 如何评估SHEIN 的市场增长对公司长期价值的影响?

第三节　跨境电商的机遇与挑战

一、跨境电商的市场机遇

【思考题】 全球经济增长如何影响跨境电商的市场机遇？请举例说明。

跨境电商的市场机遇主要体现在以下几个方面。

（一）政策支持与监管优化

2024年6月，中国商务部等9部门联合出台《关于拓展跨境电商出口推进海外仓建设的意见》，从培育经营主体、加强金融支持、强化相关基础设施和物流体系建设等方面，对加快培育跨境电商竞争新优势进行了部署。随后，海关总署也发布了优化跨境电商出口发展的监管措施，允许成都等城市开展两项全国性试点。这一政策简化了企业的备案程序，提高了跨境电商企业的运营效率，激发了这一领域的巨大潜力。另外，海关总署取消了跨境电商出口海外仓企业备案。这项整改将有助于降低企业的行政负担，简化出口单证申报手续。对此，不少跨境电商企业认为这将促进他们快速扩张。这些政策变化不仅能够加速业务的推进，还将增强企业对国际市场的信心。

（二）市场规模的持续增长

中国跨境电商交易规模持续扩大，2018年至2020年市场规模增速加快，2021年市场规模达到14.2万亿元，同比增长13.6%。2023年市场规模达到16.8万亿元，显示出强劲的增长势头和巨大的市场潜力。以日本亚马逊为例，2023年中国卖家在日本亚马逊平台整体销售额同比增长20%，品牌卖家销售额增长50%，日本也拥有较大比例的Prime会员。据中研产业研究院《2024—2029年中国跨境电子商务行业市场深度调研及投资战略规划报告》分析，2018—2023年中国跨境电商交易规模及增速如图1-1所示。

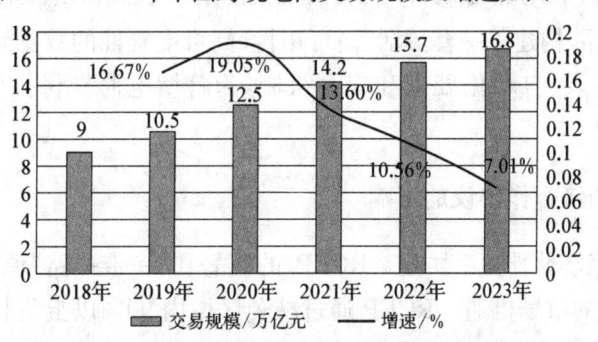

图 1-1　2018—2023年中国跨境电商交易规模及增速

(三)新兴市场的发展潜力

2022年,全球约25.6亿人参与网购,电子商务零售额突破5万亿美元,约占零售总额的五分之一。亚太、中东欧、拉丁美洲、中东和非洲地区的电子商务发展较快。从全球互联网用户地区分布来看,东亚、南亚、东南亚占比较高,有望成为跨境电商新兴市场(见图1-2)。艾媒咨询的数据显示,2023年东南亚五国电商销售增长率均获得大幅提升,超20.0%。在电商销售总规模方面,印度尼西亚最多,达685.4亿美元。

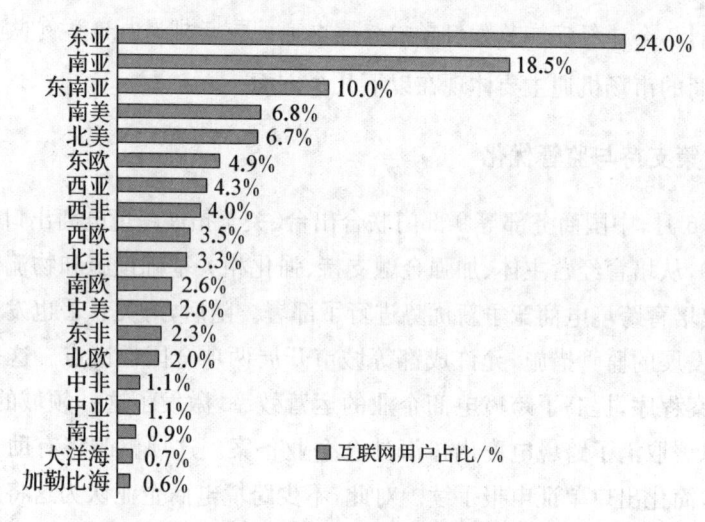

地区	互联网用户占比/%
东亚	24.0%
南亚	18.5%
东南亚	10.0%
南美	6.8%
北美	6.7%
东欧	4.9%
西亚	4.3%
西非	4.0%
西欧	3.5%
北非	3.3%
南欧	2.6%
中美	2.6%
东非	2.3%
北欧	2.0%
中非	1.1%
中亚	1.1%
南非	0.9%
大洋海	0.7%
加勒比海	0.6%

图1-2 2023年全球互联网用户地区分布

数据来源:艾媒数据中心。

(四)技术进步与支付便利化

金融科技创新,如区块链、人工智能、物联网、金融云、大数据等技术,对支付行业乃至整个经济可能产生突破性影响。这些技术提高了支付的透明度和安全性,减少了交易成本和时间,特别是在跨境交易中,安全支付、订单追踪与客户服务等支持性技术的崛起,使全球电子商务市场规模呈指数级增长态势,促进了跨境电商的发展。例如,聚合数据为PayPal研发的PayPal Open Data Platform(ODP)的建设,依托"APIMaster"产品,构建了一套灵活、高可用性、高可配置性的数据管理平台,支持数据API的快速接入、自动化处理和安全机制,为跨境电商支付提供了强大的数据支持。

(五)区域经济合作协议的影响

《区域全面经济伙伴关系协定》(RCEP)的签署和"一带一路"倡议的推进为跨境电商带来了显著的市场机遇。RCEP通过减免区域内90%以上货物贸易的关税,促进了贸易和投资自由化,加强了区域经济一体化,同时简化了海关程序,提高了通关便利化水平。此外,RCEP还推动了服务贸易和电子商务的发展,为跨境电商提供了更广阔的市场和更多的商业机会。与"一带一路"倡议的协同效应,进一步加强了区域产业链供应链的整合与优化,提升了区域内的经济互联互通。这些政策的实施,为跨境电商企业降低成本、提高效率、拓展市场提供了有力支持,推动了跨境电商的快速发展,成为全球经济增长的新动力。

(六)消费者购物习惯的转变

随着互联网技术的进步,越来越多的消费者偏好线上购物,这一趋势促使传统的购物模式向线上转移。消费者不再局限于本地市场,而是通过跨境电商平台寻找全球范围内的多样化、个性化商品。这种从线下到线上的转变,以及从单一渠道到多渠道的扩展,为跨境电商提供了更广阔的市场。同时,消费者越来越注重商品品质和个性化,推动了从价格导向到品质导向的购物行为变化。此外,消费者的购物决策变得更加主动和长期,品牌忠诚度和复购率的提升反映了消费者对品牌的长期关注。全球购物趋势的兴起使得"全球买"成为新常态,为跨境电商市场注入了新的活力。这些变化不仅为跨境电商企业带来了增长机遇,也要求企业适应新的市场需求,提供更优质的产品和服务。

二、跨境电商面临的挑战

(一)法律和监管问题

跨境电子商务涉及多个国家和地区的法律和监管要求,因此面临一系列法律和监管问题。这些问题包括但不限于合规性要求、数据隐私保护、消费者权益保护、电子支付安全等。为了解决这些问题,各国和地区需要加强跨境电子商务的法律和监管框架,制定相关法规和政策,以确保公平竞争、保护消费者权益、维护市场秩序。

1. 跨境税收和关税问题

跨境电子商务涉及多个国家和地区的贸易,因此涉及跨境税收和关税问题。其中一个关键问题是如何确定和征收适当的税收和关税。一些国家和地区已经采取措施,如增值税(VAT)和关税规定,来确保跨境电子商务的公平竞争和税收公平性。然而,由于税收和关税规定的复杂性和变动性,跨境电子商务仍面临税收和关税的挑战,需要进一步的国际合作和协调来解决这些问题。

2. 境外购物的消费者保护和知识产权问题

境外购物涉及不同国家和地区的消费者保护和知识产权问题。消费者在购买境外产品时可能面临质量问题、退款问题、售后服务问题等,因此需要建立有效的消费者保护机制,保障消费者的权益。同时,境外购物还涉及知识产权问题,包括产品的知识产权保护、反盗版措施等。为了解决这些问题,需要加强合作,制定和完善相关法律和政策,强化知识产权保护和消费者权益保护。

(二)语言和文化差异

1. 跨境交流和沟通的挑战

跨境电子商务涉及不同国家和地区的消费者和商家之间的交流和沟通。语言差异是跨境交流的主要挑战之一,消费者和商家可能使用不同的语言进行交流,导致产生沟通障碍和误解。为了解决这个问题,跨境电子商务平台可以提供多语言支持,如提供多语言界面和翻译服务,以便消费者和商家可以更好地进行交流和沟通。

2. 消费者习惯和偏好的差异

不同国家和地区的消费者具有不同的习惯和偏好,这包括购物习惯、支付方式、产品喜好等。跨境电子商务需要了解并适应这些差异,以提供更符合消费者需求的产品和服务。这可能涉及产品定制化、定价策略的调整、支付方式的扩展等。同时,跨境电子商务平台也可以通过数据分析和个性化推荐等技术手段,更好地理解和满足消费者的需求。

(三)信任和安全问题

1. 跨境交易的支付安全和个人信息保护

跨境电子商务涉及支付安全和个人信息保护等重要问题。消费者在进行跨境交易时需要提供个人敏感信息和支付信息,因此支付安全和个人信息保护是至关重要的。为了确保支付安全,跨境电子商务平台需要采取安全措施,如加密技术、支付认证等,以保护消费者的支付信息。同时,平台也需要建立严格的隐私政策和数据保护措施,确保消费者的个人信息得到合法和安全的处理。

2. 假冒和侵权商品的风险

跨境电子商务中存在假冒和侵权商品的风险。由于跨境交易涉及不同国家和地区的供应链,因而监管和执法的难度增加,这导致假冒和侵权商品的流通。为了应对这个问题,跨境电子商务平台需要加强供应链管理,建立严格的供应商审核和产品认证机制,以确保销售的商品符合法律和质量标准。同时,平台也需要建立投诉和纠纷解决机制,为消费者提供维权渠道,加强对假冒和侵权商品的打击和惩罚。

三、应对策略与未来趋势

(一) 国际合作和政策支持

1. 跨境电商政策和贸易协定

跨境电子商务需要国际合作和政策支持,以解决跨境交易中的各种问题。各国可以制定和完善跨境电商政策,包括关税减免、清关便利化、知识产权保护等,以促进跨境电子商务的发展。此外,国际贸易协定也可以为跨境电子商务提供法律和贸易框架,促进国际的电子商务合作。

2. 跨境电商平台的合作和联盟

跨境电子商务平台可以通过合作和建立联盟来应对各种挑战。平台之间可以分享信息和经验,共同解决支付安全、物流配送、假冒侵权等问题。合作还可以提供更多的资源和服务,如跨境物流、支付解决方案等,以提升跨境电子商务的效率和便利性。

(二) 技术创新和数据分析

1. 技术创新驱动文化融合

技术创新在跨境电商平台中扮演着至关重要的角色,尤其是解决由语言和文化差异带来的挑战。通过实施先进的语言翻译技术,平台能够为不同语言背景的用户提供实时翻译服务,极大地降低了跨文化交流的障碍。此外,智能推荐算法的应用使得平台能够根据用户的历史行为、偏好和实时互动,提供个性化的商品推荐,从而提升用户体验和满意度。这些技术的应用不仅增强了平台的竞争力,也为全球用户提供了更加便捷和个性化的购物体验。

2. 数据分析优化消费体验

数据分析是跨境电商平台应对消费者习惯和偏好差异的关键工具。通过对海量数据的深入分析,平台能够洞察消费者的需求和喜好,从而提供更加精准的个性化服务。这种分析包括但不限于消费者的购买历史、搜索行为、页面浏览时长等,使得平台能够预测市场趋势和消费者行为。基于这些洞察,平台可以优化产品推荐算法,调整库存和营销策略,以提高销售效率和用户满意度。数据分析的应用,使得跨境电商平台能够在全球市场中更好地定位自身,满足不同地区消费者的特定需求,增强市场竞争力。

(三)技术创新和解决方案

1. 跨境物流和供应链技术的发展

跨境电子商务需要高效可靠的物流和供应链系统来支持商品的跨境运输和配送。技术创新可以提高物流效率和可视化,如物流追踪系统、智能仓储和自动化设备等。此外,供应链管理技术可以帮助平台和商家更好地协调供应链中的各个环节,提高供应链的可靠性和灵活性。

2. 支付安全和消费者保护技术的应用

支付安全是跨境电子商务中的关键问题,技术创新可以提供更安全的支付解决方案。例如,双因素认证、指纹识别、声纹识别等技术可以增强支付的安全性。消费者保护技术也可以帮助消费者识别和避免假冒和侵权商品。例如,商品溯源技术、防伪标识等可以帮助消费者验证商品的真实性和质量。

(四)安全措施和信任建设

1. 强化支付安全与隐私保护

跨境电子商务平台的安全性是消费者信任的基石。为保障交易的安全性,平台需采取先进的加密技术和支付认证措施,以确保支付过程的安全性和消费者个人信息的保密性。此外,平台必须制定严格的隐私政策和数据保护机制,明确告知用户其数据如何被收集、使用和保护。这些措施有助于构建消费者对平台的信任,保护消费者权益,同时也符合全球数据保护法规的要求,为平台在全球市场的拓展提供合规性支持。

2. 打击假冒侵权,建立信任机制

为了维护平台声誉和消费者权益,跨境电商平台必须加强对假冒和侵权商品的打击力度。平台可以通过建立供应链管理和产品认证机制,确保平台上销售的商品均为正品。同时,为消费者提供明确的维权渠道,如退货、退款和投诉处理流程,这些是增加消费者信任的重要措施。通过这些机制,平台不仅能够减少假冒商品的流通,还能够在消费者心中树立起负责任和可靠的形象,从而增强消费者对平台的信任感,促进平台的长期发展。

(五)提高消费者信任和满意度

1. 提升透明度和可追溯性

跨境电子商务平台可以通过提供更多的信息和透明度,增加消费者对平台和商品的信任。例如,平台可以提供详细的商品描述、真实的商品照片和视频,以及客户评价和反馈。此外,物流追踪系统和供应链可视化也可以让消费者了解商品的运输和配送过程,增加消费者对商品的信任。

2. 增加消费者教育和保护措施

跨境电子商务平台可以加强对消费者的教育和保护措施,提高消费者的意识和能力,以应对跨境电子商务中的各种问题。平台可以提供消费者教育和指导,帮助消费者了解购物流程、支付安全、维权渠道等。此外,平台还可以建立投诉处理机制和消费者保护机构,为消费者提供维权和投诉渠道,增加消费者的满意度和信任感。

课后习题

一、单选题

1. 跨境电商的核心优势在于( )。
   A. 线下平台的运用　　　　　　　　B. 线上平台的运用
   C. 传统市场的扩展　　　　　　　　D. 单一国家的市场运营

2. 跨境电商的特征不包括( )。
   A. 全球性与无边界化　　　　　　　B. 数字化与技术驱动
   C. 高效性与成本优势　　　　　　　D. 地域性与边界化

3. 跨境电商的发展历程中,( )标志着B2C模式的兴起。
   A. 萌芽期　　　　　　　　　　　　B. 起步期
   C. 成长期　　　　　　　　　　　　D. 成熟期

4. ( )不是跨境电商平台的类型。
   A. 综合型　　　　　　　　　　　　B. 垂直型
   C. 社交型　　　　　　　　　　　　D. 地区型

5. 跨境电商的主要模式中,M2C模式的特点是( )。
   A. 制造商直接向消费者销售产品
   B. 企业与企业之间的电子商务交易
   C. 企业直接面向消费者销售产品和服务
   D. 消费者之间直接进行商品交易

6. SHEIN的主要受众是( )年龄段的人群。
   A. 25岁以下　　　　　　　　　　　B. 35岁以下
   C. 45岁以下　　　　　　　　　　　D. 55岁以下

7. 跨境电商的市场机遇中,( )不是政策支持与监管优化的内容。
   A. 简化企业的备案程序　　　　　　B. 提高跨境电商企业的运营效率
   C. 增加企业的行政负担　　　　　　D. 激发这一领域的巨大潜力

8. 跨境电商面临的挑战中,不属于法律和监管问题的是( )。
   A. 跨境税收和关税问题
   B. 境外购物的消费者保护和知识产权问题
   C. 物流配送的效率问题
   D. 数据隐私保护问题
9. 跨境电商平台的成功案例分析中,SHEIN的成功主要得益于( )。
   A. 高昂的价格策略　　　　　　B. 强大的供应链合作
   C. 有限的市场覆盖　　　　　　D. 缺乏社交媒体影响力
10. 跨境电商在全球经济中的作用不包括( )。
    A. 促进全球贸易自由化和市场多元化
    B. 推动经济增长和就业创造
    C. 加速供应链创新和效率提升
    D. 减少文化多样性和国际交流

二、多选题

1. 跨境电商的特征包括( )。
   A. 全球性与无边界化　　　　　B. 数字化与技术驱动
   C. 高效性与成本优势　　　　　D. 地域性与边界化
2. 跨境电商的主要模式根据商品的交易性质划分包括( )。
   A. 商品贸易　　　　　　　　　B. 服务贸易
   C. 数字产品贸易　　　　　　　D. 地区贸易
3. 跨境电商平台的类型包括( )。
   A. 综合型　　　　　　　　　　B. 垂直型
   C. 社交型　　　　　　　　　　D. 地区型
4. 跨境电商面临的挑战包括( )。
   A. 法律和监管问题　　　　　　B. 语言和文化差异
   C. 信任和安全问题　　　　　　D. 物流配送的效率问题
5. 跨境电商的市场机遇包括( )。
   A. 政策支持与监管优化　　　　B. 市场规模的持续增长
   C. 新兴市场的发展潜力　　　　D. 消费者购物习惯的转变

三、简答题

1. 跨境电商的定义是什么?
2. 跨境电商相比传统贸易有哪些优势?
3. 跨境电商在全球经济中扮演了什么角色?
4. SHEIN成功的关键因素是什么?
5. 跨境电商面临的主要挑战有哪些?

第二章 亚马逊平台

教学目标

【知识目标】

1. 理解亚马逊平台的基本概念：

掌握亚马逊平台的核心功能。

了解亚马逊在全球电商市场中的地位和影响力。

2. 了解亚马逊平台的发展历程：

认识亚马逊从在线书店到全球电商巨头的发展历程。

了解亚马逊在技术创新和市场拓展方面的重要里程碑。

3. 掌握亚马逊平台的运营模式：

识别并理解亚马逊的 B2C、C2C 和第三方卖家模式。

了解亚马逊 Prime 会员、AWS 云服务等业务板块的运作机制。

4. 认识亚马逊平台的市场机遇与挑战：

了解全球化市场、技术创新等因素为亚马逊带来的机遇。

识别市场竞争、监管政策、物流等方面面临的挑战。

5. 了解亚马逊平台的未来趋势：

掌握亚马逊在电商、云计算、人工智能等领域的未来发展方向。

【技能目标】

1. 分析能力：

能够分析亚马逊平台的市场机遇与挑战。

能够评估不同运营模式在亚马逊平台的适用性和优劣。

2. 决策能力：

能够根据市场分析制定相应的亚马逊平台运营策略。

能够选择合适的亚马逊服务和工具进行业务拓展。

3. 沟通能力：

能够在跨文化背景下与亚马逊平台的客户和合作伙伴有效沟通。

能够理解和适应不同国家和地区的商业习惯和文化差异。

4. 问题解决能力：

能够针对亚马逊平台运营中遇到的物流、支付、税务等问题提出解决方案。

能够应对亚马逊平台政策变化和市场波动。

5. 创新能力：

能够运用新技术和新模式优化亚马逊平台运营。

能够创新亚马逊平台服务以提升用户体验和满意度。

【思政目标】

1. 全球化视野与国际合作：

强调亚马逊在全球电商市场中的重要作用，培养学生的国际视野和合作精神。

2. 企业责任与可持续发展：

介绍亚马逊在社会责任和可持续发展方面的努力，增强学生对企业责任的理解。

3. 创新驱动发展：

通过亚马逊的发展历程，展示技术创新如何推动商业模式变革，激发学生的创新意识和创业精神。

通过实现这些目标，学生将能够全面理解亚马逊平台的基本概念、运作模式和市场环境，并能够将这些知识应用于实际的亚马逊平台运营和决策中。

引 例

智能手环在亚马逊美国站的运营挑战与策略

假设你是一名跨境电商企业的运营经理，你的公司计划在亚马逊平台上拓展业务。公司已经选定了一款具有市场潜力的电子产品——智能手环，准备在亚马逊美国站销售。你的任务是制定一套完整的运营方案，包括产品上架、定价策略、营销推广、客户服务等方面，以实现销售目标，并提升品牌知名度。

【请思考】

1. 在亚马逊美国站上架智能手环时，应如何选择合适的商品分类和关键词，以提高产品的搜索排名和曝光率？如何优化产品详情页的图片和文案，以吸引美国消费者的注意，并提高转化率？

2. 考虑到市场竞争和成本因素，智能手环在亚马逊上的定价应如何制定？是否需要采取动态定价策略以应对竞争对手的价格变动？如何平衡利润率和销量之间的关系，制定出既能吸引消费者又能保证利润的定价？

3. 在亚马逊平台上，有哪些有效的营销推广渠道和方式可以用于推广智能手环？例如，是否可以通过亚马逊广告、促销活动或与网红合作等方式进行推广？如何制定一套系统的营销推广计划，以在不同的销售阶段（如新品上市、节假日促销等）实现较好的推广效果？

4. 面对美国消费者对客户服务的高要求,如何提供优质的售前、售中和售后服务,以提升客户满意度和忠诚度?如何处理可能出现的客户投诉和退换货问题,以维护品牌形象并减少负面影响?

5. 选择哪种物流配送方式(如FBA或卖家自配送)更能满足美国市场的配送需求和时效性要求?如何优化物流配送流程,降低物流成本并提高配送效率?

6. 如何利用亚马逊平台提供的数据分析工具,对智能手环的销售数据、客户反馈等进行分析,以了解产品的市场表现和消费者需求?根据数据分析结果,如何调整运营策略,以提升产品的销售绩效和市场份额?

第一节 亚马逊平台概述

亚马逊公司(Amazon),是美国大型的网络电子商务公司,也是在全球范围内较早开始经营电子商务的公司之一。亚马逊成立于1994年,总部位于华盛顿州的西雅图。营业之初,主要为书籍的网络销售业务,现已扩及范围相当广的其他产品,已成为全球商品品种最多的网上零售商。

一、亚马逊平台发展历程

(一) 创立与起步

亚马逊公司由杰夫·贝索斯于1994年7月5日创立,最初名为Cadabra,主要经营在线书籍销售。贝索斯认识到网络的潜力,意识到网络书店可以提供比实体书店更丰富的书籍选择。当时,全球约有130万种印刷书籍,而音乐作品仅有30万种。贝索斯认为图书市场巨大,年销售额达250亿美元,且没有垄断者。因此,1995年,公司正式更名为Amazon.com,强调其互联网属性。亚马逊网站作为一个大型数据库,具备快速搜索功能,方便读者查找书籍信息。

1996年,亚马逊开始正式销售书籍。开年第一周,月收入增长了30%~40%。通过自动推送相关图书,亚马逊使消费者能够更方便地购买书籍。这一年,亚马逊员工扩充至150名,全年营业额达到1 600万美元,尽管亏损了580万美元,但网站的日均访问量从1995年12月的2 200次迅速增长到1997年3月的80 000次,回头客贡献了总销量的40%。1997年5月15日,亚马逊成功地在纳斯达克上市。

(二) 业务拓展与并购

上市后,亚马逊迅速扩张。1998年4月,亚马逊先后收购了英国的Bookpages、德国的Telebook和IMDb。Bookpages是英国最大的网上书店,提供120万种英文图书;

Telebook 是德国最大的网上书店,拥有近 40 万种德语书籍;IMDb 则专注于视频业务。

除了并购,亚马逊还大力发展物流业务,推出了 Amazon 物流服务。该服务由亚马逊自主经营,旨在加强商品配送和物流管理,提高平台效率。到 2019 年,该物流服务已与超过十家全球物流公司合作,支持亚马逊的快速送货,并向第三方客户开放。

(三)市集平台与第三方卖家

亚马逊还拓展了产品线和地域市场,将网站转变为市集平台,引入第三方卖家与亚马逊直营店竞争。这为消费者带来了更多便利。一年内,第三方卖家的商品销售量占到总销售量的 5%。到 2020 年,全球超过 200 万第三方卖家在市集上占据了 40% 的销售量。2014 年,客户从第三方卖家订购的货物超过 20 亿件。为支持卖家成长,亚马逊还推出了亚马逊贷款项目,向美国、英国和日本的微型企业和中小型企业提供短期贷款。

(四)云计算业务的崛起

2002 年 7 月,亚马逊推出了云计算服务 AWS(Amazon Web Services)平台,第一版 AWS 系统上线。开发人员可以通过 API 将亚马逊的独特功能接入自己的网站。AWS 通过其云服务提供大量计算与存储资源,为开发人员和用户带来便利。这些 API 简化了程序员的工作,使他们能够利用这些功能与操作系统和其他程序互动。2006 年,亚马逊云计算通过提供 10 种不同的网络服务,建立了超过 24 万注册开发者参与的社区。到 2015 年,AWS 已在计算、存储、数据库、分析、移动、物联网和企业应用等领域提供了 70 多种服务,在全球 12 个基础设施区提供了 33 个服务区。随后,亚马逊在加拿大、中国、印度、美国和英国五个区域又提供了 11 个服务区。

2015 年,AWS 云计算服务的营业收入同比增长了 69%,达到 24 亿美元。2016 年,亚马逊发布了免费的跨平台 3D 游戏引擎 Lumberyard,适用于个人电脑、游戏机、移动设备和虚拟现实平台。同时,亚马逊还推出了全托管式 AWS 数据库迁移服务,使客户能够在不停机的情况下将数据库从本地数据中心迁移到 AWS。此后,亚马逊每年都会推出新的云计算功能,到 2020 年,亚马逊云计算市场份额达到 40.8%。

(五)会员业务的创新

亚马逊 Prime 会员最初是在 2005 年推出的,会员费为每年 79 美元,亚马逊 Prime 会员一开始就是收取会员费的。2022 年 2 月,Prime 会员的价格调整为 139 美元/年。2005 年,亚马逊为会员提供的商品有 100 万种,到 2014 年增加到超过 2 000 万种。除了丰富的商品,亚马逊还扩充了数字内容方面的福利,包括 Kindle 用户的借阅图书馆和 Prime 即时视频。Prime 即时视频允许会员无限制次数地流媒体播放美国的几万部电影和电视剧。这些服务获得了用户的广泛认可,增加了用户黏性,推动了亚马逊飞轮的旋转。

Prime 会员服务最初依靠 FBA 的送货服务吸引用户,十年后,内容产品已深深植入其中。内容产品的边际成本通常接近于零,其规模效应显著。当内容产品逐渐发力并带来更大的客户价值后,会员体系的强大力量更加凸显,规模效应也对FBA的进一步发展形成了巨大的反馈。2015年,Prime会员业务被贝索斯定义为亚马逊的三大支柱业务之一。

二、亚马逊平台的业务范围与市场地位

(一) 业务范围

亚马逊公司自1994年成立以来,已经从最初的在线书店发展成为一个多元化的全球电子商务巨头。其业务范围涵盖多个领域,包括但不限于以下几个主要方面。

1. 电子商务平台

亚马逊是全球最大的在线零售平台之一,提供数百万种商品,涵盖图书、电子产品、家居用品、服装、食品、健康与个人护理用品、玩具、婴儿用品、运动与户外用品等多个品类。通过其庞大的商品目录和便捷的购物体验,亚马逊吸引了全球数亿消费者,成为消费者日常购物的首选平台。

2. 云计算服务

亚马逊的云计算服务AWS是全球领先的云服务平台,为企业和个人提供强大的计算、存储、数据库、机器学习、人工智能等服务。AWS在全球范围内拥有广泛的基础设施,支持各种规模的企业进行数字化转型和创新。

3. 数字流媒体服务

亚马逊Prime Video提供丰富的电影和电视剧流媒体服务,用户可以在线观看或下载各种影视内容。此外,亚马逊还通过Prime Music提供音乐流媒体服务,用户可以享受无广告的音乐播放体验。

4. 智能设备与技术

亚马逊推出了包括Kindle电子书阅读器、Echo智能音箱、Fire TV流媒体设备等在内的多种智能设备,进一步拓展了其在消费电子领域的业务。通过Alexa智能助手,亚马逊将语音交互技术应用于各种设备,提升了用户体验。

5. 物流与仓储服务

亚马逊拥有全球最大的物流网络,包括物流中心、配送中心和运输车队,能够为全球消费者提供快速、可靠的配送服务。通过Fulfillment by Amazon(FBA)服务,亚马逊还为第三方卖家提供物流和仓储支持,帮助他们更好地管理库存和订单履行。

(二)市场地位

亚马逊在全球电子商务和相关领域中占据着举足轻重的市场地位。

1. 全球电子商务市场的领导者

根据 eMarketer 的数据，2019 年亚马逊在美国的在线零售市场占比为 38%，远超其他竞争对手（如 eBay 和沃尔玛在线），成为美国最大的在线零售商。在全球范围内，亚马逊在多个国家和地区的市场份额也处于领先地位，如在英国、德国和印度等国家的市场份额分别达到 30.1%、39.7% 和 31.2%。

2. 云计算市场的主导者

AWS 在云计算市场中占据主导地位，根据 Gartner 等研究机构的数据，AWS 的市场份额长期保持在 40% 以上，遥遥领先于其他云服务提供商。众多大型企业和初创公司都选择 AWS 作为其云计算基础设施，AWS 的技术创新和服务可靠性得到了市场的广泛认可。

3. 数字流媒体服务的重要参与者

亚马逊 Prime Video 在全球流媒体市场中占据重要地位，与 Netflix 和 Hulu 等竞争对手形成了激烈的竞争格局。通过不断丰富影视内容库和提升用户体验，亚马逊在数字流媒体服务领域不断扩大其影响力。

4. 智能设备与技术的创新者

亚马逊在智能设备领域推出了多款创新产品，如 Kindle 电子书阅读器和 Echo 智能音箱，引领了相关市场的发展趋势。Alexa 智能助手的广泛应用也使亚马逊在人工智能和物联网领域占据了重要地位。

三、亚马逊平台的核心竞争力分析

亚马逊作为全球最大的跨境电子商务平台之一，其成功的关键在于其多方面的核心竞争力。以下是亚马逊平台的核心竞争力分析。

(一) 高效的供应链管理

亚马逊的供应链管理能力是其核心竞争力的重要组成部分。通过优化库存管理、提高配送效率和降低物流成本，亚马逊能够为用户提供快速、准确且可靠的配送服务。其全球物流网络覆盖广泛，借助先进的仓储技术和自动化系统，实现了高效的库存周转和订单处理。此外，亚马逊通过与制造商和供应商建立紧密合作关系，获得更有竞争力的采购价格和丰富的产品资源，从而为消费者提供更优质、更具性价比的商品。

亚马逊还通过一系列创新工具和服务,如"供应链智能托管服务",帮助卖家实现全供应链的自动化和智能化管理。这种模式不仅提升了运营效率,还降低了卖家的运营成本,使其能够专注于产品研发和品牌建设。

(二) 卓越的用户体验

用户体验是亚马逊成功的关键之一。亚马逊通过优化网站设计、提高搜索准确率、加强售后服务等手段,为用户提供便捷、舒适和安全的购物体验。其用户界面简洁直观,搜索和过滤功能强大,能够帮助用户快速找到所需商品。此外,亚马逊推出的 Prime 会员服务,提供免费配送、快速退换货以及独家折扣等增值服务,极大地增加了用户黏性和忠诚度。

亚马逊还通过用户评价系统和"1-Click"购物专利等创新功能,进一步提升了购物体验。24 小时在线的客户支持团队和便捷的退货退款政策,也为消费者提供了全方位的保障。这些措施不仅提高了用户满意度和口碑效应,还帮助亚马逊在激烈的市场竞争中脱颖而出。

(三) 强大的品牌和流量优势

亚马逊作为全球最大的电子商务公司之一,其品牌影响力是其核心竞争力的重要组成部分。通过持续的品牌宣传和推广,亚马逊在全球范围内赢得了消费者的信任和支持。其品牌知名度和美誉度的提升,使得消费者在选择在线购物平台时更倾向于亚马逊。

此外,亚马逊通过拓展业务领域,如推出 Alexa 智能家居设备等,进一步增强了品牌影响力。亚马逊还通过大数据分析和精准营销,优化商品推荐和广告投放,提升用户转化率。这些举措使得亚马逊在全球电商市场中占据了显著的流量优势。

(四) 全球市场领导地位

亚马逊在全球电商市场中占据无可争议的领导地位。根据 Statista 数据,截至 2024 年 12 月,亚马逊市值超过 2 万亿美元,位居全球电子商务公司之首。其在全球范围内的市场份额和用户基础庞大,2023 年其美国电商市场份额已达到 40% 左右。此外,亚马逊通过不断扩展全球站点,目前已向中国卖家开放了包括爱尔兰在内的 20 个海外站点,覆盖全球超 3 亿活跃用户。

亚马逊的全球化战略不仅体现在市场覆盖上,还体现在其对新兴市场的布局上。近年来,亚马逊积极拓展拉美、东南亚等新兴市场,通过优化业务模式和提供本地化服务,逐步扩大其在这些地区的市场份额。此外,亚马逊通过推出"Buy with Prime"等创新服务,进一步增强了其在全球电商市场的竞争力。凭借强大的技术实力和丰富的运营经验,亚马逊在全球电商市场中继续保持领先地位

第二节 亚马逊平台的运营策略

【课前思考】

(1) 如何在亚马逊平台上识别和选择具有潜力的热门产品?

提示: 你将如何利用亚马逊的关键词工具、市场研究工具和竞争对手分析来识别当前市场上的热门产品和趋势?举例说明你可能会选择哪些产品类别进行深入研究,并解释你的选择依据。

(2) 如何通过店铺装修和品牌建设在亚马逊上建立独特的品牌形象?

提示: 你将如何设计店铺的视觉风格和布局,以确保与你的品牌定位相符?你将如何通过店铺的文案、图片和视频展示品牌故事和价值观,吸引消费者的注意力并增强品牌认同感?

(3) 如何制定有效的营销推广计划,以提高产品在亚马逊上的曝光度和销量?

提示: 你将如何利用亚马逊广告、促销活动、社交媒体营销和电子邮件营销等多种渠道进行产品推广?你将如何根据目标市场和消费者特征制定个性化的营销策略,以最大化广告效果和转化率?

(4) 如何提供卓越的客户服务,以提高客户满意度和忠诚度?

提示: 你将如何确保快速响应客户咨询和问题,并提供专业的解答和解决方案?你将如何制定完善的售后服务政策,包括退换货流程和订单处理,以确保客户在购物过程中获得优质的体验?

(5) 如何利用亚马逊平台提供的数据分析工具,优化运营策略?

提示: 你将如何分析销售数据、客户反馈和市场趋势等信息,以了解产品的市场表现和消费者需求?你将如何根据这些数据调整产品选品、营销推广和客户服务策略,以提升运营效果和市场份额?

一、产品选品与定位策略

在亚马逊平台上,产品选品与定位策略是成功运营的关键。以下几点是制定有效选品与定位策略的具体方法。

(一) 市场研究与需求分析

深入研究目标市场的消费者需求、购买习惯和偏好。通过亚马逊的市场研究工具、关键词分析和竞争对手分析,了解哪些产品在市场中受欢迎,哪些产品有潜在的增长空间。例如,分析消费者在亚马逊上的搜索关键词,了解他们对产品功能、规格和价格的需求。

紧跟市场趋势和行业发展动态,及时把握新兴产品和热门品类。例如,近年来,智能家居产品、健康监测设备等逐渐受到消费者青睐,可以考虑在这些领域寻找选品机会。

研究竞争对手的产品线、价格策略和销售情况,了解他们在市场中的优势和劣势。通过分析竞争对手的热门产品和差评产品,找到市场中的空白点和改进空间,为自己的选品提供参考。

(二) 产品差异化与特色定位

在选品时,要注重产品的差异化,寻找具有独特功能、设计或性能的产品。例如,对于一款智能手表,除了基本的时间显示和健康监测功能外,还可以增加防水、长续航、个性化表盘等特色功能,使其在众多同类产品中脱颖而出。

针对特定的消费群体,开发和选择能够满足其特定需求的产品。例如,为户外运动爱好者提供具有防水、防震、高精度GPS定位功能的户外手表;为忙碌的上班族提供便捷的便携式榨汁机等。

根据自身的品牌定位和品牌形象,选择与之相匹配的产品。例如,如果品牌定位为高端奢华,那么选品时应注重产品的品质、设计和品牌价值,如选择高端的珠宝首饰、名牌服饰等;如果品牌定位为性价比高,那么选品时应注重产品的实用性和价格优势,如选择性价比高的电子产品、家居用品等。

(三) 利润空间与成本控制

在选品时,要仔细计算产品的成本,包括采购成本、运输成本、仓储成本、广告成本等,确保产品有足够的利润空间。例如,对于一款电子产品,要综合考虑其采购价格、从供应商到仓库的运输费用、在亚马逊平台上的仓储费用以及为推广产品所需的广告费用,确保最终的售价能够覆盖所有成本并获得合理的利润。

优先选择利润空间较大的产品,这样在销售过程中能够获得更多的利润。例如,一些具有独特设计或技术的高端产品,如智能穿戴设备、高端音响设备等,通常具有较高的利润空间。

在保证产品质量的前提下,通过与供应商谈判、优化物流方式、提高库存周转率等措施,降低产品的成本。例如,与供应商建立长期合作关系,争取更优惠的采购价格;选择合适的物流渠道,降低运输成本;合理规划库存,避免积压和浪费,提高库存周转率。

(四) 供应链管理与产品供应

选择信誉良好、供货稳定的供应商,确保产品的及时供应。与供应商建立长期稳定的合作关系,可以提高供应链的稳定性,降低供应链风险。例如,对于一款热销的电子产品,如果供应商能够及时供货,那么可以保证产品的持续销售,避免因缺货而失去市场机会。

严格把控产品的质量,确保供应商提供的产品符合质量标准和要求。可以对供应商进行质量审核,要求他们提供相关的质量认证文件,如 ISO 认证、CE 认证等,确保产品的质量和安全性。

根据市场需求的变化,及时调整产品供应策略。例如,在节假日或促销活动期间,提前增加产品的库存,以满足消费者的需求;在产品销售不理想时,及时调整采购计划,减少库存积压。

二、店铺装修与品牌建设策略

在亚马逊平台上,产品 listing、品牌故事及店铺装修对于吸引消费者、提升品牌形象、增加销售额至关重要,以下是具体的策略。

(一) 产品 listing

亚马逊平台的特色之一是"重产品,轻店铺",所以亚马逊平台的卖家会特别注重产品 listing,listing 的质量与销售转换有直接相关性。产品 listing 包含以下几个方面:标题、商品描述、五点描述、图片、搜索关键词、A+页面和分类节点。

(1) 标题是买家"见到"产品的第一面,通常由品牌名、产品核心关键词、产品特征或型号等组成。好的标题有助于买家快速理解产品,并影响商品的搜索结果和点击率。标题的撰写规则包括以下几点:每个字的首字母大写(除特殊词汇外),避免使用中文输入法,字符限制在 200 个以内。

(2) 商品描述是对商品更深入的文本说明,提供更详细的商品信息和详情。它不仅仅是功能的介绍,更是对商品要点的补充。商品描述的字数限制在 2 000 字符以内,可以详细介绍产品的制作工艺、设计理念、主要卖点等。

(3) 五点描述突出商品的重要信息或特殊信息,通常包含产品的主要功能和卖点。每条描述建议控制在 250 字符以内,重点前置,避免冗长复杂的句子。

(4) 亚马逊商城的每件商品需要配有一张或多张商品图片。主图显示在搜索结果和浏览页中,影响点击率和搜索排名。图片应采用纯白色背景,最长边不低于 1 600 像素,最好占据图片大约 85% 的空间。

(5) 搜索关键词是买家通过输入进行产品搜索的词语。准确、丰富的关键词有助于提高商品的搜索概率和点击率。搜索词的字数限制在 250 字符内,全部小写字母,用半角空格分隔词语。

(6) A+页面通过图文结合的方式展示产品特点和魅力,提升产品页面的吸引力。A+页面可以在 PC 端展示,通过丰富的图文、视频等展现产品的实际使用场景,提升转化率。

(7) 分类节点用于对产品进行分类,帮助买家通过特定的商品分类和子分类来缩小搜索范围。

在亚马逊平台上进行购物的消费者的行为路径是先在搜索框内搜索关键词/产品,搜索结果页会直接展示与词语相关的产品。在没有 Sponsored Brands 广告的情况下，消费者可通过产品 listing 标题下方的产品链接进入品牌店铺。图 2-1 为产品 listing 部分截图，方框部分为进入品牌店铺的链接。

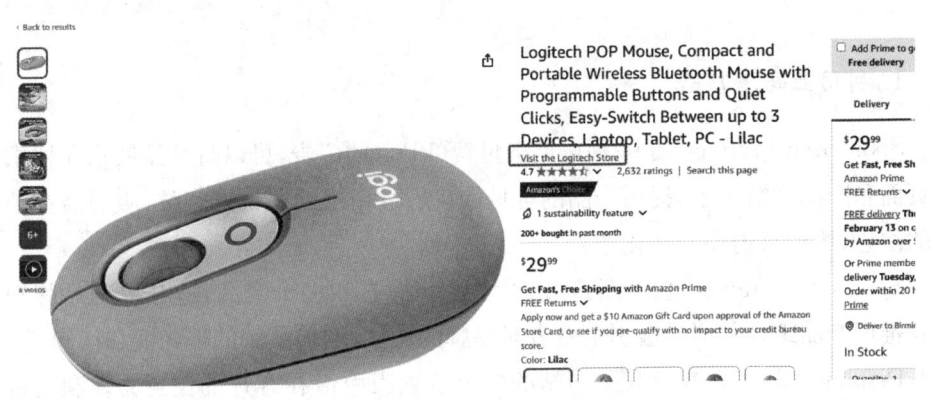

图 2-1　产品 listing 部分截图

（二）品牌故事

在店铺中展示品牌的发展历程、创始人的故事、品牌理念等，让消费者了解品牌背后的故事和文化。这有助于建立消费者与品牌之间的情感联系，提升品牌认同感。例如，一个专注于环保的家居品牌，可以讲述品牌如何从一个小作坊发展成为环保家居领域的领导者，以及品牌在环保方面的努力和成就。

通过店铺的设计和内容传达品牌的核心价值和形象。例如，一个高端时尚品牌，可以通过店铺的设计和产品展示，传达出品牌的奢华、优雅和时尚感；一个亲民的家居品牌，则可以通过温馨、舒适的店铺氛围和实用的产品展示，塑造出亲民、实用的品牌形象。

（三）店铺视觉设计

店铺的整体视觉风格应保持一致，包括店铺的背景、字体、颜色等元素。这有助于消费者在浏览店铺时形成统一的品牌印象。例如，可以使用品牌标志性的颜色作为店铺的主色调，选择与品牌形象相符的字体风格，使店铺的每个页面都呈现出一致的视觉效果。

使用高质量的产品图片和视频，展示产品的细节和使用场景。图片应清晰、美观，能够突出产品的特点和优势；视频可以展示产品的功能演示、使用方法等，增加消费者的购买欲望。例如，对于一款户外运动相机，可以拍摄其在不同场景下的使用效果，如潜水、登山等，让消费者直观地了解产品的性能。

合理布局店铺的页面结构，使消费者能够快速找到感兴趣的产品和信息。可以将热门产品、新品推荐、促销活动等放在店铺的显眼位置，方便消费者浏览和购买。同时，确保店铺的导航清晰易懂，消费者可以轻松地在店铺中找到所需的产品类别和相关信息。

三、营销推广与客户服务策略

在亚马逊平台上，营销推广与客户服务是提升品牌知名度、增加销售额和提高客户满意度的关键环节,以下是具体的策略。

(一) 营销推广策略

1. 利用亚马逊广告

Sponsored Products 是一种按点击付费(PPC)的广告,可以将产品展示在搜索结果页面和产品详情页上,提高产品的可见性。通过精准的关键词定位,吸引潜在消费者的注意,增加点击率和转化率。

Sponsored Brands 这种广告可以展示品牌标志和多个产品,适合提升品牌知名度和推广产品组合。通过吸引消费者对品牌的关注,增加品牌的曝光度和认知度。

Display Ads 可以在亚马逊网站的多个位置吸引潜在客户的注意力。利用视觉吸引力的广告设计和精准的目标定位,提高广告的点击率和转化率。

2. 参与亚马逊促销活动

亚马逊促销类型分为两类:第一类是站内促销,主要是以优惠券或购买赠送的形式呈现;第二类是站内秒杀,主要是以小时/周为周期的百分比折扣形式。站内秒杀包含 Lightning Deals、Best Deals(允许卖家为其产品提供限时折扣,这些活动通常持续一周时间),以及 DOTD(Deal of the Day,DOTD 的商品会在亚马逊的 Today's Deals 页面上占据显著位置,通常会在页面的显眼位置展示,有时甚至是首页)。季节性营销(比如黑五、Prime Day)也是通过站内秒杀实现的。举个例子,如果一款产品要在黑五进行促销,就需要报名参加站内秒杀。

3. 社交媒体营销

在社交媒体平台(如 Instagram、Facebook、Twitter 等)上创建品牌账号,发布高质量的产品图片、视频和品牌故事,吸引粉丝的关注和互动。

通过发布有价值的内容,如产品使用教程、行业资讯、用户评价等,提升品牌的权威性和专业度,增加用户的信任感和忠诚度。

积极与粉丝互动,回复评论和私信,了解用户的需求和反馈。与网红、KOL 等进行合作,通过他们的推荐和分享,扩大品牌的影响力和知名度。

4. 电子邮件营销

通过电子邮件向现有客户发送个性化的推荐信息、优惠券、新品上市通知等,增强客户黏性,促进复购。

在促销活动期间,通过电子邮件向潜在客户发送促销信息,吸引他们到亚马逊店铺进行购买。

(二)客户服务策略

1. 快速响应客户咨询

通过亚马逊的卖家中心及时回复客户的咨询和问题,确保在 24 小时内给予客户满意的答复。快速的响应能够提高客户满意度和信任度。

提供专业的解答和建议,帮助客户解决产品使用、订单处理等方面的问题。例如,当客户询问产品的具体功能或使用方法时,详细解释并提供清晰的操作指导。

2. 完善的售后服务

制定明确的退换货政策,为客户提供无忧的购物体验。对于产品质量问题或发错货等情况,提供免费的退换货服务,并简化退换货流程,方便客户操作。

确保订单处理的高效性,及时发货并提供准确的物流信息,让客户能够实时了解订单的配送进度。对于延迟发货或配送问题,及时与客户沟通并采取补救措施。

3. 客户反馈管理

鼓励客户在亚马逊平台上留下评价和反馈,通过客户反馈了解产品的优点和不足,以及客户的需求和期望。

对于客户的差评,及时进行回复和处理,诚恳地向客户道歉并提供解决方案,努力将差评转化为好评。同时,根据差评内容改进产品和服务,提升客户满意度。

4. 客户关系维护

根据客户的购买历史、咨询记录和反馈信息,建立详细的客户档案,了解客户的喜好和需求,为客户提供个性化的服务和推荐。

通过邮件、短信等方式定期向客户发送关怀信息,如节日祝福、生日优惠等,增强客户对品牌的忠诚度和好感度。

第三节 亚马逊平台的规则与政策

【思考题】 平台规则与政策有什么区别?

一、平台规则概述

亚马逊平台规则是卖家在亚马逊上开展业务时必须遵守的一系列规定和标准。这些规则涵盖了账号管理、产品发布、客户服务、物流配送、广告投放等多个方面,旨在维护市场秩序、保护消费者权益、促进公平竞争,并确保平台的稳定运营。

(一)账号管理规则

卖家在注册亚马逊账号时,必须提供真实、准确、完整且有效的信息,包括营业执照、法人身份证、信用卡等。亚马逊会对这些信息进行严格审核,以确保卖家身份的真实性。例如,营业执照需为合法登记的企业营业执照,法人身份证需与营业执照上的法定代表人姓名一致,且身份证必须在有效期内。

亚马逊要求卖家定期更换账户密码,并保持密码的安全性,不得将账户信息分享给第三方或泄露给他人。一旦发现账户被盗,卖家需及时向亚马逊客服报告并重置密码。同时,卖家必须遵守相关法律法规,开展合法合规的经营行为,不得从事任何违法违规活动,如销售侵权、盗版、仿冒等违规商品。

(二)产品发布规则

卖家在发布产品时,必须确保商品标题、描述、图片、属性等信息与实际产品相符,不得虚假宣传。商品标题需简洁明了,准确反映产品的核心特征和卖点;商品描述要详细准确,全面阐述产品的功能、规格、材质等信息,让消费者充分了解产品属性。例如,在描述电子产品中应清晰说明其参数、性能等关键信息。

产品图片需清晰、真实、无水印和 PS 痕迹,主图应为白色背景的正面全貌图,附图多角度展示产品细节。图片质量直接影响消费者的购买决策,高质量的图片能够更好地展示产品特点,吸引消费者点击和购买。

亚马逊严禁销售侵犯商标、专利、著作权等知识产权的产品。卖家在选品和发布产品时,必须严格检查产品的知识产权状况,确保不侵犯他人的合法权益。一旦被投诉侵权,亚马逊将对卖家进行调查处理,情节严重的可能导致店铺被封禁。

(三)客户服务规则

亚马逊要求卖家提供优质的客户服务,包括及时回复客户问题、处理订单和退款、解决争议等。卖家需在 24 小时内回复客户的咨询和问题,确保客户能够得到快速有效的帮助。例如,当客户询问产品的使用方法或遇到产品问题时,卖家应迅速提供解决方案或指导。

卖家应遵循亚马逊的退换货政策,为客户提供无忧的购物体验。对于产品质量问题或发错货等情况,卖家需提供免费的退换货服务,并简化退换货流程,方便客户操作。

(四)物流配送规则

亚马逊要求卖家使用亚马逊物流(FBA)或其他可追踪的物流方式进行发货。如果买家指定特定的物流公司,卖家应根据买家的要求进行发货。同时,卖家需及时更新物流信息，确保买家能够实时了解订单的配送进度。

卖家应保证所发货物品的质量和包装，避免在物流过程中出现损坏或遗失。对于承诺的配送时效，卖家必须严格遵守，确保在规定时间内将商品送达客户手中。

(五) 广告投放规则

卖家在投放广告时，必须遵守亚马逊的广告规则，包括广告内容、标识、投放范围等，禁止误导性广告和虚假宣传。广告内容需真实、准确，不得夸大产品功能或效果，广告标识要清晰醒目，让消费者能够明确识别广告信息。

卖家应合理规划广告预算，并根据产品的销售情况和市场竞争状况，制定有效的广告投放策略。例如，在产品推广初期，可以加大广告投入，提高产品的曝光率和知名度；在产品销售稳定后，可根据实际情况调整广告预算，保持产品的市场竞争力。

二、违规行为与处罚应对策略

(一) 违规行为

1. 违规行为分类

一是虚假宣传，包括夸大产品功能、发布不实的产品信息等。例如，声称产品具有未经科学验证的健康功效，或展示与实际不符的产品图片。

二是恶意竞争，如恶意差评、价格操纵等。例如，故意给竞争对手的产品留下负面评价，或通过不正当手段操纵产品价格。

三是知识产权侵权，销售侵犯商标、专利、著作权等知识产权的产品。例如，销售仿冒知名品牌的产品，或未经授权使用他人的专利技术。

四是物流违规，包括延迟发货、错误配送等。例如，未能在承诺的时间内发货，或将商品发往错误的地址。

五是客户服务问题，如未及时回复客户咨询、处理退换货不当等。例如，客户询问产品使用方法，卖家长时间未回复，或在处理退货时态度恶劣。

2. 处罚措施

一是商品下架。对于违规的产品，亚马逊会将其从搜索结果和产品页面中移除，导致产品无法被消费者搜索和购买。例如，发现某产品存在虚假宣传，亚马逊会立即下架该产品。

二是账户冻结。严重违规或多次违规的卖家，其账户可能会被冻结，无法进行销售和收款。例如，卖家因多次恶意竞争被投诉，亚马逊会冻结其账户，直到问题得到妥善解决。

三是罚款。对于某些违规行为，亚马逊会处以罚款。例如，知识产权侵权的卖家可能需要支付一定的罚款,并承担相应的法律责任。

四是搜索排名下降。违规行为会影响卖家的搜索排名,导致产品在搜索结果中的位置下降,减少产品的曝光率和销量。例如,客户服务问题较多的卖家,其店铺的整体评价会降低,进而影响搜索排名。

五是限制功能权限。亚马逊可能会限制违规卖家的某些功能权限,如禁止使用广告功能、限制产品上架数量等。例如,卖家因物流违规,可能会被限制使用亚马逊物流(FBA)服务。

(二)处罚应对策略

1. 认真阅读处罚通知

当收到违规处罚通知时,卖家需要仔细阅读通知内容,了解违规行为的具体情况和处罚原因。例如,如果收到因虚假宣传的处罚通知,要明确是哪条产品信息存在问题,以便针对性地进行整改。

2. 及时整改和申诉

卖家应在规定的时间内对违规行为进行整改,并向亚马逊提交申诉。申诉时需提供充分的证据和合理的解释,说明问题已经得到解决或不存在违规行为。例如,对于被指控的恶意竞争,卖家可以提供与竞争对手的沟通记录,证明自己没有进行恶意行为。

整改措施应具体且有效,如修改产品信息、加强知识产权管理、优化物流流程等。例如,针对物流违规,卖家可以重新选择可靠的物流合作伙伴,并加强与物流公司的沟通,确保按时发货。

3. 学习教训和调整策略

从违规处罚中吸取教训,分析问题产生的原因,及时调整运营策略和流程。例如,因客户服务问题被处罚后,卖家应加强客服团队的培训,提高客服人员的专业素养和服务意识,确保能够及时、有效地解决客户问题。

建立完善的内部管理制度,定期对运营流程进行自查和优化,预防违规行为的发生。例如,制定严格的知识产权审核流程,确保所有销售的产品都符合知识产权要求。

4. 寻求专业帮助

如果遇到复杂的违规问题,卖家可以寻求专业的帮助和咨询。例如,对于知识产权侵权问题,可以咨询专业的知识产权律师,了解相关的法律法规和应对措施,确保问题得到妥善解决。

参加亚马逊官方或第三方机构举办的培训课程,学习平台规则和合规运营的知识,提高自身的合规意识和运营能力。例如,参加亚马逊的卖家培训,了解最新的平台规则变化和合规要求。

三、规则遵守的重要性与规则优化建议

(一) 规则遵守的重要性

在亚马逊平台上,遵守规则是卖家成功运营的基础。规则遵守的重要性主要体现在以下几个方面。

1. 维护市场秩序

通过规范卖家的行为,防止恶意竞争、虚假宣传、侵权等不良行为的发生,营造一个公平、公正、有序的市场环境,保障所有卖家的合法权益。例如,规则限制了价格操纵和恶意差评等行为,使得卖家能够在一个健康的竞争环境中开展业务。

2. 保护消费者权益

确保消费者能够获得真实、准确的产品信息和优质的购物体验,提高消费者的满意度和信任度,促进消费者的长期忠诚度。例如,规则要求卖家提供详细准确的产品描述和高质量的产品图片,使消费者能够更好地了解产品并做出购买决策。

3. 促进平台稳定运营

平台规则的严格执行,有助于预防和解决各种运营风险和问题,保障平台的稳定运行和持续发展。例如,通过严格的账号管理和商品审核制度,平台能够及时发现和处理违规行为,避免对平台声誉和运营造成负面影响。

4. 提升卖家竞争力

卖家在遵守规则的基础上,能够更好地开展业务,提高运营效率和销售业绩,增强自身的市场竞争力。例如,及时回复客户咨询、提供准确的产品信息、按时发货等遵守规则的卖家能够赢得消费者的信任和好评,获得更多的流量支持和优先展示机会,从而提高产品的曝光率和销量,提高店铺的整体评价和口碑。

(二) 规则优化建议

在亚马逊平台上,规则优化建议是指卖家在遵守平台规则的基础上,通过不断改进和调整自身的运营策略和流程,以更好地适应平台规则,提高运营效率和业务表现。

1. 加强内部管理

建立完善的内部管理制度,明确各部门的职责和工作流程。例如,设立专门的合规部门,负责监督和检查运营过程中的规则遵守情况,及时发现和解决潜在的违规问题。

定期对员工进行培训,提高员工的规则意识和业务能力。例如,组织规则培训和案例分析,让员工了解最新的平台规则变化和违规案例,增强其遵守规则的自觉性。

2. 利用数据分析

利用亚马逊提供的数据分析工具,对店铺的运营数据进行深入分析,找出存在的问题和优化空间。例如,通过分析客户评价数据,了解客户对产品的反馈和建议,针对性地优化产品和服务。

关注竞争对手的动态,分析其运营策略和规则遵守情况,从中获取有益的借鉴和启示。例如,观察竞争对手的产品描述和关键词使用,学习其成功的经验,优化自己的产品页面和关键词策略。

3. 提升客户体验

不断优化产品页面的设计和内容,使其更加吸引人且易于理解。例如,使用高质量的产品图片和视频,详细展示产品的特点和使用方法;撰写清晰、准确的产品描述,突出产品的卖点和优势。

加强客服团队的建设,提高客服人员的专业素养和服务效率。以客户为中心,不断优化客户体验。例如,建立快速响应机制,确保客户咨询能够在 24 小时内得到回复;提供多种沟通渠道,如电子邮件、即时聊天等,方便客户随时联系卖家;优化产品包装和物流配送,确保客户能够收到满意的产品;加强售后服务,建立良好的客户关系,提高客户的忠诚度和复购率。

4. 创新运营策略

除了传统的广告投放和促销活动外,积极探索其他营销方式。例如,社交媒体营销、内容营销、联盟营销等,以扩大品牌影响力和产品曝光度。例如,在 YouTube 上发布产品使用教程视频,吸引用户关注和分享。

根据客户的购买历史、浏览行为和偏好等信息,提供个性化的推荐和优惠,提高客户的购买意愿和忠诚度。例如,为经常购买母婴产品的客户推荐相关的新品和优惠活动。

5. 加强合规意识

在企业内部营造浓厚的合规文化氛围,建立全员的合规意识,从管理层到基层员工,都要认识到规则遵守的重要性。例如,将合规理念融入企业使命和价值观中,定期开展合规主题的团队建设活动；管理层要以身作则，带头遵守规则，并为员工树立良好的榜样；基层员工要严格按照操作流程和规则要求开展工作，确保每一个环节都符合平台的规定。

主动与亚马逊平台的官方团队保持沟通，了解平台的最新动态和规则变化，及时调整自身的运营策略。例如，参加亚马逊举办的卖家大会和研讨会，与平台运营人员面对面交流，获取第一手的信息和建议。

第四节　亚马逊平台的实操要点

一、平台注册与账号管理

在亚马逊平台上，平台注册与账号管理是卖家开展业务的第一步，也是确保业务顺利进行的重要环节。

（一）平台注册流程

1. 访问亚马逊官方网站

打开浏览器，输入亚马逊官方网站地址（https://www.amazon.com），进入亚马逊首页。在页面右上方找到"免费注册"或"注册"按钮，点击进入注册页面，如图2-2所示。

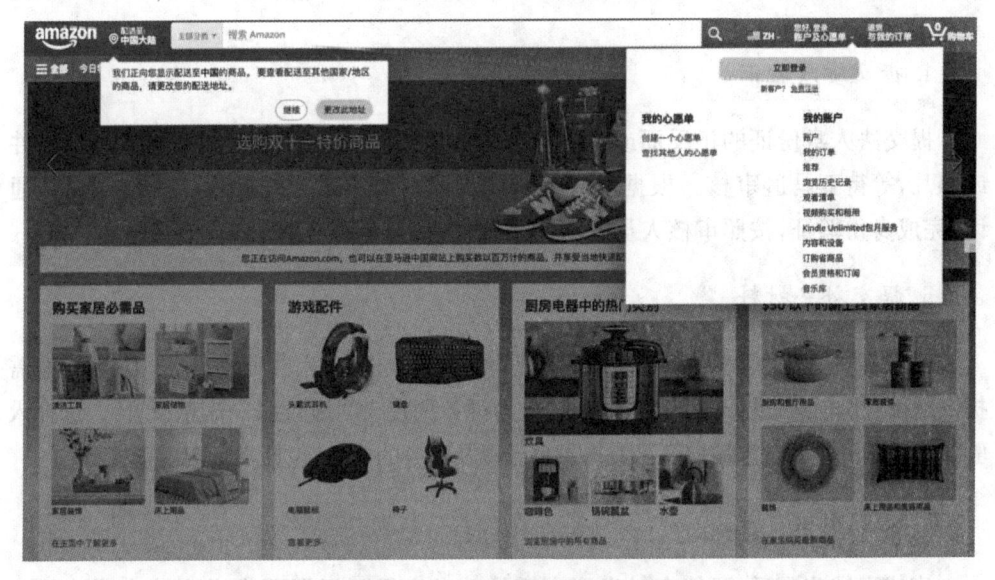

图2-2　访问亚马逊官方网站

2. 选择卖家类型

在注册页面上,选择"我是卖家"或"成为卖家"选项,进入卖家注册流程。根据自身情况选择合适的卖家类型,如"专业卖家"或"个人卖家"。专业卖家可以享受更多的功能和权限,适合长期经营和大规模销售的卖家;个人卖家适合小规模销售或刚开始尝试的卖家。

3. 填写注册信息

按照注册界面的提示,依次填写相关信息,包括公司所在地、类型、名称、注册号码、营业地址、主要联系人电话号码、银行存款账户、付款信用卡、店铺及产品等信息,如图2-3所示。确保填写的信息真实、准确、完整,以避免后续的审核问题和账号风险。

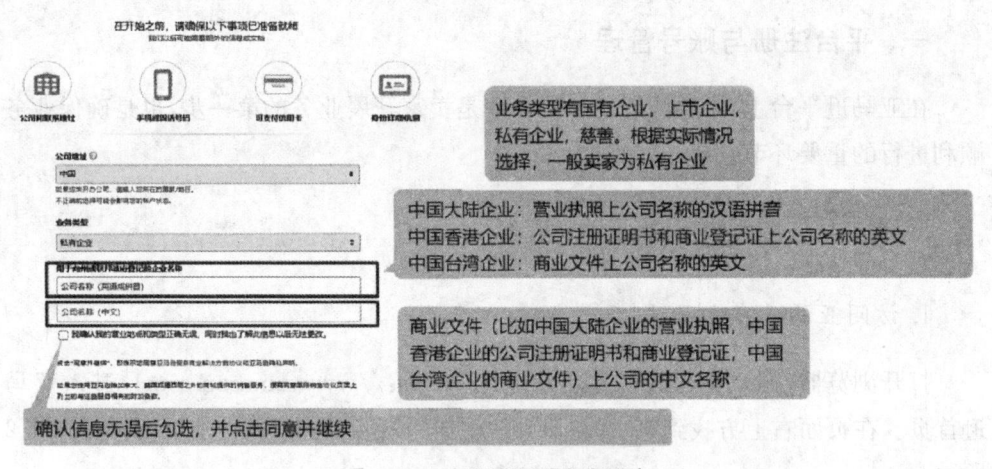

图2-3 注册亚马逊卖家账户

4. 提交资质验证

提交法人身份证的正反面或者护照个人信息页以及公司商业文件的彩色扫描件或照片,等待亚马逊审核。根据自身需求情况选择"即时视频通话"或"预约视频通话"完成身份验证,按照审核人员指示展示文件,该过程预计持续20分钟左右。

5. 提交补充材料

对于不同站点的卖家,可能需要提交额外的材料。例如,入驻亚马逊美国站的卖家需提供纳税身份信息,进行税务审核,完成"自助税务调查"和"银行账户信息设置"。选择入驻亚马逊欧洲站的卖家需向亚马逊提供自己以及业务的信息,包括卖家资质审核等。

6. 账户审核

完成上述步骤后,可能会触发账户审核。卖家需要根据要求递交清晰明确的相关信息、文件,以便审核部门进行"账户审查"。

【小提示】 不是每一位卖家都会被要求进行账户审核,建议提前准备好,如卖家地址所对应的贵公司名称或法人代表为抬头的90天内的水费、电费、天然气/煤气或互联网服务任一项的公共事业账单等资料。

(二)账号管理要点

1. 账号安全

定期更换账户密码,并设置复杂的密码组合,以提高账号的安全性。不要将账户信息分享给他人,避免账号被盗用或滥用。使用两步验证功能,增加账号的安全保护措施。

2. 账号合规

严格遵守亚马逊的账号管理规则,不进行任何违规操作,如账号关联、刷单、恶意竞争等。及时更新账号信息,确保营业执照、法人信息、联系方式等信息的准确性和有效性。

3. 账号优化

根据业务发展需要,合理规划账号的使用和管理。例如,对于多站点运营的卖家,可以分别注册和管理不同站点的账号,以便更好地开展业务。定期检查账号的绩效指标,如订单缺陷率、取消率、延迟发货率等,及时调整运营策略,提高账号的表现和竞争力。

二、产品上架与优化技巧

产品上架是亚马逊卖家开展业务的重要环节,优化技巧则是提升产品曝光率和销售业绩的关键。

(一)产品上架流程

1. 选择商品类别

在亚马逊后台的"库存"或"添加新产品"页面,选择合适的产品类别。确保选择的类别与产品性质相符,以便于消费者在搜索和浏览时更容易找到产品。

【小提示】 某些类别可能需要亚马逊的批准或特殊资质,如食品、药品等,需提前了解相关要求。

2. 填写产品信息

为产品分配一个唯一的UPC(通用产品编码)或EAN(欧洲商品编码)。如果产品已有品牌备案,可以使用品牌备案的编码。撰写简洁、吸引人的产品标题,包含关键词和产品的主要卖点。标题应控制在200个字符以内,确保在搜索结果中能够完整展示。上传高质量的产品图片,包括主图和附图。主图应为白色背景的正面全貌图,附图可以展示产品的细节、使用场景等。图片应清晰、无水印,符合亚马逊的图片要求。详细描述产品的功能、规格、材质、使用方法等信息,突出产品的独特卖点和优势。描述应简洁明了,便于消费者快速了解产品。在产品信息中嵌入关键词,包括标题、描述和后台关键词。关键词应与产品高度相关,且具有较高的搜索量和较低的竞争度,以便于提高产品的搜索排名和曝光率。

3. 设置价格和库存

根据市场调研和成本分析,合理设置产品的价格。价格应具有竞争力,同时保证利润空间。设置产品的库存数量,确保能够满足市场需求。对于热销产品,应保持充足的库存,避免因缺货而失去销售机会。

(二) 产品优化技巧

1. 优化产品标题

定期分析搜索流量和关键词表现,调整产品标题中的关键词顺序和组合。将高流量、高转化率的关键词放在标题的前面。确保标题具有吸引力,能够激发消费者的购买欲望。

【小提示】 根据亚马逊平台规定,商品标题不能包含促销性短语和误导型词汇。"热销""限时优惠""新款"这种词汇都可能被亚马逊平台检测到违规,并下架listing的。

2. 优化产品图片

定期更新产品图片,确保图片的质量和内容能够准确展示产品的特点和优势。可以考虑使用专业摄影设备和后期处理软件,提升图片的视觉效果。利用亚马逊的图片功能,如A+内容、图片增强等,进一步丰富产品的视觉展示。例如,使用A+内容中的文本和图片结合,详细展示产品的使用方法和效果。

【小提示】 A+内容(也称为A+品牌内容或A+页面)是亚马逊为品牌注册卖家提供的一个工具,允许卖家在产品详情页中使用丰富的文本和图像元素来增强产品描述。它包括多种内容模块,如文本、图片、表格、比较图等,可以更生动、详细地展示产品的特点、优势、使用方法等信息。

3. 优化产品描述

定期更新产品描述,根据消费者的反馈和市场变化,调整描述内容。突出产品的改进点和新增功能,增加描述的吸引力和说服力。使用清晰的结构和格式,如小标题、列表、加粗等,使描述内容更加易于阅读和理解。

4. 优化产品价格

根据市场竞争和库存情况,灵活调整产品价格。可以采用动态定价策略,根据竞争对手的价格变化和市场需求,实时调整价格,保持竞争力。结合促销活动和优惠券等手段,制定合理的价格优惠策略,吸引消费者购买。

三、订单管理与物流配送

订单管理和物流配送是亚马逊卖家运营中的关键环节,直接影响到客户满意度和店铺的销售业绩。

(一)订单管理

1. 订单处理流程

在收到订单后,应及时在亚马逊后台确认订单信息,包括产品详情、数量、客户信息等,确保订单信息准确无误。根据订单的处理进度,及时更新订单状态,如"已发货""已发货并提供跟踪信息"等,让客户能够实时了解订单的处理情况。对于订单中出现的异常情况,如缺货、订单错误等,要及时与客户沟通,协商解决方案,如退款、补货、更换产品等,并在后台做好相应的记录和处理。

2. 订单数据分析

定期分析订单的销售数据,包括销售额、销售量、退货率等,了解产品的销售表现和市场趋势,为后续的产品优化和营销策略调整提供依据。分析客户的购买行为和偏好,如购买频率、购买时间、购买品类等,建立客户画像,为精准营销和个性化服务提供支持。

3. 订单纠纷解决

对于客户提出的订单问题或纠纷,要积极主动地与客户沟通,了解客户的具体需求和不满之处,耐心解释和道歉,寻求双方都能接受的解决方案。根据订单纠纷的具体情况,合理处理,如退款、补货、赔偿等,并在亚马逊后台做好相应的操作和记录,避免对店铺的评价和信誉造成负面影响。

(二)物流配送

1. 物流方式选择

FBA(Fulfillment by Amazon):将产品存储在亚马逊的仓库中,由亚马逊负责订单的包装、配送、客户服务和退货等环节。FBA 的优势包括快速配送、Prime 会员免费配送、提高产品曝光率等，适合销售量较大、对物流要求较高的卖家。

FBM(Fulfillment by Merchant)：卖家自行负责订单的包装和配送。FBM 的优势在于卖家可以更好地控制物流过程和成本，适合对物流有特殊要求或希望降低物流成本的卖家。

选择合适的物流渠道：根据产品的特点、目的地、客户要求等因素，选择合适的物流渠道，如空运、海运、快递等，确保产品的及时、安全配送。

2. 物流信息管理

在发货前，仔细核对物流信息，包括收货地址、联系方式、产品数量等，确保物流信息的准确性和完整性，避免因信息错误导致的配送问题。在订单发货后，及时向客户提供准确的物流跟踪信息，包括快递单号、配送进度等，让客户能够实时了解订单的配送情况。

3. 物流成本控制

根据产品的特点和物流要求，选择合适的包装材料和包装方式，既能保证产品的安全，又能降低包装成本和物流费用。

通过与物流公司合作、选择合适的物流渠道和方式等，优化物流方案，降低物流成本。例如，与物流公司签订长期合作协议，享受优惠的物流价格；对于批量发货的产品，选择海运等成本较低的物流方式。

4. 物流问题处理

对于在物流过程中出现的问题，如延误、丢失、损坏等，要及时与客户沟通，了解具体情况，并采取相应的措施进行处理，如补发货物、退款、赔偿等。

建立完善的物流管理体系，加强与物流公司的沟通和合作，提高物流效率和服务质量，减少物流问题的发生。

四、数据分析与绩效提升

数据分析是亚马逊卖家提升绩效、优化运营的重要手段。通过深入分析各种数据，卖家可以更好地了解市场动态、消费者行为和自身运营状况，从而制定有效的策略，提高销售业绩和竞争力。

(一) 数据分析方法

1. 销售数据分析

分析每天、每周、每月的销售额和销售量，了解产品的销售趋势和波动情况。通过对比不同时间段的数据,发现销售高峰期和低谷期,为制定营销策略和库存计划提供依据。

关注产品在不同类目中的销售排名,了解产品在市场中的竞争地位。分析排名变化的原因,如促销活动、竞争对手的影响等,及时调整运营策略,提升产品的市场竞争力。

2. 流量数据分析

分析产品的访问量和点击率,了解消费者对产品的关注度和兴趣程度。通过优化产品标题、图片和关键词等,提高产品的点击率和访问量,增加潜在客户的数量。

分析流量的来源渠道,如搜索流量、广告流量、推荐流量等,了解不同渠道对销售的贡献度。根据流量来源的分析结果,优化广告投放策略和关键词布局,提高流量的质量和转化率。

3. 客户数据分析

分析客户的购买行为,如购买频次、购买时间、购买品类等,了解客户的消费习惯和偏好。通过客户行为分析,为客户提供个性化的产品推荐和服务,提高客户的购买意愿和忠诚度。

收集和分析客户的评价、评论和反馈信息,了解客户对产品的满意度和不满意之处。根据客户反馈,及时改进产品和服务,提升客户体验和满意度。

(二)绩效提升策略

1. 优化产品策略

根据市场分析,开发具有独特功能、设计或性能的产品,以区别于竞争对手。例如,针对特定消费者群体,推出定制化的功能或设计,满足其独特需求,提升产品的市场竞争力。

根据销售数据和客户需求,适时扩展产品线,增加新的产品品类或型号。例如,如果发现某一品类的产品销售表现良好,可以考虑增加该品类的其他相关产品,以满足更广泛的市场需求。

2. 提升营销效果

利用数据分析结果,实施精准营销策略。例如,根据客户的购买历史和偏好,发送个性化的营销邮件或广告,提高营销的针对性和转化率。

加强在社交媒体平台上的营销活动,利用社交媒体的传播效应,扩大品牌影响力和产品曝光度。例如,在 Facebook、Instagram 等平台上发布产品信息和促销活动,吸引更多的潜在客户关注和购买。

3. 改善客户服务

建立完善的客户关系管理系统，记录客户的购买信息、反馈和互动历史，定期与客户进行沟通和互动，了解客户的需求和意见，提供个性化的服务和关怀。

在提供标准的退换货服务的基础上，创新售后服务方式。例如，为客户提供免费的产品使用指导、定期的产品维护提醒等增值服务，提升客户的满意度和忠诚度。

4. 加强供应链管理

与供应商建立长期稳定的合作关系，加强沟通和协调，确保产品质量稳定和及时供应。例如，与供应商签订长期合作协议，明确交货时间和质量标准，提高供应链的可靠性。

采用先进的库存管理方法，如安全库存、经济订货量等，合理控制库存水平，降低库存成本，提高库存周转率。例如，根据销售预测和市场需求，动态调整库存数量，避免库存积压和缺货现象。

课后习题

一、单选题

1. 亚马逊平台最初是作为（　　）类型的在线商店成立的。
   A. 服装店　　　　　　　　　　B. 电子产品店
   C. 书籍店　　　　　　　　　　D. 家居用品店

2. 亚马逊的 FBA 服务是指（　　）。
   A. 自行配送　　　　　　　　　B. 亚马逊物流
   C. 第三方物流　　　　　　　　D. 快递服务

3. 在亚马逊平台上，（　　）类型的卖家可以享受更多的功能和权限。
   A. 个人卖家　　　　　　　　　B. 专业卖家
   C. 新手卖家　　　　　　　　　D. 临时卖家

4. 亚马逊的 Prime 会员服务不包括（　　）功能。
   A. 快速配送　　　　　　　　　B. 免费视频流媒体
   C. 免费音乐流媒体　　　　　　D. 免费国际旅行

5. 亚马逊平台的 AWS 服务主要提供（　　）类型的业务。
   A. 电子商务　　　　　　　　　B. 云计算
   C. 物流配送　　　　　　　　　D. 客户服务

6. 在亚马逊上架产品时，以下（　　）是必需的。
   A. 产品视频　　　　　　　　　B. 产品 UPC 码
   C. 产品评论　　　　　　　　　D. 产品广告

7. 亚马逊平台的规则管理不包括( )。
A. 账号管理 B. 产品发布
C. 客户服务 D. 产品设计

8. 在亚马逊平台上,( )行为是被严格禁止的。
A. 价格竞争 B. 销售侵权产品
C. 促销活动 D. 客户反馈

9. 亚马逊的A+内容主要面向( )。
A. 所有卖家 B. 个人卖家
C. 品牌注册卖家 D. 新手卖家

10. 在亚马逊平台上,( )方式不是有效的客户沟通渠道。
A. 电子邮件 B. 即时聊天
C. 社交媒体私信 D. 电话沟通

二、多选题

1. 亚马逊平台的业务范围包括( )。
A. 电子商务 B. 云计算
C. 数字流媒体 D. 智能设备与技术

2. 亚马逊平台的运营模式的类型包括( )。
A. B2C B. C2C
C. B2B D. 第三方卖家模式

3. 亚马逊平台的市场机遇包括以下( )方面。
A. 全球化市场 B. 技术创新
C. 价格竞争 D. 市场饱和

4. 在亚马逊平台上,( )因素会影响产品的搜索排名。
A. 产品标题 B. 关键词
C. 销售量 D. 客户评价

5. 亚马逊平台的违规处罚措施包括( )。
A. 商品下架 B. 账户冻结
C. 罚款 D. 限制功能权限

三、简答题

1. 亚马逊平台在全球电子商务市场中有何地位和影响力?
2. 描述亚马逊平台的FBA服务的优势和适用场景。
3. 如何在亚马逊平台上选择具有潜力的热门产品?
4. 亚马逊平台的Prime会员服务对卖家和消费者分别有哪些好处?
5. 在亚马逊平台上,如何通过优化产品页面来提高产品的转化率?

第三章 速卖通平台

教学目标

【知识目标】

1. 了解速卖通平台的发展历程：

认识速卖通平台的创立背景、初期发展、全面转型、多元化发展和模式创新的各个阶段特点。

了解速卖通平台发展的历史背景和技术推动力，如阿里巴巴的生态支持、云计算、大数据技术的应用。

2. 掌握速卖通平台的运营模式：

识别并理解速卖通平台的运营模式，包括商家自营、全托管和半托管模式。

了解速卖通平台的盈利模式、成本结构、物流模式和支付方式。

3. 熟悉速卖通平台的市场定位与用户特征：

了解速卖通平台的市场定位，包括目标市场（欧美、新兴经济体、周边国家、中东、非洲等）和用户类型（中小企业卖家、个人消费者）。

掌握速卖通平台的用户特征，如年龄分布、性别比例、职业特征、教育水平、消费偏好等。

【技能目标】

1. 掌握速卖通平台的入驻流程：

能够熟练准备入驻所需资料，包括企业营业执照、法人身份证等。

熟悉注册账号、填写店铺信息、实名认证和设置支付方式的具体步骤。

2. 具备产品上架与管理的能力：

能够优化产品信息，包括标题、图片、标签和产品介绍。

掌握站内外引流方法，如利用速卖通直通车、社交媒体营销等。

3. 熟练处理订单与客户服务：

能够及时接收和确认订单，准确核对订单信息。

掌握订单打包、发货和跟踪的流程，提供优质的客户服务。

4. 运用数据分析进行运营决策：

能够使用数据分析工具,如速卖通数据纵横,进行市场研究和选品分析。

根据数据分析结果,制定合理的运营策略,如产品定价、促销活动等。

5. 适应平台政策变化的能力:

能够及时了解和适应速卖通平台的新政策、新规则。

调整运营策略,确保店铺运营的合规性和稳定性。

【思政目标】

1. 培养诚信经营意识:

理解诚信在跨境电商经营中的重要性,避免侵权假冒、虚假订单等不诚信行为。

认识到诚信经营是企业长期发展的基石,也是平台可持续发展的关键。

2. 激发创新思维:

了解速卖通平台在运营模式、物流服务、支付方式等方面的创新,激发学生的创新思维。

鼓励学生在运营中尝试新的模式和策略,推动跨境电商的创新发展。

3. 增强社会责任感:

认识到跨境电商平台对社会就业、产业发展等方面的贡献,增强社会责任感。

理解企业在追求经济效益的同时,也应关注社会效益,为社会的可持续发展做出贡献。

4. 树立规则意识与合规经营:

理解并遵守速卖通平台的规则和政策,培养规则意识。

确保经营活动的合法合规,维护良好的市场秩序。

5. 培养团队合作精神:

了解跨境电商平台运营需要多个部门和团队的协作,如产品开发、运营、客服、美工等。

培养团队合作精神和沟通协调能力,为未来的职业发展打下良好的基础。

引 例

1. 2019年4月22日,95后河南小伙李壮带着女鞋品牌 YTMTLOY 入驻速卖通。凭借市场考察和电商经验,李壮专注于女鞋市场,明确目标客户群体和市场需求。他注重产品质量,提供高性价比的产品,赢得了消费者的信任。通过积极参与平台活动,利用速卖通的营销工具,如直通车推广、限时折扣等,李壮成功提高了店铺曝光度和产品销量。此外,他提供优质的客户服务,及时回复客户咨询,处理售后问题,提高了客户满意度和忠诚度。不到一年时间,YTMTLOY 成为速卖通上的口碑店铺,品牌影响力逐渐扩大,销售额稳步增长。

2. 2021年4月11日,广东省的王先生在速卖通平台注册账号运营跨境网店,缴纳了1万元保证金和未提现的货款2 000多美金。然而,王先生的店铺被速卖通判定为"特别严重侵权行为",导致店铺被关闭。这是因为王先生销售的商品涉及知识产权侵权,如假冒品牌、未经授权使用他人商标等。王先生没有充分了解速卖通平台的规则和政策,对知识产权保护的重要性认识不足,导致违规操作。此外,王先生在运营过程中没有建立有效的风险管理体系,未能及时发现和解决潜在的侵权问题,最终导致店铺关闭,遭受经济损失。

【请思考】

1. 选品策略:

(1) 结合YTMTLOY女鞋品牌的成功案例,分析如何根据目标市场特点选择符合消费者需求的商品?

(2) 从王先生的失败案例中,思考如何避免选品过程中的侵权风险,确保选品的合法性和合规性。

2. 运营与管理:

(1) YTMTLOY品牌通过哪些运营策略提高了店铺曝光度和转化率?你认为这些策略在其他跨境电商平台是否同样适用?

(2) 王先生的店铺因侵权问题被关闭,这给我们带来了哪些启示?在运营速卖通店铺时,如何建立有效的合规管理体系,避免类似风险?

3. 物流与仓储:

(1) 速卖通平台提供了多种物流选择,YTMTLOY品牌在物流方面可能采取了哪些优化措施,以提高物流效率和客户满意度?

(2) 对于王先生的跨境网店,物流问题是不是导致店铺关闭的间接因素之一?在跨境电商中,如何选择合适的物流渠道,降低物流成本,同时确保货物安全及时送达?

4. 营销推广:

(1) YTMTLOY品牌如何利用速卖通平台的营销工具和社交媒体等渠道进行营销推广,吸引更多潜在客户?

(2) 王先生的店铺在营销推广方面可能存在哪些不足?在制定营销策略时,如何充分考虑目标市场和客户群体的特点,提高营销效果?

5. 售后服务与纠纷处理:

(1) YTMTLOY品牌如何建立完善的售后服务体系,提高客户满意度和忠诚度?

(2) 王先生的店铺在售后服务和纠纷处理方面可能存在哪些问题?在跨境电商中,如何有效处理跨境物流中的纠纷,维护企业形象和客户关系?

第一节 速卖通平台概述

速卖通(AliExpress)是阿里巴巴集团旗下的跨境电商平台,于2010年正式上线,被广大卖家称为"国际版淘宝"。这一称呼不仅体现了速卖通在功能和运营模式上与淘宝的相似性,也反映了其在国际市场上所扮演的角色。速卖通的主要目标是将中国的商品推向全球市场,帮助中小企业和个体卖家拓展国际业务,提升中国商品在国际市场的竞争力。

一、发展历程

速卖通作为阿里巴巴集团旗下的跨境电商平台,自2010年正式投入运营以来,经历了多个重要发展阶段,每个阶段都有其关键事件、战略调整和显著成就。

(一)起步阶段(2010—2012年)

在速卖通的发展历程中,有几个关键事件标志着其重要的发展阶段。2010年4月,速卖通正式上线,这不仅标志着阿里巴巴正式进军跨境电商领域,也意味着平台开始从小额批发的B2B业务向B2C业务转型。到了2012年,速卖通进一步拓展其业务范围,开通了淘代销工具,这一举措有效地吸引了淘宝卖家和C店商家,从而大幅扩充了商品数量,丰富了商品类目。同时,速卖通也调整了市场策略,减少了对美国市场的依赖,转而积极开拓俄罗斯、巴西等新兴市场,以满足这些市场对小批量、高频率购入低廉物品的需求。在战略调整方面,速卖通在起步阶段主要聚焦于美国市场,但随着市场环境的变化,逐渐将发展重心转移到了新兴市场。此外,为了快速丰富平台商品,速卖通对商家实行了免费入驻策略,并单笔收取交易总额5%左右的佣金,同时降低了对入驻商家资质的要求。这些举措取得了显著的成效,成功吸引了大量海外买家,尤其是新兴市场的消费者,为平台的后续发展奠定了坚实的基础。同时,通过淘代销工具,速卖通迅速扩充了商品数量和类目,极大地提高了平台的商品丰富度,进一步增强了其在跨境电商领域的竞争力。

(二)全面转型阶段(2013—2016年)

在速卖通的发展历程中,2014年是一个关键的转折点。这一年,速卖通在俄罗斯等重点国家或地区进行了本地化投入,致力于提供当地的物流和支付等电商基础设施建设。这一战略举措使得速卖通在俄罗斯市场迅速崛起,成为市场份额排名第一的电商平台,每天有超过50万个包裹从中国发往俄罗斯。同年,速卖通首次参与全球化"双11"活动,24小时内创下了684万笔交易订单的记录,有效订单覆盖了211

个国家和地区,这一成就不仅展示了速卖通的全球影响力,也标志着其在跨境电商领域的领先地位。

到了 2015 年 4 月,速卖通在其上线 5 周年之际进行了品牌形象的全面升级,启动了全新的 Logo,从"购物车"升级为"smart shopping, better living",这一改变不仅体现了速卖通对消费者购物体验的重视,也彰显了其为 220 多个国家和地区的消费者提供更丰富、高性价比且兼具品质的一站式购物平台的决心。2016 年,速卖通进一步深化了其业务转型,从跨境 C2C 全面转型为跨境 B2C,这一转型不仅提高了平台的规范化和专业化水平,也标志着速卖通在电商领域的进一步成熟。同时,速卖通逐步关闭了淘代销工具,提高了商家入驻门槛,并引入了 3~10 万元不等的年费制度,这些措施旨在加强对商家服务指标的考核,提升平台的整体服务质量。

在品牌建设方面,速卖通投入了大量资源招募中国品牌,将其定位为"全球贸易之家",并推出了全新的品牌标识和广告宣传。此外,速卖通还加强了对品质的控制,推出了"品质保障计划",这些举措不仅提升了平台的品牌形象,也增强了消费者对速卖通的信任度。通过这些战略调整和品牌建设措施,速卖通在俄罗斯等重点市场取得了显著成绩,成为市场份额排名第一的电商平台,其品牌影响力也在全球范围内得到了显著提升。

(三)多元化发展阶段

在速卖通的发展历程中,2017—2020 年发生了一系列关键事件,推动了平台的战略调整和成就。2017 年 9 月,在 PayPal 举办的中国跨境电商大会上,速卖通宣布与 PayPal 达成战略合作,这一合作为平台的支付安全和便捷性提供了有力支持。紧接着,在 2018 年,速卖通借助国家推行的"一带一路"倡议,成功拓展了非洲、东欧、中东等沿线新兴市场,展现强劲的增长势头。2019 年 3 月,速卖通进一步优化服务,推出了 15 日无理由退换货服务,并在俄罗斯创新性地推出了"在线售车服务",为消费者带来了全新的线上线下购物体验。同年 10 月,阿里巴巴与俄罗斯本地企业合作,成立了"速卖通俄罗斯"合资企业,深化了本地化运营。2020 年 11 月 1 日,速卖通又推出了菜鸟"极速退运费"服务,简化了商家的售后流程,增强了商家的运营便利性。

在战略调整方面,速卖通开始利用阿里巴巴的技术能力,探索满足不同国家和地区用户的个性化需求,使业务更加多元化。同时,平台加大了在"一带一路"沿线新兴市场的布局,扩大了市场覆盖范围。此外,通过推出退换货服务和"在线售车服务",速卖通显著提升了消费者的购物体验,增强了用户黏性。这些举措不仅提升了用户体验,还满足了不同市场的个性化需求,使速卖通在新兴市场取得了显著成绩,进一步巩固了其在全球跨境电商领域的领先地位。

(四)模式创新阶段(2022 年至今)

在速卖通的模式创新阶段,2022 年 12 月,平台推出了"全托管"模式,这一创新举措允许商家专注于备货,而将物流管理交由平台负责,货权归商家所有,定价则由平台与商家协商,售后退款问题由全球通承担。紧接着,2023年8月,速卖通开始试运行"半托管"模式,并定向邀请卖家参与试用。到了2024年1月,速卖通正式宣布全面投入半托管业务,并且为了支持这一新模式,平台投入了重金进行补贴。这一战略调整迅速见效,使得速卖通的业务扩展明显加快,半托管业务迅速崛起,与全托管模式并驾齐驱,成为平台的两大主要运营模式。截至2024年1月,托管业务订单已经超过了总量的50%,凸显了托管业务在平台运营中的核心地位。此外,速卖通在2024年加大了对全球市场的投入,拿下了2024欧洲杯的独家电商赞助权,还在韩国签约了知名演员汤唯、马东锡作为代言人,在中东则签约了亚洲足球先生作为本土代言人,这些举措有效地为半托管商家吸引了更多流量,提升了品牌的国际知名度和市场影响力。通过这些模式创新和市场投入,速卖通成功吸引了大量商家入驻,显著提升了平台的活跃度和交易量,同时也增强了品牌在国际市场上的吸引力,为商家和消费者提供了更加优质的服务和购物体验。

二、平台特点

速卖通作为阿里巴巴旗下的跨境电商平台,具有多个显著特点,这些特点不仅满足了不同国家和地区消费者的需求,还显著提升了平台的竞争力。

(一) 面向全球消费者

速卖通是一个面向全球消费者的平台,买家可以从世界各地的卖家购买商品。这一特点使得速卖通能够覆盖广泛的市场,满足不同国家和地区消费者的多样化需求。无论是发达国家还是新兴市场,消费者都可以在速卖通上找到他们需要的商品,这极大地扩展了平台的市场范围和潜在客户群体。

(二) 商品选择丰富

速卖通上有丰富多样的商品种类,包括服装、电子产品、家居用品、美妆产品、运动用品等。这种丰富的商品选择为消费者提供了更多的选择余地,满足了不同消费者的个性化需求。无论是追求时尚的消费者,还是寻找特定功能产品的用户,都能在速卖通上找到满意的选择。丰富的商品种类也吸引了更多的卖家加入,进一步丰富了平台的商品资源。

(三) 销售低价商品并打折

速卖通上的商品通常以低价销售,买家可以找到相对便宜的商品。此外,速卖通还提供各种促销活动和折扣,使买家能够以更低的价格购买商品。这一特点对于价格敏感型消费者特别有吸引力,尤其是在新兴市场,消费者对价格更为敏感,低价商品和折扣能够显著提升平台的吸引力和竞争力。通过定期的促销活动,如"双11"、

"黑五"等,速卖通不仅吸引了大量新用户,还提高了用户的购买频率和忠诚度。

(四)提供多样化的物流服务

速卖通与多家物流公司合作,为买家提供全球快速运输服务。买家可以选择适合自己的物流方式,包括免费运输、标准快递、加急快递等。这种多样化的物流选择确保了商品能够快速、安全地送达消费者手中,提高了购物体验。特别是在一些物流基础设施较弱的新兴市场,速卖通通过与当地物流合作伙伴的紧密合作,解决了物流难题,进一步提升了平台的竞争力。

(五)提供买家保护机制

速卖通提供买家保护机制,保障买家的权益。如果买家收到与描述不符的商品或未收到商品,可以通过平台提供的争议解决机制来解决问题,包括退款或退货等。这一机制增强了消费者对平台的信任,减少了购物风险,提高了消费者的满意度和忠诚度。在跨境购物中,买家保护机制尤为重要,因为它能够有效解决因语言、文化差异和物流问题导致的纠纷,确保消费者的权益得到保护。

(六)多语言支持

速卖通平台提供多语言界面和客户支持,支持多个国家和地区的消费者。买家可以使用自己熟悉的语言进行浏览、购买和沟通。这一特点极大地降低了语言障碍,提高了平台的可访问性和用户体验。对于非英语国家的消费者来说,多语言支持尤为重要,它使得他们能够更方便地使用平台,提高了购物的便利性和满意度。

速卖通的这些平台特点,满足了不同国家和地区消费者的需求,显著提升了平台的竞争力。面向全球消费者、丰富的商品选择、销售低价商品并打折、提供多样化的物流服务、提供买家保护机制及多语言支持等特点,不仅吸引了大量的买家和卖家,还提高了用户的满意度和忠诚度。通过这些特点,速卖通在跨境电商领域建立了强大的品牌影响力,成为全球最活跃的跨境平台之一。

三、平台优势

速卖通作为阿里巴巴旗下的跨境电商平台,具有多个显著优势,这些优势不仅吸引了众多卖家和买家,还显著促进了平台的交易活跃度和市场影响力。

(一)交易流程手续简便

速卖通的一大优点是交易流程简便。出口商具备企业资质(如个体工商户或公司营业执照)入驻平台,完成相关的认证流程。速卖通平台通过其物流合作伙伴(如菜鸟物流)提供代报关服务,卖家准备并提供准确的报关资料。进口报关通常由买家或其委托的代理完成,出口报关则由速卖通物流合作伙伴协助操作。买卖双方的订单生成、发货、收货和支付等环节都可以在线上完成。双方的操作模式犹如国内的淘宝操作,非常简便。卖家通过第三方物流迅速发货,买家通过银行卡进行交易支付,双方不需要 T/T、信用证、贸易术语等外贸专业知识,降低了进出口业务的门槛。这种简便的交易流程使得即使是小型企业和个人卖家也能轻松开展跨境电商业务,极大地提高了平台的吸引力。

(二) 进入门槛低

速卖通的进入门槛低,平台对卖家没有企业组织形式和资金的限制。公司、SOHO、个人都可以在平台上发布产品。发布 10 个产品后,卖家就可以在平台上成立自己的店铺,然后可以直接面向全球 200 多个国家的消费者或小型商家,沟通、交流、发布、推广商品,订单响应迅速,交易活跃。这一低门槛的策略极大地吸引了众多小型供应商和个体卖家,满足了他们迅速做出口业务的愿望,也刺激了双方交易的活跃性。

(三) 商品选择品种多且价格低廉

鉴于中国制造业的聚集优势,中国目前是全球众多国家销售商品的货源国。因此,速卖通业务与传统国际贸易业务相比,具有无比强大的市场竞争优势。平台上商品选择品种多,价格低廉,能够满足不同消费者的需求。丰富的商品种类和低廉的价格不仅吸引了大量买家,还促进了交易的活跃度,使得平台在全球市场上的竞争力显著提升。

速卖通的这些平台优势共同作用,吸引了众多卖家和买家,显著促进了平台的交易活跃度和市场影响力。交易流程手续简便、进入门槛低、商品选择品种多且价格低廉等特点,不仅降低了卖家的运营成本和风险,还提高了买家的购物体验和满意度。通过这些优势,速卖通在跨境电商领域建立了强大的品牌影响力,成为全球最活跃的跨境平台之一。这些优势不仅帮助速卖通在竞争激烈的市场中脱颖而出,还为其持续发展奠定了坚实的基础。

第二节 速卖通的商业模式

一、运营模式

速卖通的运营模式主要分为三种:商家自营模式、全托管模式和半托管模式。每种模式都有其独有的特点和适用场景,为不同类型的卖家提供了灵活的选择。

(一) 商家自营模式

在商家自营模式下,卖家在速卖通平台上自主经营店铺,全面负责商品的库存管理、订单处理和物流配送等关键环节。这种模式赋予卖家较大的自主权,使其能够根据自身需求灵活调整运营策略,特别适合大多数商品的销售。作为第三方跨境电商交易平台,速卖通提供全方位的中间服务,包括技术支持、支付处理和物流协调等。具体而言,卖家需自行维护商品库存,确保供应的及时性和准确性;及时处理订单,包括订单确认、发货和物流跟踪;并可选择自主发货、找货代发货或利用速卖通的线上发货服务。速卖通的后台管理系统为卖家提供了高效管理店铺和订单的工具,同时平台支持多种支付方式,保障交易的安全性和便捷性。在交易流程中,速卖通扮演信用中介的角色,买家下单付款后,货款先存于平台的中间账户,平台随即通知卖家发货。待买家确认收货,货款才会转至卖家账户,这一机制有效保障了交易双方的权益。

(二) 全托管模式

2022年12月,速卖通推出了全托管服务,这一创新模式极大地改变了商家的运营方式。在全托管模式下,平台全面接管店铺的运营工作,包括商品上架、定价策略、促销活动、物流配送以及售后服务等关键环节,而商家只需专注于备货这一环节。这种模式的优势显而易见:首先,它显著减轻了商家的运营负担,使商家无须投入大量时间和精力在店铺的日常管理上;其次,凭借平台专业的运营团队,能够实现更高效的店铺管理,有效提升店铺的曝光度和销量;再者,平台统一负责物流配送,确保了物流服务的稳定性和时效性;最后,平台提供的统一售后服务,包括处理退换货等售后问题,极大地减少了商家的售后压力。全托管模式特别适用于小型卖家,这些卖家往往缺乏足够的资源和经验来进行有效的店铺运营,全托管模式能够显著降低他们的运营成本。此外,对于标准化商品和高销量商品,全托管模式通过集中运营的方式,能够进一步提升这些商品的市场竞争力,为商家带来更大的商业价值。

(三) 半托管模式

2024年1月,速卖通引入了半托管服务,作为全托管模式的有力补充。半托管模式专注于协助商家处理物流履约环节,旨在提高物流服务的及时性和可靠性,同时允许商家保持对商品和运营的自主控制权。具体而言,该模式下,平台承担跨境及末端配送、仓储以及逆向物流等任务,确保物流流程的顺畅与稳定。商家则保留商品定价和店铺运营的自主权,能够自行进行商品上架、定价和促销等操作。此外,借助平台统一的物流服务,商家可有效降低物流成本,尤其是对于轻小件和低客单价商品,通过合单发货的方式,物流费用的降低将更加显著。半托管模式特别适合中型卖家,这类卖家具备一定的运营能力和资源,能够在享受平台物流和售后支持的同时,保持自身的运营特色。同时,对于那些能够迅速适应市场变化、拥有品牌运营能力的柔性生产线商家来说,半托管模式提供了灵活调整产品和运营策略的空间,以更好地应对市场动态。

速卖通的运营模式为不同类型的卖家提供了灵活的选择。商家自营模式适合有较强运营能力的卖家,全托管模式适合小型卖家和标品爆品商家,半托管模式则适合中型卖家和柔性生产线商家。通过这些模式,速卖通不仅提升了平台的运营效率,还帮助卖家更好地管理店铺和订单,促进了平台的交易活跃度和市场影响力。

二、盈利模式

速卖通作为阿里巴巴旗下的跨境电商平台,通过多种盈利模式实现商业价值的最大化。这些盈利模式包括增值服务收入、交易佣金收入和提现手续费收入。

(一)增值服务收入

增值服务收入是速卖通平台的重要盈利来源之一,主要包括速卖通直通车推广和速卖通联盟推广。

1. 速卖通直通车

速卖通直通车是一种按点击付费(Cost Per Click,CPC)的营销工具,其运作机制与淘宝直通车类似。商家利用这一工具,通过参与竞价排名,使自己的商品能够在搜索结果页面获得更靠前的展示位置,进而显著提升商品的点击率。每当有消费者对展示的商品产生兴趣并进行点击时,系统便会针对该次点击向商家收取费用。这种推广方式的优势在于能够迅速增加店铺的流量和曝光度,助力商家在激烈的市场竞争中崭露头角。借助精准的关键词投放策略,商家能够确保商品信息精准触达最有可能完成购买行为的潜在客户群体,从而有效提升销售转化率。

2. 速卖通联盟

速卖通联盟是一种按成交计费(Cost Per Sale,CPS)的推广模式,其运作机制与淘宝客推广类似。商家参与联盟推广后,联盟会将商品信息推送到各种站外渠道,如App、社交平台、导购网站等进行展示和推广。只有当买家通过这些联盟推广链接进入店铺,并成功购买商品后,商家才需要根据商品的实际成交价格和设定的佣金比例,支付相应的佣金费用。这种推广方式的优势在于能够帮助商家降低推广风险,因为只有在实际成交后才需要支付费用,同时借助联盟的广泛渠道和精准推广,商家可以有效提升商品的曝光度和销售转化率,获取更多全球范围内的潜在客户。

(二)交易佣金收入

平台根据商品所属类目,速卖通的佣金费率通常在5%～15%之间,具体费率因商品类目而异。速卖通支持多种支付方式,如电汇、支付宝以及其他跨国在线支付方式。需要强调的是,速卖通的佣金费率与支付方式无关,无论是通过支付宝还是其他支付方式,佣金费率都由商品所属类目决定。速卖通通过向每笔成功交易收取交易佣金来获取收入。这种收费模式保障了平台收入的稳定性，同时也确保了公平性和透明度。

(三) 提现手续费收入

速卖通通过收取提现手续费作为其收入来源之一。具体而言，每当商家进行一次提现操作时，平台会收取固定的手续费，目前的标准为每次15美元，这笔费用由速卖通与新加坡花旗银行共同分担。此外，若商家在取消提现操作后再次发起提现，将需要重新支付手续费，这一规定旨在鼓励商家合理规划资金，避免不必要的提现操作，从而降低相关成本。从平台的角度来看，提现手续费不仅为速卖通带来了稳定的现金流，还促使商家更加高效地管理资金，减少因频繁提现而产生的费用。合理的手续费设定有助于平台覆盖运营成本，保障服务的持续稳定与可靠性。

速卖通的盈利模式多样且互补，通过增值服务收入、交易佣金收入和提现手续费收入，平台实现了稳定的收入来源。增值服务收入帮助商家提高曝光度和销售额，交易佣金收入确保了平台的收入稳定性，提现手续费收入则为平台提供了额外的现金流。这些盈利模式不仅支持了速卖通的持续发展，还增强了平台的市场竞争力，吸引了更多的卖家和买家，形成了良性循环。

三、成本结构

速卖通平台运营和推广涉及多方面的成本投入，了解这些成本结构有助于全面认识平台的运营模式和市场策略。

(一) 运营成本

运营成本是速卖通平台日常运作所需的基本支出，确保平台的日常运作和技术支持，主要包括以下几个方面。

1. 人员工资

平台需要雇用大量的专业人员，包括技术开发、客户服务、运营管理、市场营销等各个部门的员工。这些人员的工资和福利是平台运营成本的重要组成部分。

2. 房租和办公费用

速卖通在全球多地设有办公室和数据中心，用于支持平台的日常运营和技术维护。房租、水电费、办公设备购置和维护等费用也是运营成本的一部分。

3. 服务器及相关费用

作为一家大型电商平台，速卖通需要强大的服务器支持来确保网站的稳定运行和数据的安全存储。服务器的购置、租赁、维护以及相关的网络带宽费用等构成了平台的技术成本。

(二) 推广成本

推广成本是速卖通为了提升品牌知名度和吸引流量所进行的市场推广活动的费用,旨在提升品牌知名度和吸引流量,主要包括以下几个方面。

1. 搜索引擎广告

速卖通在 Twitter、Facebook、Google 等国际主流搜索引擎上投放关键字广告,以提高平台的曝光率和搜索排名。这些广告费用根据点击量、展示量等因素计费,是推广成本的主要组成部分。

2. 社交媒体营销

平台通过在 Facebook、Instagram、Twitter 等社交媒体上进行内容营销和广告推广,吸引潜在用户。这些活动包括广告投放、网红合作、社交媒体账号运营等,旨在提升品牌影响力和用户参与度。

3. 传统媒体广告

自 2009 年上线以来,速卖通在海外的电视、报纸、杂志等传统媒体上投放了大量广告。这些广告覆盖了广泛的受众群体,有助于提升平台的品牌知名度和市场影响力。

4. 主流网站合作

速卖通还与欧美及其他地区的主流网站进行合作,通过在这些网站上投放广告或进行内容合作,进一步扩大平台的覆盖范围和用户基础。

速卖通平台的这些成本投入,不仅支持了平台的稳定运营,还帮助速卖通在全球市场中建立了强大的品牌影响力,吸引了大量的卖家和买家,促进了平台的持续发展。

四、物流模式

速卖通平台提供了多种物流选择,以满足不同卖家和商品的需求。这些物流模式包括自主发货与找货代发货、线上发货以及海外仓服务。每种模式都有其特点和适用场景,卖家可以根据自身情况和商品特性选择最合适的物流方案。

(一) 自主发货与找货代发货

在自主发货和找货代发货模式下,商家自行联系物流服务商,负责商品的运输和配送。常用的物流方式包括邮政小包、e 邮宝等邮政物流服务。这些服务的特点有以下四个方面。

1. 运费便宜

邮政小包和 e 邮宝等邮政物流服务的运费相对较低,适合小件商品和成本敏感型卖家。

2. 运送时间长

这些物流方式的运送时间通常较长,特别是国际运输,可能需要 40 多天才能到达俄罗斯、巴西等国家,且没有承诺的送达时效。

3. 部分国家不支持全程跟踪

中邮小包对许多国家不支持全程跟踪,e 邮宝仅支持寄件到指定的十个国家,这给卖家和买家带来了不便。

4. 售后纠纷风险

由于商家需要自行承担包裹的丢失、破损、延误等问题,这些情况时有发生,导致卖家面临较多的售后纠纷。

(二) 线上发货

速卖通的线上发货方式为卖家提供了更加便捷和可靠的物流解决方案。线上发货主要包括专线物流和 AliExpress 无忧物流。

1. 专线物流

专线物流服务,如燕文专线、中俄航空、中俄快递 SPSR 等,覆盖了中国的主要大中城市,对于不在揽收范围内的商品,卖家可以将其邮寄至速卖通的国内仓库。这些专线物流的优势在于通过统一调度实现产业集聚效应,有效降低了卖家的运费成本。

此外,2024 年速卖通推出的"全托管"业务模式,进一步推动了"超大件专线"的发展。该服务已成功在美国、西班牙、法国和韩国落地,并获得了市场的热烈反响,特别是美国市场的大件跨境包裹日均单量在 3 月实现了同比 10 倍的增长。针对重量在 2~5 千克的跨境商品,托管物流线路现已覆盖 24 个国家,并且实现了 24 小时上门揽收服务,显著降低了物流成本,为卖家提供了更加高效、经济的物流解决方案。

2. AliExpress 无忧物流

AliExpress 无忧物流是由全球速卖通与菜鸟网络联合多家优质第三方物流商共同打造的官方物流服务体系,旨在为商家提供一站式解决方案,涵盖国内揽收、国际配送、物流详情追踪、物流纠纷处理以及售后赔付等全方位服务。该体系提供了三种不同的物流方案以满足多样化的配送需求。

无忧物流简易（Saver Shipping）主要服务于俄罗斯、乌克兰、西班牙地区的小包货物，对货物重量和订单金额设有一定限制，配送时间大约为 15 至 20 天，期间可查询关键环节的物流追踪信息，且因物流问题引发的纠纷退款由平台负责承担。

无忧物流标准（Standard Shipping）则覆盖全球 254 个国家及地区，没有货物重量的限制，并借助智能分单系统为商家匹配最佳物流方案，确保货物在 16 至 35 天内送达核心国家，全程物流信息可追踪。同样地，物流原因造成的纠纷退款，也由平台处理。

无忧物流优先（Premium Shipping）服务范围广泛，覆盖全球 183 个国家及地区，配送速度更快，部分国家仅需 4 至 10 天，其他国家也不超过 15 天，全程物流信息透明可查，物流纠纷退款保障依然由平台提供。

此外，该物流服务体系还配备了强大的物流信息平台，使得卖家和买家都能够实时查询和掌握包裹的准确位置，有效解决了其他物流方式中节点信息不完整的问题，极大地提升了物流服务的透明度和可靠性。

（三）海外仓

速卖通于 2015 年 2 月推出了海外仓服务，这一举措为卖家在美国、英国、澳大利亚等 9 个国家提供了海外仓库设施。

海外仓服务带来了诸多优势，其中包括缩短交货时间——商品预先存储于海外仓库，一旦消费者下单，便可直接从当地仓库发货，显著减少了配送时间，从而极大地提升了消费者的购物体验。此外，海外仓还有助于优化物流系统，使卖家能够更加灵活地应对市场波动，调整库存策略，进而提高整体的交易效率。同时，海外仓服务还能降低退货处理的复杂性和成本，进一步优化服务质量。

为了有效利用海外仓，卖家需要进行深入的市场分析，了解目标市场消费者的购物习惯和需求，以确定哪些产品适合存放于海外仓库以及相应的库存数量。卖家还需与速卖通平台保持密切沟通，熟悉海外仓的规则和操作流程，确保货物能够顺利出入库。此外，定期对海外仓的库存进行评估和调整也是必不可少的，这有助于卖家根据市场动态保持合理的库存水平，确保业务的顺畅运行。

总之，自主发货和找货代发货适合小件商品和成本敏感型卖家，但面临较长的运送时间和售后纠纷风险。线上发货通过专线物流和 AliExpress 无忧物流提供了更加便捷和可靠的物流解决方案，特别是无忧物流的多种选择方案，为卖家提供了灵活的物流服务。海外仓服务则通过缩短交货时间和优化物流系统，显著提升了消费者的购物体验和卖家的运营效率。

五、支付方式

速卖通平台提供了多种支付方式，以确保交易的安全性和便捷性，同时满足不同国家和地区消费者的需求。这些支付方式包括第三方支付体系、本土化的支付方式以及与知名支付合作伙伴的合作。

(一) 第三方支付体系

速卖通的资金流转方式与淘宝相似,平台本身充当信用中介的角色。为了保障交易双方的信用和资金安全,速卖通使用国际版支付宝(Alipay)作为第三方支付服务。国际版支付宝是阿里巴巴集团推出的一种跨境支付方式,消费者可以使用支付宝账户余额、银行卡或信用卡进行支付。国际版支付宝是速卖通平台提供的一种在线交易担保服务,用于保障买卖双方的交易安全,当买家确认下单并付款后,货款暂时存放在国际版支付宝的中间账户中。平台随后通知卖家收到货款并提醒其发货。只有在买家确认收到货物后,国际版支付宝才会将货款转到卖家账户。这种支付方式相比传统国际贸易中的汇付、托收、信用证等支付方式,具有以下优势:一是安全性高。国际版支付宝作为第三方中介,确保了交易双方的资金安全,减少了交易风险。二是便捷性。买家和卖家无须进行复杂的银行转账操作,支付过程简单快捷。三是信任度高。国际版支付宝背后有阿里巴巴和支付宝两大品牌的支持,增强了买家和卖家对平台的信任。

(二) 本土化的支付方式

为了提升买家的购物体验并满足不同国家和地区消费者对本土支付方式的熟悉度和信赖度,速卖通致力于支付方式的本土化。例如,在欧洲市场,速卖通接入了Money Bookers(现称Skrill),这是一种广泛使用的在线支付服务,支持超过50种支付方式,包括信用卡和借记卡,极大地方便了欧洲买家进行支付。在拉美地区,速卖通接入了Boleto支付,这是一种流行的现金支付方式,特别适用于网上银行渗透率较低的地区。买家可以通过当地银行、ATM机、便利店或网银授权转账进行支付。这些本土化的支付方式不仅提高了支付的便利性,还增强了消费者对平台的信任,从而有效促进了交易的完成。

(三) 寻找知名合作伙伴

速卖通与PayPal建立了合作伙伴关系,这一战略举措为平台带来了诸多显著优势。

对于买家而言,PayPal作为一种全球广泛认可的支付方式,提供了更多的支付选择,增强了买家对平台的信任度,并通过其强大的安全措施保障了支付信息的安全。

对于卖家来说,使用PayPal会被收取标准交易费/小额交易费以及提现手续费。此外,卖家还可以通过累积交易后集中提现,有效避免风控问题导致的账户冻结,降低提现成本。若卖家符合相关条款,还能在遭遇损失时获得PayPal的全额赔偿,同时使用 PayPal 支付不存在账号关联风险,进一步保障了卖家账户的安全。

除了与 PayPal 的合作,国内主流银行也为速卖通提供了安全便捷的支付服务,这不仅方便了速卖通在国际商品交易中的结汇和信用卡交易,还促进了银行与速卖通之间的双赢合作,共同推动了跨境电商的发展。

第三节　速卖通的目标市场与用户特征

速卖通作为全球最大的跨境交易平台之一,其成功的关键在于精准的目标市场定位和对用户特征的深入理解。

一、目标市场定位

速卖通覆盖了 220 多个国家和地区的海外买家。在发展初期,速卖通定位于欧美区域,这一战略选择基于欧美卖家已经养成了采购中国产品的习惯,且金融危机后呈现碎片化的采购趋势,速卖通能够满足他们小批量、多频次的采购需求。然而,随着运营的深入,速卖通发现越来越多的买家来自俄罗斯、巴西等新兴市场国家。这些国家工业基础薄弱,对外国商品依赖度高,且线下商品流通不充分,线上电商零售也不成熟。

因此,速卖通调整战略,瞄准新兴市场消费人群,上线了俄语和西班牙语网站,避开了与 eBay、亚马逊等巨头的正面竞争,定位更加平民化,目标市场倾向于俄罗斯、东欧、中东等新兴市场。这一战略调整不仅帮助速卖通快速发展成为领先的 B2C 跨境电商平台,还使其在这些新兴市场中占据了重要地位。其主要目标市场包括欧洲市场、北美市场、东南亚市场、中东南美等新兴市场。

(一)欧洲市场

欧洲市场是速卖通的传统优势市场之一,速卖通在多个欧洲国家渗透率领先。欧洲消费者对高品质、低价格的产品需求较大,且对品牌的认知度较高,为卖家提供了品牌推广的机会。热销品类主要包括小家电、电脑、通信、消费电子等,这些品类与深圳卖家的商品有很高的契合度。此外,欧洲在百货、超市、游戏、娱乐、户外运动等品类也有很大的机会。速卖通在欧洲市场有长期的经营投入,并在新一年会加大投入,特别是西班牙和法国,以及拓展一些新兴市场国家,比如德国。

(二)北美市场

北美市场是速卖通近年来重点投入的市场之一。美国市场的热卖品包括美妆个护、家具、汽摩配、玩具等。速卖通在北美建设本地仓储,发货能力与主打性价比商品是重点,同时结合品类和人群策略,用本地化流量资源,拉新本地用户,如在各大社交媒体投入数千名本地网红博主带货。此外,速卖通还开放了美国本地商家入驻项目(POP),为商家提供了0保证金开店、0成本入驻、入仓后3个月免佣金等优惠政策。

(三)东南亚市场

东南亚市场是一个潜力巨大的市场,尤其是印度尼西亚和马来西亚市场。这些市场的消费者对价格敏感,同时也追求高品质的产品。速卖通在东南亚市场的渗透率也在不断提升,通过举办各类促销活动吸引当地用户,如限时优惠、满减活动、折扣促销等。此外,速卖通还积极拓展社交媒体和KOL合作,提升品牌知名度。

(四)中东南美市场

中东南美市场包括中东和南美地区,这些市场的消费者对电子产品、家居用品和美容产品等需求较大。由于这些市场的购买力较强,因此也吸引了大量的卖家。速卖通在中东市场的投入也在不断增加,通过优化市场的支付和结算、继续投入物流的基建等方式,提升用户体验。在南美市场,速卖通重点投入巴西和墨西哥,同时也会选择GDP较高、人口基数较大的典型南美市场,去做差异化的国家运营。

二、用户类型与行为分析

速卖通平台的用户主要分为卖家和买家两大类,每类用户都有其独有的特征和行为模式。

(一)卖家

速卖通平台的卖家明确定位为中小企业,这些卖家主要来源于中小型外贸生产型企业、外贸公司、淘宝天猫等电商平台的转型企业,以及eBay等C2C平台的卖家。海量的商家资源为平台的活跃度和业务拓展提供了有力支撑。速卖通根据长尾理论战略,为中小企业提供了足够的存储和流通渠道,使他们能够以最低的成本走出国门。此外,速卖通于2019年首次允许俄罗斯、土耳其、意大利和西班牙四个国家的商家入驻,逐步开启了海外招商的步伐,进一步丰富了平台的商家资源。

(二)买家

速卖通的买家定位为个人消费者,主要来自俄罗斯、美国、西班牙、巴西、法国等国家。这些国家具有人数多、需求广的特点。年龄跨度大,18～35岁的年轻用户占比较高,是速卖通的主要用户群体。男女比例整体较为均衡,但在某些商品类别,如服饰鞋包、母婴用品等领域,女性用户占比会更高。白领人群是重要的用户群体,这些消费者属于中等偏上收入群体,可用于线上购物的收入和预算相对充裕,消费能力较强,网购花费及频次也较高,购物方式多以静默下单,售前咨询比较少。从教育水平来看,受教育程度较高,大专及以上学历者占比较大,接受过高等教育的群体更能适应速卖通的国际化网页设计和购物流程。总体来说,速卖通的买家以年轻化、教育程度较高为主,是开放心态接受新事物且有一定消费购买力的群体,这也符合速卖通平台的定位和产品特色。

从消费者的消费偏好来看,速卖通用户较喜爱购买母婴用品、美妆个护、小家电、文具礼品等,反映出实用性需求特征。每个用户每年在平台的平均交易次数较多,交易时间集中在节假日(如圣诞、黑色星期五等)和大促期。全球速卖通消费者一般会购买数件商品,大多数用户会直接从中国厂商或品牌采购,而不是通过中间商。速卖通平台的用户会浏览和比价多个平台,但一次购买体验良好后会产生一定平台忠诚度。整体而言,速卖通平台复购率较高,用户体验和商品满意度不错。

三、商品与服务

(一) 商品种类与特色

速卖通借助1688供应商资源,为海外消费者提供了丰富多样的商品选择。这些商品不仅平价,还具有小众和高附加值的特点,且没有最低购买量限制,能够很好地满足海外消费者小批量购买的需求。

1. 3C数码

3C数码即包括手机、电脑、相机、耳机等各类数码产品。这类产品市场需求大,尤其是智能手机和电脑等高价值产品,受到消费者热烈追捧。优点是科技含量高、更新换代快,能够吸引追求最新科技的消费者;缺点是竞争激烈,需要不断更新产品以保持竞争力。

2. 服装服饰

涵盖各种风格和类型的服装、鞋子和包包。由于全球消费者对时尚和个性化的追求,这一类目的商品在平台上销量一直很高,尤其是夏季服装、运动鞋、时尚包包等,深受消费者喜爱。优点是市场需求旺盛,消费频次高;缺点是更新换代快,需要紧跟时尚潮流。

3. 家居用品

从家居装饰、厨房用品到卫浴产品等,各类家居用品都受到消费者的青睐。尤其是一些具有特色和实用性的产品,如智能家居产品、个性化装饰品等,在市场上具有较大的竞争力。优点是实用性高,消费群体广泛;缺点是产品同质化较严重,需要在设计和功能上不断创新。

4. 汽摩配件

摩托车配件是一个供不应求的类目,原因有两个:一是做这类产品的厂家要比较专业;二是国内做摩托车配件的厂家并不多,以汽配为主。速卖通这个平台主要面向俄罗斯、中东等市场,这些国家骑摩托车的人比较多,因此汽摩配件在这些地区有较大的市场需求。

5. 家电

家电包括大小家电、厨房电器、生活电器等。随着生活品质的提升,家用电器市场需求稳定。优点是产品种类丰富,能够满足不同消费者的需求;缺点是物流成本较高,需要良好的物流支持。

6. 珠宝首饰

珠宝首饰具有独特的文化魅力和艺术价值,能够吸引不同国家和地区的消费者。优点是附加值高,利润空间大;缺点是质量把控严格,需要确保产品的真伪和质量。

速卖通严格依据禁售品列表,禁止销售知识产权侵权商品,确保平台上的商品合法合规,保护了品牌方和消费者的权益。

(二)服务内容与优势

速卖通为卖家和买家提供了全面且优质的服务,提升了双方的交易体验。

1. 数据纵横工具

该工具为卖家提供了强大的数据分析支持,帮助卖家预判市场趋势,了解消费者需求,优化产品选择和营销策略。通过这些工具,卖家可以更好地把握市场脉搏,提高销售业绩。

2. 站内搜索服务

该服务帮助消费者快速找到所需商品。速卖通的搜索功能强大,能够根据关键词、分类等多种方式精准定位商品,提升购物效率。

3. 搜索排序原则

速卖通的搜索排序机制公平且科学，主要考虑商品信息描述质量、与买家搜索需求的相关性、交易转化能力、卖家服务能力、搜索作弊情况等因素。通过这些综合因素的评估，确保将合适的商品和卖家优先推荐给买家，提升购物体验。

4. 多维度评判卖家服务

速卖通对卖家的服务能力进行多维度评判，包括商品质量、发货速度、售后服务等。通过这些评判标准，平台能够筛选出优质卖家，为买家提供更好的购物体验。同时，这也激励卖家不断提升自身服务水平，形成良性竞争。

总之，速卖通通过丰富的商品种类、平价且有特色的产品、严格的质量把控以及优质的服务，为全球消费者提供了一个一站式的购物平台，同时也为卖家提供了广阔的市场和强大的支持。

第四节 速卖通的营销策略

速卖通作为全球知名的跨境电商平台，其营销策略丰富多样，涵盖了站内和站外多个方面，为卖家提供了全方位的推广支持，帮助卖家提升店铺销量和品牌影响力。

一、站内营销

站内营销是速卖通平台为卖家提供的直接且高效的营销方式，通过各种活动和工具，卖家可以充分利用平台的流量资源，实现商品的快速推广和销售。

（一）平台活动

平台活动是速卖通为卖家提供的免费引流推广服务，通过参与这些活动，卖家可以借助平台的庞大流量和资源，提升商品的曝光度和销量，打造爆品，吸引买家回访，孵化潜力品牌，获取社交流量，快速入市。

1. Flash Deals（含俄罗斯团购）

Flash Deals是限时限量的折扣活动，卖家可以将自家的主打产品报名参加。在活动期间，商品以极具竞争力的价格展示给大量买家，短时间内吸引大量流量和订单，从而打造爆品。例如，一款原本日销量只有几件的电子产品，在参加Flash Deals后，销量可能在活动的几小时内突破百件，借助平台的流量优势和限时折扣的吸引力,迅速成为热门商品。

对于参加过Flash Deals活动的买家,平台会通过邮件、站内消息等方式提醒他们关注后续类似的活动。卖家也可以在活动结束后,通过店铺首页、商品详情页等位置展示参与过Flash Deals活动的商品,吸引买家回访店铺,查看是否有新的优惠活动,增加买家与店铺的互动频率。

2. 金币频道

买家可以通过完成任务(如浏览商品、评价商品等)来赚取金币,然后使用金币兑换商品。卖家将自己的商品设置为金币兑换商品,能够吸引那些活跃在平台社交功能区域(如社区、论坛等)的买家。这些买家通常对平台的活动参与度较高,通过金币频道的推广,卖家可以将商品信息传递给这些社交活跃的潜在客户群体,从而获取更多的社交流量,扩大商品的曝光范围。

对于一些新兴品牌或者小众品牌,金币频道提供了一个低成本的推广机会。卖家可以通过设置较低的金币兑换门槛,吸引买家尝试自己的商品。当买家使用金币兑换并体验到商品的品质后,如果商品质量和服务确实不错,就有可能成为品牌的忠实粉丝,帮助品牌积累口碑,进而孵化出有潜力的品牌。比如,一个新兴的美妆品牌,通过在金币频道推出几款小样兑换活动,让买家试用后发现产品的效果不错,从而逐渐建立起品牌知名度。

3. 品牌闪购频道

品牌闪购频道主要针对品牌商品,为品牌卖家提供了一个集中展示和销售的平台。在这里,品牌商品可以以更优质的展示效果和更精准的流量推送呈现给目标买家。卖家可以利用这个频道的流量优势,结合限时折扣、新品首发等营销手段,将自家的品牌爆品推向市场。例如,某知名运动品牌在品牌闪购频道推出新款运动鞋的限时折扣活动,凭借品牌的知名度和频道的流量扶持,快速提升该款运动鞋的销量,打造成为爆品。

对于有潜力的品牌,品牌闪购频道提供了一个提升品牌形象和知名度的机会。通过在频道内的持续曝光和销售,品牌可以积累更多的用户评价和反馈,不断完善自身的产品和服务。同时,平台也会根据品牌的销售数据和用户反馈,给予潜力品牌更多的资源支持,帮助其在市场中脱颖而出,孵化成为知名品牌。

4. 拼团频道

拼团活动具有很强的社交属性和趣味性。买家在成功参与一次拼团后,往往会因为想要再次享受拼团带来的优惠和乐趣而回访店铺。卖家可以设置不同类型的拼团活动,如多人拼团、限时拼团等,吸引买家多次参与。例如,一款热门的家居用品,卖家设置三人拼团活动,买家在成功拼团购买后,可能会在下次有类似需求时,主动回到店铺查看是否有新的拼团活动,从而增加买家的回访率。

对于新上市的商品,拼团频道是一个快速打开市场的好渠道。卖家可以将新品以拼团的形式推出,通过较低的拼团价格吸引早期用户尝试。这些早期用户在拼团成功后,会通过分享拼团链接等方式,将商品信息传播给更多的人,帮助新品快速在市场上获得曝光和销量。比如,一款新上市的智能穿戴设备,通过在拼团频道推出新品拼团活动,短时间内吸引了大量科技爱好者,迅速提升了新品的市场认知度。

5. 试用频道

试用频道为卖家提供了一个让买家免费试用商品的机会。对于一些有潜力但知名度不高的品牌,通过试用活动可以让买家亲身体验产品的品质和功能。当买家在试用后给出正面的评价和反馈时,这些评价会在平台上展示,吸引更多的潜在买家关注品牌。例如,一个新兴的健康食品品牌,通过在试用频道推出试用活动,收集到大量好评后,品牌知名度逐渐提升,为品牌的后续发展奠定良好的基础。

参与试用的买家通常会在社交媒体上分享自己的试用体验。卖家可以鼓励买家在试用后将体验分享到 Facebook、Instagram 等社交平台,并附上商品链接。这样,通过买家的社交分享,商品信息能够传播到更广泛的潜在客户群体中,为店铺带来更多的社交流量。比如,一款美容仪器的试用者在 Instagram 上分享使用前后的对比照片和使用感受,吸引了大量关注美容的用户点击链接进入店铺,增加了店铺的流量和潜在客户数量。

(二)店铺自主营销

店铺自主营销是卖家根据自身店铺的经营情况和目标客户群体,自主开展的营销活动。通过合理运用各种营销工具,卖家可以实现销量与利润的最大化,提升店铺的竞争力和客户满意度。

1. 单品折扣活动

单品折扣活动简单直接,卖家可以针对特定的热门商品或者滞销商品设置折扣。对于热门商品,通过折扣活动可以进一步提升销量,增加店铺的销售额和利润;对于滞销商品,适当的折扣可以刺激消费者的购买欲望,减少库存积压。例如,一款季节性商品,在换季时通过单品折扣活动,可以快速清理库存,为新品上架腾出空间。

如果目标客户群体是价格敏感型消费者,单品折扣活动会非常有效。对于高价值的商品,如高端电子产品,可以设置较小的折扣幅度,通过强调折扣后的高性价比来吸引消费者;而对于低价值的商品,如小饰品,可以设置较大的折扣幅度,以低价吸引大量购买,增加商品的销量和店铺的流量。

2. 满减活动

满减活动能够鼓励买家购买更多的商品,提高客单价。卖家可以设置不同档次的满减条件,如满 50 减 5、满 100 减 10 等,吸引买家为了达到满减条件而增加购买数量或者购买更高价值的商品。例如,在店铺促销期间,通过设置满减活动,可以引导买家一次性购买多件商品,而不是分多次购买,从而提高单次交易的销售额。

对于购买力较强的客户群体,可以设置较高档次的满减活动,刺激他们购买更多高价值的商品;而对于购买力较弱的客户群体,可以设置较低档次的满减活动,吸引他们购买多件低价值的商品。在商品组合方面,如果店铺有多个相关联的商品,如化妆品套装中的不同单品,通过满减活动可以促进整套商品的销售,提高店铺的整体利润。

3. 店铺优惠券

店铺优惠券可以分为全店铺通用优惠券和指定商品优惠券。全店铺通用优惠券能够吸引买家浏览店铺的更多商品,提高店铺的流量和曝光度;指定商品优惠券则可以针对特定商品进行精准推广,提升该商品的销量。例如,在店铺新品上市期间,可以发放全店铺通用优惠券,吸引买家关注店铺的新品;而对于一些重点推广的爆款商品,可以发放指定商品优惠券,进一步提升其竞争力。

对于新客户,可以发放较大面额的店铺优惠券,吸引他们首次购买;对于老客户,可以发放小额优惠券,鼓励他们复购。在商品方面,对于高利润的商品,可以适当提高优惠券的折扣力度,通过薄利多销的方式增加销量和利润;而对于低利润的商品,可以控制优惠券的折扣幅度,确保利润空间。

4. 搭配活动

可以将多个相关商品组合在一起销售,提高商品的附加值和销售额。卖家可以将主推商品与搭配商品进行组合,设置优惠价格,吸引买家购买整套商品。例如,将一款连衣裙与相应的配饰(如项链、耳环等)进行搭配销售,通过搭配优惠价格,让买家觉得购买整套商品更加划算,从而提高整套商品的销量。

针对追求时尚和个性的客户群体,可以推出具有创意的搭配组合,如不同风格的服装搭配、家居装饰品的组合等,满足他们的个性化需求;对于注重实用性的客户群体,可以推出功能相关的搭配组合,如厨房用品套装、办公用品组合等。在商品选择上,要确保搭配的商品之间具有较高的相关性和互补性,这样才能更好地吸引买家购买。

5. 互动活动

互动活动包括问答、抽奖、投票等形式,能够增加买家与店铺的互动和黏性。通过设置互动活动,卖家可以收集买家的意见和建议,了解买家的需求,同时也可以通过奖励机制(如赠送优惠券、小礼品等)吸引买家参与,提高店铺的活跃度。例如,在店铺新品上市时,可以开展问答活动,让买家对新品进行提问,卖家进行解答,同时参与问答的买家可以获得优惠券奖励,这样既增加了买家对新品的了解,又提升了店铺的互动氛围。

对于年轻、活跃的客户群体,可以设置趣味性强的互动活动,如线上小游戏抽奖等,吸引他们积极参与;对于专业性较强的客户群体,可以开展专业知识问答活动,如针对电子产品爱好者开展产品功能问答,提高活动的专业性和针对性。在商品方面,对于新品,可以开展与新品相关的互动活动,收集买家反馈,用于产品改进;对于热销商品,可以开展抽奖活动,奖励购买过该商品的买家,增加他们的忠诚度。

(三) 客户管理营销

客户管理营销是通过有效的工具和策略,对买家进行管理和营销,提升客户满意度和忠诚度,促进交易的成功和持续。

1. 自动识别有购买力且诚信度良好的买家

客户管理营销工具通过分析买家的购买历史、浏览行为、评价记录等数据,自动识别出有购买力且诚信度良好的买家。卖家可以针对这些优质买家开展精准营销活动,如发送专属优惠券、新品推荐邮件等。例如,对于经常购买高价值商品且评价良好的买家,卖家可以为其发放大额优惠券,吸引他们再次购买;对于关注新品的优质买家,可以提前发送新品上市通知和专属折扣,提高新品的销量。

2. 历史客户统计与营销页面管理客户信息

通过历史客户统计功能,卖家可以清晰地了解每个买家的购买记录和偏好。在营销页面,卖家可以对客户信息进行分类管理,根据不同客户群体的特点制定个性化的邮件营销内容。例如,对于购买过服装的买家,可以定期发送服装新品推荐邮件;对于购买过电子产品且对技术参数感兴趣的买家,可以发送产品评测和新技术介绍的邮件。通过精准的邮件营销,提升客户购物体验,让买家感受到卖家的关注和贴心服务,从而促进交易成功。

(四) 关键词优化

卖家需要通过市场调研和数据分析,找出与商品相关且搜索量较高的关键词,并将其自然融入商品标题中。例如,对于一款智能手表,可以在标题中包含"智能手表""运动监测""健康追踪"等关键词,这样当潜在买家在搜索引擎中搜索这些关键词时,商品页面就有可能出现在搜索结果中,吸引买家点击进入。

除了标题,商品描述中也应适当使用关键词。详细且包含关键词的商品描述不仅能够帮助搜索引擎更好地理解商品内容,还能为买家提供更全面的商品信息。例如,在智能手表的商品描述中,可以详细介绍其运动监测功能(如"精准的运动监测,记录您的跑步、骑行等运动数据"),同时穿插关键词,提高商品在搜索引擎中的相关性。

卖家还可以根据客户管理营销工具提供的数据,优化店铺的商品推荐和客户服务。例如,根据买家的浏览历史,在店铺首页为其推荐可能感兴趣的商品;在客户咨询时,能够快速准确地提供符合其需求的答案,提高客户满意度。良好的购物体验会增加买家对店铺的好感度,提高买家的复购率和忠诚度,促进交易的持续成功。

二、站外营销

站外营销是速卖通卖家通过平台以外的渠道进行的营销活动,旨在扩大品牌和商品的影响力,吸引更多的潜在买家,提升店铺的整体销量和竞争力。

(一)搜索引擎营销

搜索引擎营销(SEM)是指通过优化店铺和商品信息,提高其在搜索引擎(如Google、Bing等)中的排名和曝光度,吸引潜在买家访问店铺的一种营销方式。通过有效的搜索引擎营销,卖家可以将商品信息精准地推送到目标客户面前,增加店铺的流量和销售额。

1. 广告投放

PPC(Pay Per Click)广告是搜索引擎营销中常用的一种付费推广方式。卖家可以在搜索引擎平台上设置广告,当潜在买家搜索特定关键词时,广告就会展示在搜索结果页面的显眼位置。卖家只需要为每次点击支付费用,这种方式可以快速提升商品的曝光度和流量。例如,在Google AdWords上,卖家可以针对"智能手表推荐""最新款智能手表"等关键词设置广告,当买家搜索这些关键词时,广告就会展示,吸引买家点击进入店铺。

在广告投放过程中,精准的定位非常重要。卖家可以根据目标市场、目标客户群体的地理位置、语言、兴趣爱好等因素进行广告定位。例如,如果卖家的主要目标市场是欧美地区,就可以将广告定位在这些地区的用户群体;如果商品是针对健身爱好者,就可以通过分析健身相关关键词的搜索数据,将广告定位在对健身感兴趣的用户群体,提高广告的点击率和转化率。

【小提示】 速卖通直通车是按点击收费的一种广告形式,卖家可以通过自主设置多维度关键词,免费展示产品信息,通过大量曝光产品来吸引潜在买家,并按照点击费进行付费,这种广告投放属于站内营销。

2. 内容营销

卖家可以创建与商品相关的博客文章,并发布在自己的网站或者第三方博客平台上。在文章中嵌入关键词和商品链接,当潜在买家通过搜索引擎搜索相关问题时,博客文章就有可能出现在搜索结果中。例如,卖家可以撰写一篇关于"如何选择一款适合自己的智能手表"的博客文章,在文章中详细介绍不同功能、不同品牌智能手表的特点,并在适当位置插入自家店铺智能手表的商品链接,引导读者购买。

制作与商品相关的视频内容也是一种有效的搜索引擎营销手段。卖家可以制作产品介绍视频、使用教程视频、产品评测视频等,并上传到 YouTube 等视频平台。在视频标题、描述和标签中合理使用关键词,提高视频在搜索引擎中的排名。例如,制作一款智能手表的使用教程视频,标题为"智能手表使用教程:如何设置运动监测功能",在视频描述中包含关键词和商品链接,当买家搜索相关教程时,视频就有可能被推荐,吸引买家了解商品并进入店铺购买。

【实训作业】 明确平台的入驻要求、掌握平台的入驻流程并练习产品上架和处理订单等。

第五节 速卖通实操指南

入驻速卖通平台前,企业需要先了解销售的品类,确定要入驻的类目。了解平台规则和知识产权限售规则,以免经营过程中违规受罚;了解了知识产权保护和禁售商品规则后,就可以申请平台入驻了。本节将主要介绍速卖通平台入驻流程、完善店铺信息、发布商品等环节的实操步骤。

一、平台入驻流程

(一) 平台入驻要求

1. 企业

从 2021 年 12 月 15 日开始,个体工商户已经不能入驻速卖通平台,必须是公司性质(需要提供企业营业执照)。速卖通完成企业身份认证,需要先注册一个企业支付宝或企业法人支付宝。

2. 品牌

卖家必须拥有或代理一个品牌经营,根据品牌资质,可选择经营品牌官方店、专卖店或专营店类型要求。若不经营品牌,可跳过这个步骤。注意:仅部分类目必须拥有商标才可经营,具体以商品发布页面展示为准。

3. 卖家须缴纳技术服务年费

各经营大类技术服务年费不同,大部分类目是1万人民币,具体可以通过速卖通官网查看。经营到自然年年底,拥有良好的服务质量及不断壮大经营规模的优质店铺都将有机会获得年费返还奖励。

(二) 平台入驻流程

第一步,注册卖家账号。

登录速卖通平台官方网站,点击"立即入驻"。选择公司注册所在国家,中国商家选中国大陆。填写必要的信息,包括电子邮件地址、密码等,完成注册并验证。电子邮箱尽量不要用之前注册过淘宝以及阿里系平台的,使用新的邮箱注册。

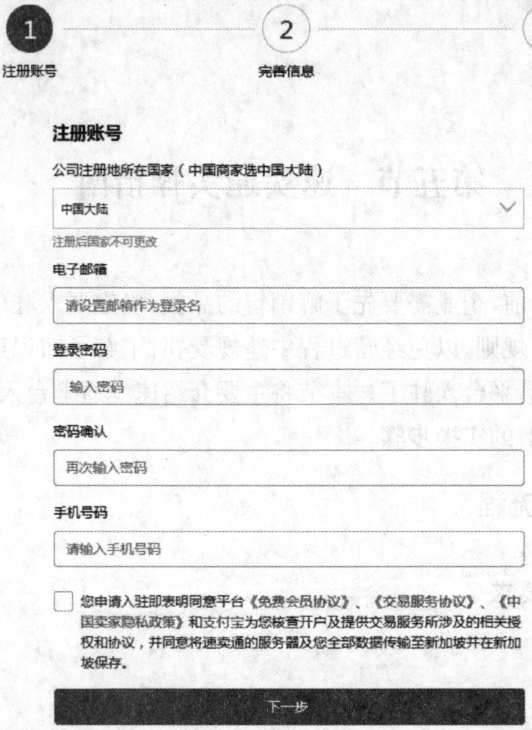

图 3-1

第二步,企业认证。

完成账号注册后,登录到卖家后台,进行企业认证。认证方式有两种,企业支付宝授权认证和企业法人支付宝授权认证,二选一即可。使用企业支付宝授权认证需要提前在支付宝申请企业支付宝账户,在速卖通认证页面登陆企业支付宝账号即可,实时认证通过。企业法人个人支付宝认证无需有企业支付宝账号,只要在认证页面提交相关资料和法人的个人支付宝账号授权即可,资料审核时间是 2 个工作日。

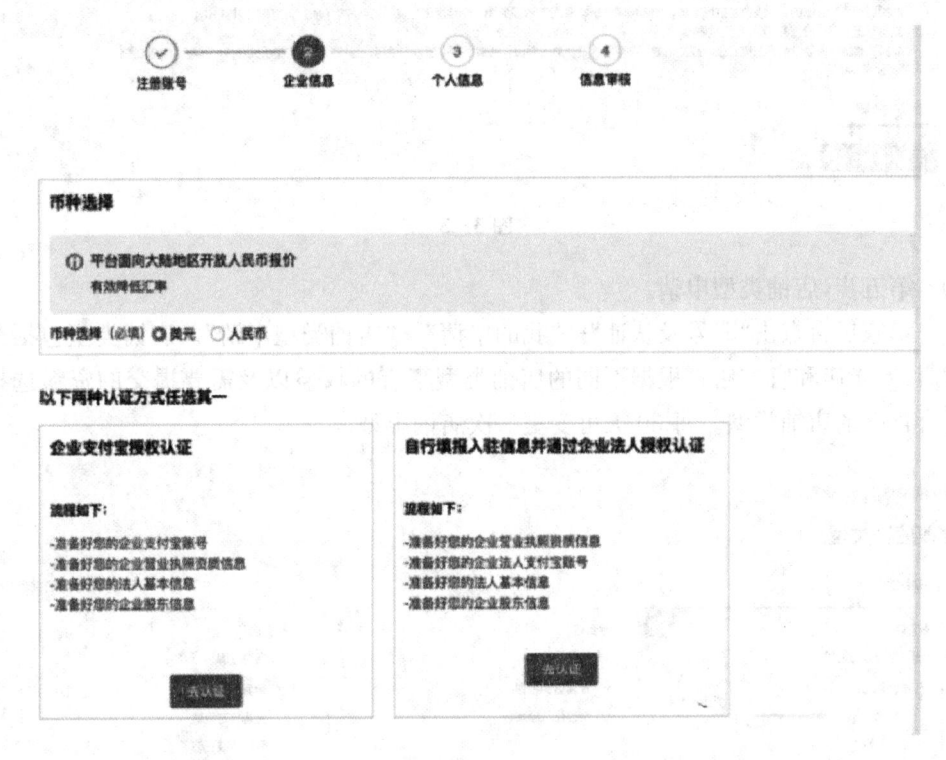

图 3-2

第三步,选择经营类目并缴费。

在速卖通卖家后台点击"账号及认证"—"我的申请"—"类目经营权限申请",点击"类目申请"。根据商品类型和经营计划,选择合适的经营类目,点击"确认"。速卖通对不同的经营类目有不同的要求和限制,根据所选经营类目缴纳对应的年费。一个店铺暂时只能选择一个经营范围,即一个经营大类,保证金也就收取该经营大类的费用。不同类目的保证金也不尽相同,一般分为 1 万、3 万、5 万人民币等不同梯度。费用缴纳完成后,平台会开始对你的入驻申请进行进一步审核。

第四步,商标资质申请。

当完成经营大类入驻并缴纳保证金后,普通类目没有资质要求,直接申请大类就可通过。如果经营的是品牌商品,需要进行商标资质申请才可以发布商品。类目不同,资质要求不同,具体可在官网注册时点击查看。若你的商标在平台已有的品牌申请页面查询不到,需要在系统内进行商标添加。提交商标注册证书或商标受理通知书等文件,等待平台审核,大概需要 5～7 天工作日。具体操作在速卖通卖家后台点击"账号及认证"—"我的申请",完成新商标注册申请。

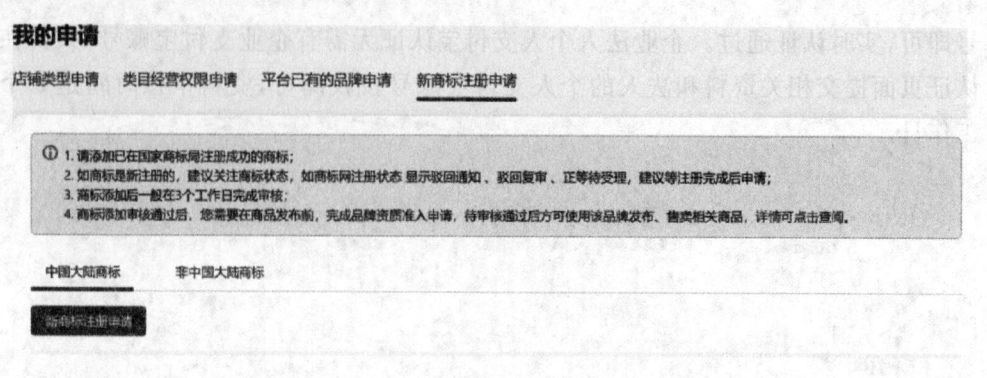

图 3-3

第五步，店铺类型申请。

卖家后台点击"账号及认证"—"我的申请"—"店铺类型申请"。店铺类型包括专营店、专卖店和官方店。根据不同的店铺类型享有的权益以及需要提交的资料选择适合自己的店铺类型。每 30 天可变更一次店铺类型。

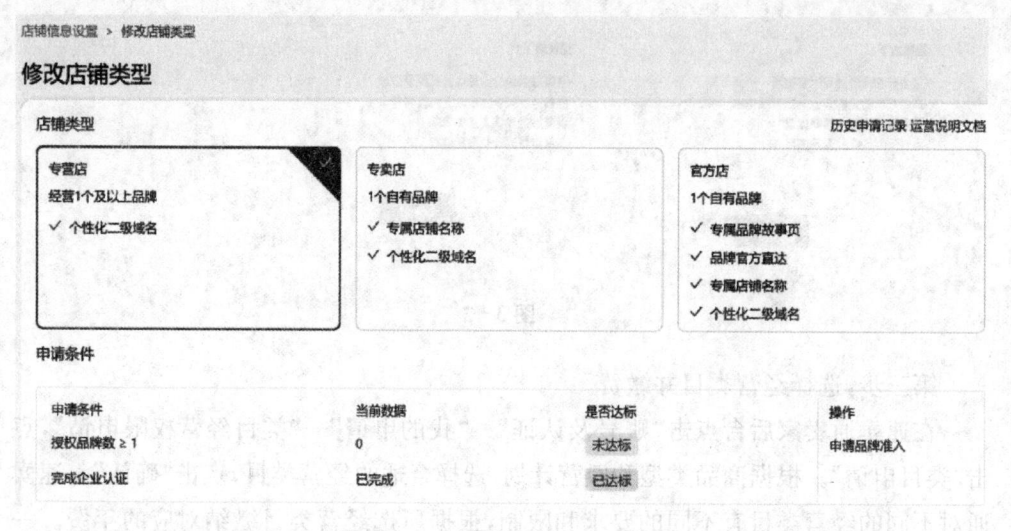

图 3-4

完成上述步骤，速卖通平台入驻基本步骤就完成了，可以完善店铺信息了。

二、完善店铺信息

经营店铺，首先需要对店铺信息进行完善。具体步骤为在卖家后台点击"店铺"—店铺信息设置，填写店铺基本信息。根据速卖通店铺名称申请及使用规范填写店铺名称、上传店铺的标志和照片，以增加店铺的专业性和吸引力。速卖通店铺名称的展现形式为：＊＊＊＊store,其中"＊＊＊＊"部分称为店铺名称。构成店铺名称的字符数应当大于等于 4,小于等于 64。构成店铺名称的字符只能包含"英文字母（a—z 或 A—Z）"、"阿拉伯数字（0—9）"、"空格或标点符号"，并且"空格或标点符号"不能出现在店铺名称的首部或尾部。店铺名称应简洁明了、易于识别,能够准确传达经营品牌和业务特点。

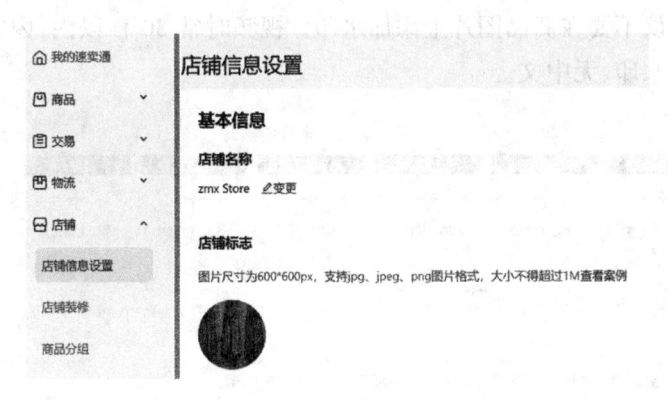

图 3-5

三、发布商品

设置好店铺信息,就可以发布商品了。在发布商品时,要确保商品信息的准确性和真实性,遵守平台的商品发布规范和政策。需要先设置商品信息,包括商品的标题、图片和产品属性详细描述等信息。具体步骤在速卖通后台中心点击"商品"—"商品发布"。

第一步,设置商品基本信息。包括选择发布语系,设置商品标题和类目,上传图片和视频,填写产品属性。

标题是非常重要的,它直接影响买家的搜索,一个好的标题可以提高访客量,从而提高成交率。标题最长可输入 128 个字符,同一个单词只能用一次,不能出现和实际产品属性无关的词。标题语法尽量简单,不用符号分隔。尽量多设置热搜属性词,将准备的关键词组合起来就是标题。

图 3-6

设置产品图片和视频。上传的产品图片应保证是实拍的、清晰的图片,能突出产品的卖点。建议不要在商品图片上添加水印。视频时常 30 秒以内,内容包含商品主体,无黑边、无水印、无中文。

图 3-7

准确填写产品属性。在信息发布过程中,产品属性是非常核心的填写内容,卖家应完整、准确地填写产品属性。完整、正确地填写产品属性可以大大提高搜索时的命中率和曝光率,应尽量将产品的属性填写率保持在 100%。在选择品牌时,应仔细核对产品的品牌,以避免产品的侵权问题。在填写自定义属性时,最好将自定义属性添加到 5 个以上,尽量体现产品的卖点与价值,保证产品属性的完整性。

图 3-8

第二步,填写价格与库存信息。

填写价格前,选择商品销售方式、尺寸、颜色、设置发货地。准确检查 SKU 库存情况,对应好商品编码,以免出错。

第三步,填写详细描述。

产品详细描述是整个产品的详细介绍,一般包括细节图、参数、型号、用途、包装、运费、售后说明、购买须知等。

第四步,填写包装与物流信息。

依据产品的预先设置好的信息来依次填写包装信息、物流信息、服务模板及其他信息。

第五步,填写其他设置。

选择商品分组、库存扣减方式、支付宝等信息,勾选同意商品发布条款。在填写完所有的产品信息后,检查是否有纰漏,最后点击保存或者提交。商品审核需要 3 个工作日,超过 3 天,可以点击反馈。

商品发布成功后,您的店铺就可以正式开张营业了。

课后习题

一、单选题

1. 速卖通平台的核心特征不包括( )。

A. 面向全球消费者　　　　　　B. 商品种类单一

C. 提供低价商品和折扣　　　　D. 拥有全球物流服务

2. 速卖通平台与传统电商平台的主要区别在于( )。

A. 速卖通主要面向国内市场　　B. 速卖通的商品价格更高

C. 速卖通提供更丰富的商品种类　D. 速卖通的物流服务更慢

3. 速卖通平台的运营模式不包括( )。

A. 商家自营模式　　　　　　　B. 全托管模式

C. 半托管模式　　　　　　　　D. 传统批发模式

4. 速卖通平台的盈利模式中,不包括( )。

A. 增值服务收入　　　　　　　B. 交易佣金收入

C. 提现手续费收入　　　　　　D. 产品销售差价收入

5. 速卖通平台的市场定位不包括( )目标市场。

A. 欧美发达国家　　　　　　　B. 东南亚等新兴经济体

C. 中国的周边国家　　　　　　D. 中东非洲等新兴市场

E. 南极洲地区

6. 速卖通平台用户特征中,描述不准确的是( )。

A. 用户年龄分布广泛,但 18~35 岁年轻用户占比较高
B. 男女比例整体较为均衡
C. 用户主要为高收入群体
D. 用户教育水平相对较高

7. 速卖通平台提供的物流模式中,不包括(　　)。

A. 自主发货与找货代发货　　B. 线上发货
C. 海外仓服务　　　　　　　D. 门到门即时配送

8. 速卖通平台的支付方式中,不包括(　　)。

A. 第三方支付体系　　　　　B. 本土化的支付方式
C. 现金当面交易　　　　　　D. 与知名支付合作伙伴的合作

9. 速卖通平台的营销策略中,站内营销不包括(　　)。

A. 平台活动　　　　　　　　B. 店铺自主营销
C. 客户管理营销　　　　　　D. 搜索引擎营销

10. 速卖通平台的发展历程中,以下(　　)的特点是从小额批发的 B2B 业务向 B2C 业务转型。

A. 起步阶段(2010—2012 年)
B. 全面转型阶段(2013—2016 年)
C. 多元化发展阶段(2017—2020 年)
D. 模式创新阶段(2022 年至今)

二、多选题

1. 速卖通平台的平台特点包括(　　)。

A. 面向全球消费者　　　　　B. 商品选择丰富
C. 低价商品和折扣　　　　　D. 全球物流服务
E. 买家保护机制

2. 速卖通平台的运营模式中,商家自营模式的特点包括(　　)。

A. 卖家自主经营店铺
B. 卖家全面负责商品的库存管理、订单处理和物流配送
C. 平台提供全方位的中间服务
D. 卖家无须负责物流配送

3. 速卖通平台的盈利模式中,增值服务收入包括(　　)。

A. 速卖通直通车推广　　　　B. 速卖通联盟推广
C. 交易佣金收入　　　　　　D. 提现手续费收入

4. 速卖通平台的市场定位中,(　　)是其目标市场。

A. 欧美发达国家　　　　　　B. 东南亚等新兴经济体
C. 中国的周边国家　　　　　D. 中东非洲等新兴市场

5. 速卖通平台的物流模式中,线上发货的优点包括(　　)。
A. 运费便宜　　　　　　　B. 运送时间短
C. 全程跟踪　　　　　　　D. 平台承担售后纠纷

三、简答题

1. 速卖通平台的运营模式有哪些？简述每种模式的特点。
2. 速卖通平台的盈利模式包括哪些？简述每种盈利模式的具体内容。
3. 简述速卖通平台的入驻流程。
4. 速卖通平台的用户特征有哪些？
5. 简述速卖通平台的营销策略。

第四章 eBay 平台

教学目标

【知识目标】

1. 了解 eBay 平台的发展历程：

认识 eBay 从 1995 年创立至今所经历的飞速成长、走向低谷、战略转型和再次迷茫等不同发展阶段的特点。

了解互联网技术发展、市场竞争变化、消费者行为演变等因素对 eBay 发展的影响，以及 eBay 在各阶段采取的战略举措。

2. 掌握 eBay 平台的核心架构要素：

识别并理解 eBay 的一口价模式、拍卖模式等核心商业模式的运作机制。

了解 eBay 平台的盈利模式，包括手续费、额外服务费、广告费和支付处理费等，以及这些盈利模式对平台和用户的影响。

【技能目标】

1. 分析能力：

能够分析 eBay 平台的市场机遇，如全球市场覆盖、多元化商品选择、灵活交易方式等方面的优势。

能够评估 eBay 平台面临的挑战，如竞争加剧、物流和法规问题等，以及这些挑战对卖家和平台运营的影响。

2. 决策能力：

能够根据市场分析和 eBay 平台特点，制定相应的运营策略，如商品定价、销售模式选择、促销活动策划等。

能够选择合适的 eBay 平台服务和工具，如店铺租赁、广告服务、物流方案等，以优化业务拓展，提升销售业绩。

3. 沟通能力：

能够在 eBay 平台的跨文化交易环境中，与全球买家和卖家有效沟通，解答咨询、处理订单和解决售后问题。

能够理解和适应不同国家和地区的商业习惯、文化差异和消费者偏好，提升客户服务质量和店铺信誉。

4. 问题解决能力：

能够针对 eBay 平台运营中遇到的物流延迟、支付纠纷、税务问题等常见问题提出解决方案，保障交易顺利进行。

能够应对 eBay 平台政策变化、市场波动和法律法规更新等不确定性因素，灵活调整运营策略和业务流程。

5. 创新能力：

能够运用 eBay 平台提供的新技术和新功能，如虚拟现实展示、大数据分析工具等，优化商品展示和营销推广。

能够创新服务模式，如开展个性化定制服务、提供增值服务等，以提升用户体验和满意度，增强竞争力。

【思政目标】

1. 全球化视野与国际合作：

强调 eBay 平台在促进全球贸易、推动经济全球化中的积极作用，培养学生的国际视野和全球贸易合作意识，理解跨境电商对世界经济发展的贡献。

2. 创新驱动发展：

通过 eBay 平台的创新发展历程，展示技术创新如何推动商业模式变革和企业竞争力提升，激发学生的创新意识和创业精神，鼓励他们在未来的学习和工作中勇于创新、敢于尝试。

3. 市场规则与商业伦理：

引导学生理解 eBay 平台的规则和政策，强调遵守市场规则、维护公平竞争的重要性，培养学生的商业伦理意识和诚信经营观念，确保在跨境电商活动中合法合规运营。

引 例

李明的 eBay 球鞋之旅

在 2024 年，一位名叫李明的中国大学生，偶然间在 eBay 上发现了一款限量版的美国复古篮球鞋，这款鞋在国内市场上几乎绝迹，而他在 eBay 上以相对较低的价格成功竞拍到了这双鞋。收到鞋后，李明的穿着引来了无数羡慕的目光，李明还在国内的球鞋爱好者论坛上分享了自己的经历。这一分享引发了论坛上其他球鞋爱好者的极大兴趣，纷纷询问如何在 eBay 上购买商品。

与此同时，李明也意识到，国内有许多像他一样的球鞋爱好者，对这类海外限量版球鞋有着极高的需求，但又不知道如何在 eBay 上购买。于是，他萌生了一个想法：为什么不将这些海外的限量版球鞋引入国内，满足国内球鞋爱好者的需求呢？他开始在 eBay 上寻找更多的球鞋供应商，并尝试将这些球鞋引入国内进行销售。然而，在这个过程中,他遇到了一系列问题:如何确保球鞋的质量和真伪?如何处理国际物流和关税问题?如何在 eBay 上与卖家有效沟通并建立信任?这些问题让他意识到,eBay 这个平台背后有着复杂的运营机制和商业逻辑。

【请思考】

1. 李明能够在 eBay 上购买到国内罕见的限量版球鞋,这体现了 eBay 平台的什么特点?你认为 eBay 的全球性对消费者和卖家分别带来了哪些机遇和挑战?

2. 在李明的案例中,他如何确保在 eBay 上购买的球鞋是正品?eBay 平台有哪些机制可以保障买家和卖家的交易安全?你认为在跨境电商中,建立信任的重要性体现在哪些方面?

3. 李明在将球鞋引入国内销售时,遇到了国际物流和关税问题。你认为 eBay 平台提供了哪些物流解决方案来帮助卖家应对这些挑战?卖家在选择物流方式时需要考虑哪些因素?

4. 李明发现国内球鞋爱好者对海外限量版球鞋有很高的需求。这反映了 eBay 平台在市场定位上的哪些优势?如果你是李明,你会如何进一步分析国内球鞋市场的需求,以确定哪些球鞋款式和品牌在 eBay 上采购会更受欢迎?

5. 李明的创业想法体现了对 eBay 平台商业模式的初步探索。你认为 eBay 平台的哪些商业模式(如 C2C、B2C 等)适合李明的业务?他可以如何利用 eBay 平台的创新功能(如拍卖、一口价等)来提升自己的竞争力?

第一节　eBay 平台概述

eBay 平台,经历了发展历程中的高潮与低谷,其独特的平台特点(如多样化的销售方式和全球市场覆盖)和支撑其市场地位的核心竞争力(包括品牌影响力、信任机制、庞大用户群体及创新能力),勾勒出一个全方位、多维度的 eBay 形象。

一、创立与发展历程

在深入剖析 eBay 平台的全貌时,首先需追溯其创立与发展历程。这一部分将详细勾勒出 eBay 从 1995 年的创立之初,如何在互联网浪潮中乘风破浪,实现飞速成长,又如何在市场环境的变迁中经历起伏,最终通过战略转型寻求复苏。

(一)创立背景与初期发展(1995—2000 年)

1. 创立背景

eBay 由 Pierre Omidyar 于 1995 年 9 月 4 日创立,最初名为 AuctionWeb。当时,

互联网技术刚刚开始普及,传统的交易方式存在信息不对称、效率低下等问题。Pierre Omidyar 看到了互联网在提高市场效率方面的潜力,决定创建一个在线拍卖平台,让全球民众能够在网上买卖物品。这个平台最初是一个小型的在线拍卖网站,主要面向收藏家和爱好者,提供一个便捷的交易平台。

2. 飞速成长(1995—2000 年)

在 1995 年至 2000 年期间,eBay 借助互联网技术实现了飞速成长。互联网技术的应用打破了传统交易的地域和时间限制,极大地提高了市场效率。买卖双方能够通过在线拍卖更便捷地进行交易,信息透明度显著提升,交易成本也大幅降低。eBay 独特的商业模式,特别是其拍卖模式,不仅实现了商品价值的最大化,还吸引了大量卖家和买家。卖家可以选择拍卖形式或固定价格的方式出售物品,这种灵活性进一步扩大了用户群体。

随着交易模式的不断完善,eBay 形成了拍卖、定价以及拍卖与定价综合三种交易模式,全面满足了不同用户的需求。凭借先发优势,eBay 通过品类扩张(从收藏品扩展到生活必需品类)和业务类型拓展(引入定价模式、为企业客户服务的 eBay 店铺等),积累了庞大的活跃买家和卖家群体。网络效应的发挥使得 eBay 的市场份额不断提升,竞争地位持续巩固。到 2000 年,eBay 的营业收入达到了 4.3 亿美元,注册用户超过 2 200 万,平台拍卖商品数量更是超过了 2 600 亿件。

(二)走向衰落(2001—2010 年)

2001—2010 年间,eBay 经历了从辉煌到衰落的转变,这一时期市场环境的显著变化对 eBay 产生了深远影响。首先,随着互联网的广泛普及,用户对购物的便捷性和速度提出了更高的要求。尽管拍卖模式具有一定的吸引力,但其耗时较长的特点使得用户逐渐转向更为快捷的定价式网购。网拍的新鲜感逐渐消失,拍卖市场也逐步进入饱和期。其次,eBay 在 2005 年斥巨资收购了网络视频通话服务公司 Skype,这一举措未能成功整合业务,最终在 2011 年将 Skype 转售给微软。这次失败的收购不仅消耗了大量资金,还分散了公司的核心业务注意力,影响了其在主营业务上的发展。

同时,竞争的加剧也成为 eBay 衰落的重要因素。2000 年,亚马逊平台业务的启动,以其固定的收费模式和更优的购物体验,吸引了大量用户。此外,行业内的其他竞争对手也纷纷崛起,进一步挤压了 eBay 的市场份额。技术层面的竞争同样不容忽视,谷歌不断完善的搜索功能以及各类社交网站的兴起,为用户提供了更加精准和便利的商品搜索渠道,这使得买卖双方对 eBay 平台的依赖程度大幅降低。这些因素共同作用,导致 eBay 在这一时期逐渐走向衰落。

(三)战略转型与回血复苏(2011—2016年)

1. 移动平台业务发展

随着智能手机和平板电脑的普及,移动商务时代悄然到来。eBay 的管理层敏锐地捕捉到了这一趋势,认定移动商务将是未来的发展方向,因此投入了大量资源来开发移动支付平台产品。这一战略转型成效显著,eBay 移动端的交易额从 2009 年的 6.2 亿美元飙升至 2013 年的 220 亿美元。

同时,为了顺应手机支付的大趋势,eBay 收购了移动平台支付公司 Zong,成功地将 PayPal 的业务从线上拓展至线下,并在传统零售门店推出了 PayPal Here 支付方式。到了 2014 年,支付业务在 eBay 整体业务中的占比已经达到了 48%,这一比例超过了市场业务的 46%。2011—2014 年间,支付业务的复合年增长率(CAGR)高达 21%,这一增速远远超过了交易平台业务的 9%。这些举措不仅增强了 eBay 在移动支付领域的竞争力,也为其业务的多元化发展奠定了坚实的基础。

2. 线上线下融合

为了实现线上线下融合的战略目标,eBay 在 2010 年采取了积极的收购策略。首先,eBay 收购了本地购物搜索公司 Milo,这一举措使得商户能够将店内的库存情况上传至 eBay 平台,同时通过 eBay Now 当日达服务与线下零售商户展开合作,有效地将业务拓展至线下用户,增强了平台的市场渗透力。紧接着,在 2011 年,eBay 又收购了 GSI Commerce,该公司已经与阿迪达斯、Calvin Klein、玩具反斗城等众多美国知名零售品牌及企业建立了合作关系,为它们提供电商技术平台、订单管理以及物流等全方位的电商综合服务。

通过这两次收购,eBay 成功地从一个主要的拍卖零售市场转型为一个兼具渠道和服务的综合互联网技术型企业,这一转型不仅拓宽了 eBay 的业务范围,也提升了其在电商领域的综合竞争力。

(四)走向迷茫(2016年至今)

1. 业务架构调整

2014 年,eBay 经历了一次重大的业务调整,其支付业务的拆分导致公司营收遭受重创,几乎减半,这一变化使得 eBay 失去了曾经强劲的增长动力,因为支付业务一直是 eBay 收入的重要组成部分。拆分后,eBay 不得不重新审视和调整其业务架构,以适应新的市场环境和竞争态势。这一调整不仅影响了公司的财务表现,也促使管理层执行"Back to Basics"计划,将业务重心重新聚焦于线上交易平台,试图通过优化核心业务来恢复增长动力。然而,尽管交易平台的营收增速逐渐趋于稳定,但增长动力的不足使得 eBay 的发展方向变得模糊不清。

与此同时,电商产业链不断成熟,物流配送体系和 IT 系统等基础设施的重要性日益凸显。eBay 在这些关键领域的不足,导致其难以满足用户日益增长的需求,也无法有效优化购物体验。在与亚马逊等竞争对手的激烈竞争中,eBay 逐渐失去了市场份额,最终被亚马逊超越,这标志着 eBay 在电商领域的领先地位受到了严重的挑战。

2. 竞争压力加剧

在激烈的电商市场竞争中,巨头亚马逊持续挤压 eBay 的生存空间。亚马逊通过不断优化用户体验、扩展商品种类、提升物流效率等方式,成功吸引了大量用户,从而在市场份额和用户流量上逐渐超越了 eBay。除了亚马逊的强势竞争,其他跨境电商平台也在不断崛起,如速卖通、Wish 等。这些平台通过创新的商业模式和卓越的用户体验,吸引了大量的国际用户,进一步分流了 eBay 的市场份额。速卖通凭借其强大的供应链和低价策略,迅速在全球市场占据了一席之地,Wish 则通过个性化的推荐算法和移动优先的策略,吸引了大量年轻用户。这些新兴跨境电商平台的崛起,使得 eBay 在电商领域的竞争地位受到了进一步的挑战。

二、平台特点

在深入了解 eBay 平台的运作机制之前,有必要先对其显著的平台特点进行概述。这些特点不仅构成了 eBay 在电商领域独特地位的基础,也直接影响着平台上买卖双方的交易体验和效率。具体来看,eBay 的平台特点涵盖了从多样化的销售方式到全球化的市场覆盖,从丰富的商品种类到高度的用户互动性等多个方面,这些共同塑造了这一平台的核心价值和吸引力。

(一) 独特的销售方式

eBay 提供了三种主要的售卖方式,分别是拍卖、一口价和综合销售。其中,综合销售结合了拍卖和一口价的优点,卖家可以在设定起拍价的同时,设置一个一口价。买家可以选择参与竞拍,也可以直接以一口价购买商品。这种方式不仅增加了商品的曝光度,还为买家提供了更多的选择,提高了交易的成功率。

(二) 多语言、多货币支持

eBay 是一个全球性的在线购物平台,市场覆盖全球 38 个国家和地区,包括澳大利亚、奥地利、比利时、加拿大、中国、法国、德国、中国香港、印度、越南、泰国、爱尔兰、意大利、马来西亚、荷兰、新西兰、波兰、菲律宾、新加坡、韩国、西班牙、瑞典、瑞士、英国和美国等。eBay 提供了多语言和多货币支持,方便不同国家和地区的买家和卖家进行交流和支付。此外,eBay 还提供了跨境交易功能,允许买家和卖家在不同国家之间进行交易。这不仅扩大了卖家的客户群体,提高了销售额和利润,也为买家提供了更多选择,使他们能够购买到全球各地的商品。

(三) 多元化的商品种类

eBay 上的商品种类非常丰富,几乎涵盖了各个领域的商品。从电子产品、时尚、家居用品、玩具、收藏品到日用品和奢侈品,从二手商品到全新商品,eBay 都提供了大量的交易机会。这种多元化的商品种类不仅满足了不同买家的需求,也为卖家提供了广阔的市场空间。卖家可以根据自己的资源和优势,选择适合在 eBay 上销售的商品,从而提高销售成功率。

(四) 高度互动性

eBay 为买家和卖家提供了一个高度互动的平台,买家和卖家可以通过评价、留言、问答等方式进行交流。这种互动性不仅增加了交易的透明度和公正性,还促进了社区的活跃度。买家可以通过查看卖家的信誉评价和历史交易记录,了解卖家的信誉度和商品的真实性,从而做出更明智的购买决策。卖家也可以通过及时回复买家的咨询和处理售后问题,提升买家的满意度和忠诚度。此外,eBay 的社区交流非常活跃,买家和卖家可以在平台上分享经验和建议,进一步增强了平台的用户黏性。

三、核心竞争力

在深入分析 eBay 平台的持续成功因素时,其核心竞争力的探讨显得尤为关键。以下将从品牌知名度、信任机制、庞大的用户基础以及创新能力四个方面,详细阐述 eBay 如何凭借这些核心优势,在激烈的市场竞争中保持领先地位,并持续吸引全球用户。

(一) 品牌知名度

eBay 作为全球最大的电子商务平台之一,具有极高的品牌知名度和广泛的影响力。这一品牌认知度不仅源于其长期的市场存在和广泛的用户基础,还得益于其在消费者中建立的高信任度。消费者普遍认为 eBay 是一个可靠、安全的在线交易场所,这种信任是 eBay 品牌价值的重要组成部分。高品牌知名度使得 eBay 在市场中具有显著的竞争优势,能够吸引更多的买家和卖家,进一步巩固其市场地位。

(二) 信任机制

eBay 建立了完善的信任机制,这是其核心竞争力的重要体现。平台通过严格的卖家审核和评价制度,确保交易的透明度和公正性。买家可以查看卖家的信誉评价和历史交易记录,从而对卖家的可靠性和商品的真实性有更直观的了解。此外,eBay 还提供了多种支付方式和安全保障措施,如 PayPal、信用卡等,这些支付方式不仅方便快捷,还提供了额外的安全保障。平台还设有纠纷解决机制,帮助买家和卖家处理交易中可能出现的问题,进一步增强了用户对平台的信任。

(三) 庞大的用户基础

eBay 吸引了来自世界各地的众多买家和卖家,形成了一个庞大的在线交易社区。这一庞大的用户基础为买卖双方提供了更多的选择机会。卖家可以通过 eBay 接触到全球范围内的潜在买家,扩大销售市场,提高销售额和利润。买家则可以在 eBay 上找到几乎任何他们需要的商品,从稀有的收藏品到日常用品,从二手商品到全新商品。庞大的用户基础不仅提高了平台的活跃度,还增强了 eBay 的市场竞争力,使其能够持续吸引更多的用户加入,保持市场领先地位。

(四) 创新能力

eBay 一直致力于技术创新和业务模式创新,以满足用户不断变化的需求。平台不断探索新的业务模式和创新点,如推出移动应用程序、在线支付功能、虚拟现实技术等,为用户提供更加便捷和高效的购物体验。eBay 还与多家合作伙伴开展合作,整合资源,提供更全面的服务和解决方案。例如,通过与物流公司的合作,eBay 能够提供更快速、更可靠的物流服务;通过与支付机构的合作,eBay 能够提供更安全、更便捷的支付方式。这种创新能力使得 eBay 能够保持领先地位,吸引更多用户,同时也为平台的长期发展提供了动力。

第二节　eBay 平台的核心架构要素

在深入剖析 eBay 平台的商业运作之前,有必要先对其核心架构要素进行详细解读。这一部分将从盈利模式、运营模式和平台规则三个方面,全面揭示 eBay 如何通过多元化的服务和严格的规则,实现持续的商业成功,并保持在电子商务领域的领先地位。

一、盈利模式

eBay 的盈利模式多样且成熟,主要通过以下几种方式实现盈利。

(一) 基本费用

1. 刊登费用

卖家每个月有一定的免费刊登额度。如果不开设店铺,每月有部分免费刊登条数(不同站点、不同时期可能有差异,如有的是 50 条)。超出免费刊登数量后,需要支付刊登费。以美国站点为例,超出部分费用在 0.30～0.05 美元,具体费用会因是否订阅店铺以及店铺等级高低而有所差别。

2. 成交费用

当成功售出商品时,eBay 会收取成交费(Final Value Fees,FVF)。此费用按销售总额的百分比计算,加上每笔订单的固定费用。以美国站点为例,每笔订单的固定费用为 0.30 美元,成交费费率根据是否订阅店铺、产品销售所在的品类不同而有所不同。如果账号销售表现下降到较差水平,成交费费率可能会有所增加。

3. 支付工具费用

使用 PayPal 收款,会根据销售额收取一定比例的费用。一般每笔交易费用是 3.4%＋0.30 美元,如果当月销售额越高,费率会有所下降。

(二) 可选费用

1. 店铺订阅费

eBay 平台将店铺分为基础店铺、高级店铺和超级店铺等不同等级,有月度收费和年度收费两种方式。例如,基础店铺的月度订阅费用可能为 20～30 美元,店铺等级越高,订阅费用越高,但同时卖家可获得的免费刊登数量也会增多,其他费用的费率也可能更低。

2. 功能升级费用

卖家在 eBay 平台上对商品清单的部分功能进行升级需要付费,比如添加副标题、字体加粗、选择第二分类等。这些功能升级可以提高商品的展示效果和搜索排名,从而增加销售机会。

3. 广告费用

如果卖家需要加大力度推广产品,增加销售数量,选择使用平台的广告推广业务时需要支付广告费用。费用比率取决于卖家所启用的比率。例如,Promoted Listings(付费推广)服务可以让卖家的商品在搜索结果中更加突出,从而增加销售机会。

(三) 其他收入来源

1. 收取手续费

eBay 作为交易平台,向买家和卖家收取购物手续费,这是其主要的盈利来源之一。手续费的收取标准因不同国家和地区、不同商品类别以及是否订阅店铺等因素而有所不同。例如,美国站点的手续费通常按销售总额的一定百分比计算,加上每笔订单的固定费用。

2. 提供额外服务

eBay 提供多种额外服务,并从中收取费用。这些服务包括拍卖、保险、礼品卡、物流服务等。例如,卖家可以选择支付额外费用,以获得更显著的拍卖展示位置或更全面的保险服务,从而提高商品的吸引力和安全性。

二、销售模式

eBay 的销售模式灵活多样,满足了不同卖家和买家的需求。

(一) 拍卖模式

拍卖模式是 eBay 最传统的销售方式。卖家在平台上发布商品,设定起拍价和拍卖时间,买家在规定时间内进行竞拍。拍卖结束时,出价最高的买家获得商品。这种模式特别适合那些具有独特价值或稀有性的商品,如收藏品、限量版商品等。拍卖模式不仅吸引了买家以低于市场价购买商品,也为卖家提供了一种销售方式,有可能以高于市场价的价格成交,从而带来更高的收益。

(二) 一口价模式

一口价模式允许卖家为商品设定一个固定价格,买家可以直接购买商品,无须参与竞拍。这种方式适合那些库存量较大、需要快速销售且利润可控的商品。一口价模式简化了购买流程,提高了交易效率,特别适合那些对价格敏感的买家。卖家可以设置最长 30 天的在线时间,增加商品的曝光率和转化率。

(三) 店铺租赁和销售模式

eBay 提供店铺租赁和销售模式,卖家可以在平台上租用店铺,并在店铺内展示和销售自己的商品。这种模式为卖家提供了一个更全面的销售平台,他们可以在店铺内展示更多的商品,并吸引更多的潜在买家。店铺租赁费用因店铺等级和订阅方式而有所不同,如基础店铺的月度订阅费用可能在 20~30 美元,店铺等级越高,订阅费用越高,但同时卖家可获得的免费刊登数量也会增多,其他费用的费率也可能更低。

(四) 广告服务模式

eBay 提供广告服务模式,卖家可以通过在平台上投放广告来提高商品的曝光率,吸引更多的潜在买家。广告费用因广告类型和投放位置而有所不同。例如,Promoted Listings(付费推广)服务可以让卖家的商品在搜索结果中更加突出,从而增加销售数量。此外,卖家还可以通过优化商品标题、描述、关键词等,提高店铺在

eBay 搜索结果中的排名,增加产品的曝光度。

三、平台规则

eBay 的平台规则严格且明确,确保交易的公平性和透明度。

(一)商品分类规则

商品必须上传到正确的物品类别,否则可能被系统自动下架,也会影响消费者查找产品,降低转化率。eBay 的平台商品种类繁多,产品类型分类也非常细致,卖家需要确保商品信息准确无误,提供真实、详尽的描述,图片使用也有规范,刊登需至少一张图,最长边不低于 500 像素(建议高于 800 像素),且无多余边框、文字、插图。同时,禁止在商品详情页放置外链,不得在商品信息页上传自建站或独立站链接来引流。

(二)商品所在地规则

商品所在地必须保证真实,不真实的发货地址侵犯消费者知情权,可能导致收货时间不符,遭到平台下架。大部分电商平台的商家都有自己的商品仓库,设置的商品所在地一般是真实地址。但对于一件代发类型的商家,商品的发货地与店铺上产品的所在地信息标注不一致,容易引发消费者投诉和平台处罚。

(三)外链禁止规则

eBay 不允许上传外链,防止为其他平台店铺引流,影响平台自身流量和消费者体验。卖家不得在商品信息页上传任何外部链接,包括但不限于其他电商平台的链接、独立站链接等。这一规则确保了 eBay 平台的流量和用户黏性,维护了平台的生态平衡。

(四)物流方案政策

开店铺的商家发货必须使用国际 e 邮宝或邮政速递 EMS 服务,或使用能监测货品状态的美国海外仓储服务,保证发货规范性和物流可追踪性。eBay 提供多种物流方式与方案以满足不同卖家需求,自发货模式下,卖家自行处理商品的包装与配送,可选择与本地邮政或快递合作,灵活性高,但物流时效性较难保证。海外仓模式则是卖家提前将货物存储在目标市场仓库,有订单时直接从海外仓发货,能显著缩短配送时间,提升买家体验,不过仓储成本较高。eBay 直发物流模式是 eBay 整合的物流服务,卖家将货物发至指定物流中心,由其完成后续配送,可借助平台物流优势,降低物流管理难度,提高物流效率与可靠性,有助于卖家在全球市场更高效地运营。

(五)流量推荐机制

eBay 注重产品的属性相关度,属性相关度高的产品在搜索结果中更容易被消费者找到,从而提高下单率。卖家需要优化商品标题和描述,使用高质量、清晰、多角度的图片展示商品,确保图片背景简洁,突出商品主体,最好使用白色背景,符合 eBay 的图片规范。此外,合理设置价格,研究市场竞争对手的价格,制定具有竞争力的定价策略,定期关注价格动态,根据市场情况和销售数据适时调整价格,也是提高商品曝光率和转化率的重要手段。

第三节　eBay 平台的运营实践

一、入驻要求与流程

(一) 入驻要求

1. 企业注册要求

所有大中华区企业在 eBay 全球各交易平台进行销售,均需在 eBay.com.hk 开设卖家账户入驻 eBay。在 eBay 进行跨境电商企业注册时,有着明确的条件限制。首先,营业执照需是内地或者香港合法登记的,且注册时间必须超过一年。其次,法人信息方面,要提供身份证资料、个人近照以及地址证明资料,该地址证明需与注册地址相符,用于跨国认证。再者,企业联系方式上,得准备未曾注册过 eBay 的企业邮箱,像 Gmail、Hotmail 这类国际通用邮箱就不错,手机号也不能注册过,以法人手机号为佳。

2. 个人注册要求

个人在注册过程中有如下要求:首先是年龄限制,注册者必须年满 18 周岁,要具备完全民事行为能力,能够独立承担法律责任。其次是身份信息方面,需要准备好个人的身份证或护照等有效证件的彩色扫描件。再者是联系方式,要提供真实、有效的个人手机号码(该手机号码需未注册过 eBay)以及电子邮箱。

3. 其他通用要求

无论是企业卖家还是个人卖家,都需要具备良好的信誉,良好的信誉有助于相关事务的开展,对于新卖家而言,可以通过其他电商平台或社交媒体平台展示自己的信誉,以此来增加入驻的成功率。同时,在注册账号时必须提供真实的个人或企业信息,而且要同意遵守 eBay 的规则和政策,特别要注意严禁销售假冒伪劣、盗版、违禁品或侵犯知识产权的商品,确保整个经营活动合法合规。

(二) 入驻流程

1. 个人账号入驻流程

(1) 进入 eBay 官网。

打开 eBay 官网(如 http://www.eBay.com.hk),点击 左上方的"注册"按钮,如图 4-1 所示。

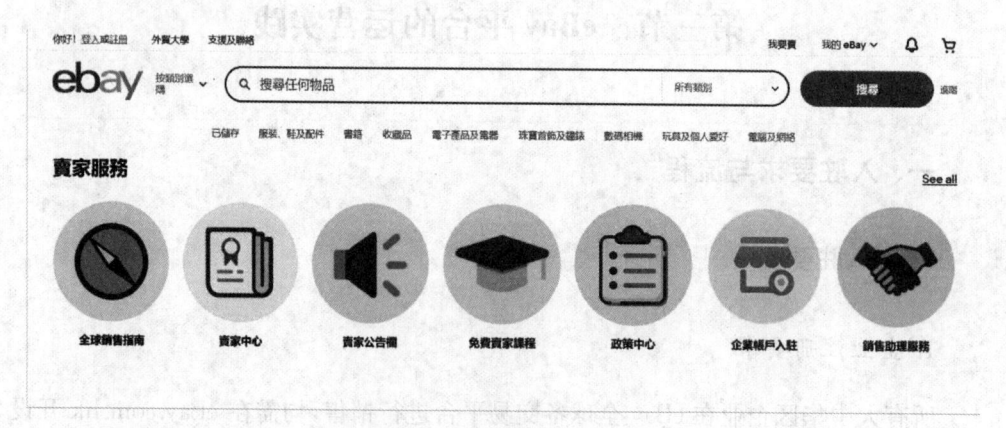

图 4-1 访问 eBay 官方网站

(2) 填写信息。

按照要求填写个人信息,如姓名、邮件地址(建议使用 Hotmail、Gmail 等国际通用的邮箱)、设置账户密码等。填写完毕后点击"建立个人账户"提交,如图 4-2 所示。

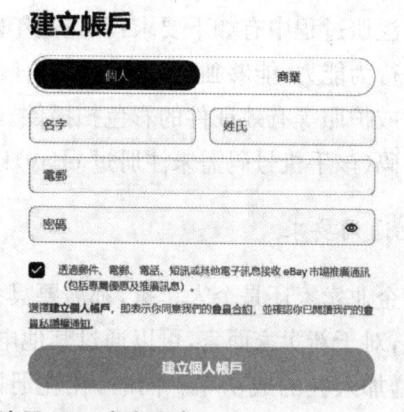

图 4-2 注册 eBay 卖家账户

(3) 验证账户。

eBay 会通过短信验证码进行验证,输入收到的验证码即可,如图 4-3 所示。

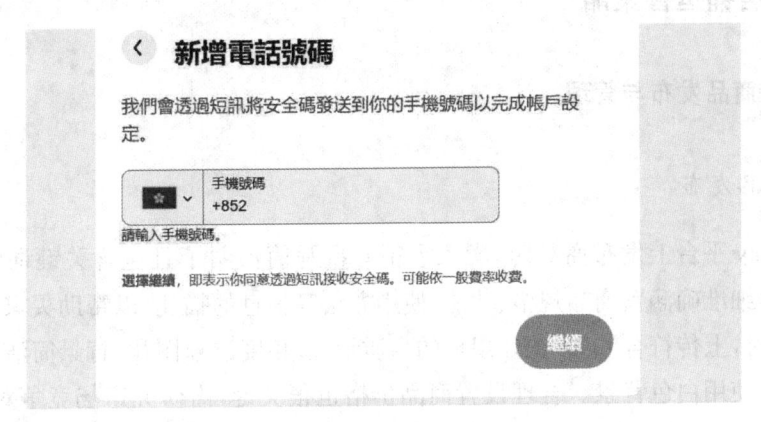

图 4-3　eBay 账户验证

2. 企业账号入驻流程

(1) 准备材料。

首先,必须提供合法登记的企业营业执照,注册时间不超过一年。其次,根据法规需要提供法人代表的身份证等有效证件。另外,还需要提供银行账户月结单、水电煤气账单、电话账单、房地产所有权属证明等能证明公司地址的文件。

(2) 填写申请表。

扫描二维码联系招商团队申请入驻,并上传之前准备好的材料。务必准确填写新账户业务信息,遵守 eBay 关于重复刊登及其他相关政策。

(3) 等待审核。

eBay 工作人员会在 7 个工作日内处理申请,并将审核结果发送至卖家的注册邮箱。申请企业入驻账户,如图 4-4 所示。

图 4-4　申请企业入驻账户

二、店铺运营策略

(一) 商品发布与管理

1. 商品发布

在 eBay 平台上发布商品时,卖家需精心撰写简洁明了且包含关键词的商品标题,以及详细准确涵盖商品规格、功能、使用方法等信息的描述,以帮助买家全面了解商品。同时,上传符合 eBay 图片规范的高质量、多角度清晰图片,背景简洁突出商品主体,最好使用白色背景。合理设置商品价格也很关键,需研究市场竞争对手价格,参考类似商品价格范围并结合自身成本和利润目标制定有竞争力的定价策略,同时定期关注价格动态,适时调整以保持竞争力。

2. 选品策略

卖家需深入研究市场趋势和消费者需求,密切关注热门品类和新兴趋势,如当下流行的智能家居设备、环保型产品等,这些品类往往具有较大的市场需求和发展潜力。同时,要结合自身的资源和优势,比如供应商渠道、技术专长或特定领域的知识等,挑选出具有竞争力和利润空间的商品。此外,商品的质量必须可靠,能够经得起市场的检验,供应也要稳定,确保能够及时满足订单需求,避免因缺货而失去客户。同时,完善的售后服务也是必不可少的,它能够增强买家的购买信心,促进复购和口碑传播,从而为店铺在 eBay 上赢得良好的声誉和持续的销售增长奠定坚实基础。

3. 商品优化

商品优化是提升 eBay 店铺竞争力的重要环节。首先,撰写商品标题和描述时,卖家要精准地提炼出商品的核心卖点,如独特的设计、卓越的性能或超高的性价比等,并用简洁有力、富有吸引力的语言表达出来,让买家在众多商品中一眼就能被吸引。同时,详细描述商品的规格、材质、使用方法、保养注意事项等信息,帮助买家全面了解商品,减少因信息不明确而产生的购买犹豫。在价格和库存管理方面,除了根据市场调研合理定价和保持充足库存外,还应密切关注销售数据和市场动态。例如,当发现某款商品销量持续增长时,及时增加库存并适当调整价格以获取更多利润;若销量下滑,则分析原因,适时进行促销活动或调整价格策略,以刺激销售。此外,定期清理滞销库存,避免资金积压,也是确保店铺运营顺畅的重要措施。

(二)店铺页面优化与基础建设

1. 店铺页面优化

店铺页面优化对于提升买家体验和增强品牌影响力至关重要。除了设置明显的导航栏、突出品牌元素以及选择合适的色彩和字体外,还应注意页面的加载速度,确保图片和内容能够快速呈现,避免因等待时间过长而使买家流失。同时,可以增加一些互动元素,如客户评价展示、常见问题解答模块等,让买家在浏览过程中能够更直观地了解商品的实际使用情况和店铺的服务质量,从而增加购买的信心。此外,对于移动端的适配也不容忽视。随着越来越多的买家通过手机等移动设备进行购物,一个响应式设计、操作便捷的移动端页面将极大地提升买家的购物体验,进一步促进店铺的销售业绩。

2. 店铺基础建设

基础建设是 eBay 店铺稳健运营的基石。在账号安全与稳定方面,除了保护账号信息和遵守规则政策外,定期更新登录密码、启用二次验证等安全措施也必不可少,以防止账号被盗用或遭受恶意攻击。同时,要密切关注 eBay 平台的政策更新,及时调整店铺运营策略,确保始终符合平台要求。在店铺装修与设置上,除了设计吸引人的店铺标志和撰写清晰简介外,还可以通过添加高质量的店铺横幅、设置个性化的商品推荐板块等方式,进一步提升店铺的专业度和吸引力。此外,合理规划商品分类时,可以结合热门搜索关键词和买家购买习惯,创建直观易懂的分类体系,使买家能够更快地找到所需商品,提高购物效率,从而增加店铺的转化率和买家的满意度。

(三)营销推广

1. 利用 eBay 促销工具

为了提升商品的销售业绩,卖家可以充分利用 eBay 提供的促销工具。其中,Markdown Manager(降价管理器)允许卖家对单个商品进行打折促销,尤其在节假日或换季时,对应季商品或库存积压商品推出折扣活动,以此吸引买家关注。Promotions Manager 可用于设置全店商品的组合促销活动,如买一赠一、满减、满额包邮等优惠,这些活动能够有效激发买家的购买欲望。此外,Promoted Listings 作为 eBay 的付费推广服务,卖家能够通过支付一定费用,让商品在搜索结果中更加显眼,从而提高商品的点击率和曝光率。卖家应根据商品的利润空间和销售目标,合理规划推广费用,以实现最佳的营销效果。

2. 积极参与 eBay 平台活动

eBay 平台会不定期举办各种促销活动和主题活动,这些活动通常会吸引大量买家的关注。例如,eBay 的"夏季清仓大促销"活动,卖家可以将季节性商品以优惠价格上架,参与活动的商品会得到平台的额外推广,从而获得更多的曝光机会。再如"黑色星期五"和"网络星期一"等大型购物节,这些活动期间,eBay 平台的流量会大幅增加,卖家通过参与这些活动,不仅可以享受平台的流量红利,还能通过提供有竞争力的价格和优惠,吸引大量潜在买家。

3. 开展站外推广

为了扩大品牌影响力并增加销售,开展站外推广活动至关重要。首先,通过在社交媒体平台如 Facebook、Instagram、Twitter 上建立品牌账号,定期发布商品相关的内容,包括图片、教程、买家秀和促销信息,可以有效吸引潜在买家。与网红合作推广商品,借助他们的影响力吸引更多流量和潜在客户,同时利用社交媒体广告(如 Facebook Ads 和 Instagram Ads)来进一步提升品牌和商品的曝光度。其次,通过创建个人博客或在行业相关论坛、网站发布有价值的内容,并巧妙插入 eBay 店铺链接,可引导读者访问店铺。此外,收集买家电子邮件地址,定期发送新品信息、促销活动和优惠码,有助于唤醒沉睡客户并促进复购。最后,利用 Youtube 等视频平台发布商品介绍、使用演示和品牌故事视频,吸引用户关注,并在视频描述和标签中添加 eBay 店铺链接,方便用户直接访问,这些策略共同作用,能够有效提升店铺的知名度和销售额。

(四)物流方式与方案选择

eBay 提供多种物流方式与方案。自发货模式下,卖家自行处理包装与配送,可与本地邮政或快递合作,灵活性高但物流时效性较难保证。海外仓模式是卖家提前将货物存储在目标市场仓库,有订单时直接发货,能显著缩短配送时间,提升买家体验,但仓储成本较高。eBay 直发物流模式是 eBay 整合的物流服务,卖家将货物发至指定物流中心,由其完成后续配送,可借助平台物流优势,降低物流管理难度,提高物流效率与可靠性,助力卖家高效运营。

(五)订单处理与售后客服

收到买家订单后,卖家需快速确认订单信息,检查库存状况。使用 ERP 系统等工具可自动同步 eBay 账号订单,方便管理。交易完成后,卖家要主动联系买家告知发货、收货时间,及时回应买家特殊要求或疑问。遇买家不满时,要冷静、专业地按平台规定限时处理,常见问题可提供退换货或补偿,难解决时客服会介入。买家评价影响大,卖家要努力争好评,对中差评及时沟通、改进,回复时注意礼貌、专业。

（六）数据监测与持续优化

1. 数据监测

数据监测是店铺运营中不可或缺的一环，它能够为卖家提供宝贵的市场洞察和决策支持。卖家需要定期关注店铺的各项关键数据指标，如商品浏览量、点击率、转化率、销售额、平均订单价值、客户留存率等，这些指标能够综合反映店铺的运营状况和销售趋势。例如，通过分析商品浏览量和点击率，卖家可以了解哪些商品更受买家关注，哪些页面设计或标题更具吸引力；转化率则直接反映了从访问到购买的转化效率，帮助卖家评估营销效果和产品竞争力。

借助专业的数据分析工具，卖家可以更深入地挖掘买家行为和偏好。这些工具通常具备强大的数据收集、整理和分析功能，能够生成直观的图表和报告，帮助卖家快速把握数据背后的规律。例如，通过分析买家的浏览路径和停留时间，卖家可以了解买家在店铺中的行为模式，从而优化页面布局和商品推荐；通过研究买家的购买历史和评价反馈，卖家可以洞察买家的需求变化和潜在需求，为新品研发和选品提供参考。此外，一些高级的数据分析工具还可以进行市场趋势预测、竞争对手分析等，为卖家制定长期战略提供有力支持。

2. 持续优化

持续优化是基于数据监测结果进行的有针对性的改进过程，旨在不断提升店铺的运营效率和销售业绩。首先，卖家需要根据数据分析结果，准确找出运营中存在的问题和不足之处。这些问题可能涉及商品定价不合理、库存积压或缺货、营销渠道效果不佳、客户服务响应慢等多个方面。例如，某款商品的转化率较低，可能是因为存在价格过高、描述不清晰或图片质量差等问题；当某个营销渠道的投入产出比过低时，则可能需要重新评估该渠道的定位和策略。

针对这些问题，卖家要及时调整运营策略和商品策略。在商品列表优化方面，可以对销量不佳的商品进行下架或重新编辑，突出其卖点和优势；对于热门商品，则可以增加库存或推出相关配套产品，以满足市场需求。在价格策略上，要根据成本、竞争态势和市场需求弹性，灵活调整价格。例如，在旺季或促销期间，可以通过适当降价来吸引价格敏感型买家；在淡季或库存积压时，可以推出限时折扣或捆绑销售等优惠活动，刺激消费。同时，促销活动也需要根据数据分析结果进行优化。卖家可以根据买家的购买习惯和偏好，设计更具吸引力的促销方案，如针对高价值客户的专属优惠、针对特定节日或事件的主题促销等，以提高促销活动的参与度和效果。

(七) 新手适用的分析软件

1. 数字酋长

该软件与 eBay 官方紧密合作,功能全面,涵盖数据分析、运营、BI 及流量分析等。助力卖家掌握产品销量、流量等销售数据,知晓产品在不同维度的销售情况,多账号聚合分析功能可迅速查阅全部账号数据详情。数据精准可靠,能精确分析各类数据指标,操作易上手,界面简洁明了,新手可快速掌握。

2. Terapeak

该工具助力新手卖家分析 eBay 和亚马逊市场,把握市场趋势,分析产品销售走向,搜索最佳关键词,了解最受欢迎产品及关键词。其竞争对手分析功能可让新手了解对手销售情况、定价策略等,找出差距,借鉴优势。但该工具仅提供 7 天免费试用期,期满后需付费。

3. Algopix

无须注册就能利用该工具进行单次调研,操作简便。输入产品关键词和运输选项,可获取商品定价、利润计算、市场需求等关键信息,对辅助选品决策发挥重要作用,帮助新手卖家降低选品风险,提升选品精准度。

4. Putler

这是为 eBay 打造的分析工具,具备多渠道洞察功能,能深度剖析多方面数据,帮助新手卖家全面掌握店铺运营状况。其营销功能强大,包含预测、精细细分、多店铺管理等实用功能,助力卖家科学制订营销计划,提升店铺销售业绩。

三、运营团队配置

(一) 运营团队

一个高效的运营团队是 eBay 店铺成功的关键。

1. 运营经理

运营经理负责制定店铺的长期和短期战略目标,涵盖销售目标、市场定位和品牌建设等多个维度,为团队提供清晰的方向和动力。定期进行市场分析,密切关注竞争对手的动态、市场趋势以及客户需求,以便及时调整策略,确保店铺在激烈的市场竞争中保持领先地位。在团队管理方面,运营经理负责招聘、培训、绩效评估和激励员工,确保团队成员具备完成任务所需的技能和知识。此外,他们还需根据战略目标和市场分析结果,合理分配包括人力、物力和财力在内的资源,保障店铺运营的每个环节都能得到充分支持,以达到最佳运营效果。运营经理还利用数据分析工具,定期审查店铺的关键运营数据,如销售额、流量和转化率等,基于这些数据做出明智的战略决策,不断优化运营策略,提升店铺的整体表现。

2. 运营专员

运营专员负责日常的运营任务,如商品上架、订单处理、库存管理以及客户服务等,确保每个环节都能高效、准确地执行,从而为客户提供优质的体验。同时,运营专员需熟悉 eBay 等平台的规则和政策,保证所有操作符合平台要求,并依据数据反馈提出优化建议,以改进店铺的运营流程。此外,他们还承担着数据收集和整理的工作,包括商品销售数据、客户反馈、订单处理时间等,这些数据会定期反馈给运营经理,为其决策提供有力支持。在客户服务方面,运营专员直接与客户互动,耐心处理咨询、投诉以及售后问题,通过及时、有效的沟通,努力提升客户的满意度和忠诚度。

(二) 客服团队

1. 售前客服

售前客服的主要职责是解答潜在买家的咨询,这些问题通常涉及产品信息、价格以及运输等方面。他们通过提供及时且准确的解答,帮助买家更好地了解产品,从而顺利完成下单流程,进而有效提高买家的购买意愿,为促成交易发挥关键作用。

2. 售后客服

售后客服主要负责处理买家在购买产品后的各种售后问题,包括但不限于退换货以及投诉等。他们致力于及时响应买家的问题,并通过提供满意的解决方案,有效维护店铺的好评率和信誉。通过这种专业且贴心的服务,售后客服能够增强买家的满意度和忠诚度,为店铺的长期稳定发展奠定良好的客户基础。

(三) 美工团队

1. 图片处理美工

图片处理美工主要负责产品图片的拍摄、编辑以及美化等工作,通过专业的技术手段,使产品图片更具吸引力,能够更好地吸引潜在买家的目光。他们注重确保图片的质量高、细节丰富,并且严格符合 eBay 等平台的图片规范要求,从而为产品的线上展示提供有力支持,提升产品在众多竞品中的竞争力,助力店铺的销售业绩。

2. 页面设计美工

页面设计美工肩负着打造店铺线上形象的重要职责,他们负责店铺页面的设计布局,包括广告海报等视觉元素的创作。通过精心设计美观、专业的页面,页面设计美工不仅提升了店铺的整体形象和品牌感,还极大地增强了买家的购物体验,使买家在浏览店铺时能够感受到愉悦和专业,从而提高买家对店铺的好感度和信任度,为促成交易和提升店铺口碑发挥关键作用。

(四)商品推广团队

1. 搜索引擎优化专员

搜索引擎优化专员专注于提升店铺在 eBay 搜索结果中的排名,他们通过精心优化产品标题、描述以及关键词等关键元素来实现这一目标。此外,该专员还会定期深入分析搜索数据,根据数据反馈及时调整优化策略,以持续增加商品的曝光率,从而吸引更多潜在买家,为店铺带来更多的流量和交易机会,助力店铺在激烈的市场竞争中脱颖而出。

2. 广告投放专员

广告投放专员的主要职责是在 eBay 平台上进行精准的广告投放,以此提高店铺的流量和销售额。他们需要精心选择合适的广告形式和投放策略,依据既定的预算和目标,不断优化广告效果,从而有效提升投资回报率,为店铺带来更多的曝光机会和潜在客户,推动店铺业务的持续增长。

(五)物流与供应链团队

1. 仓库管理员

仓库管理员肩负着仓库库存管理的重要职责,他们负责货物的入库、出库以及盘点等一系列工作,通过严谨细致的操作,确保库存数据的准确性。同时,仓库管理员还需及时更新库存信息,密切关注库存动态,有效避免缺货或积压现象的发生,从而保障仓库运营的高效性和顺畅性,为店铺的正常销售提供坚实的物质基础。

2. 打包发货人员

打包发货人员的主要职责是依据订单信息,对货物进行精心打包和及时发货,确保货物能够准确无误地送达买家手中。在打包过程中,他们会仔细选择合适的包装材料,以充分保障商品在运输途中的安全,避免因包装不当导致的商品损坏,从而提升买家的购物体验,为店铺树立良好的口碑。

课后习题

一、单选题

1. eBay 平台创立于（　　）。
   A. 1990 年　　　　　　　　　　B. 1995 年
   C. 2000 年　　　　　　　　　　D. 2005 年

2. eBay 平台的主要盈利模式不包括（　　）。
   A. 刊登费用　　　　　　　　　　B. 成交费用
   C. 支付工具费用　　　　　　　　D. 商品销售利润

3. eBay 平台的（　　）销售方式特别适合具有独特价值或稀有性的商品。
   A. 一口价　　　　　　　　　　　B. 拍卖
   C. 综合销售　　　　　　　　　　D. 店铺租赁

4. 在 eBay 平台上，卖家每月有一定数量的免费刊登额度，超出部分需要支付的费用称为（　　）。
   A. 成交费　　　　　　　　　　　B. 刊登费
   C. 店铺订阅费　　　　　　　　　D. 功能升级费

5. eBay 平台的（　　）模式允许卖家为商品设定一个固定价格，买家可以直接购买商品。
   A. 拍卖模式　　　　　　　　　　B. 一口价模式
   C. 综合销售模式　　　　　　　　D. 店铺租赁模式

6. eBay 平台的（　　）服务可以让卖家的商品在搜索结果中更加显眼。
   A. Promoted Listings　　　　　　B. Markdown Manager
   C. Promotions Manager　　　　　D. eBay Now

7. eBay 平台的（　　）允许卖家提前将货物存储在目标市场仓库，有订单时直接发货。
   A. 自发货模式　　　　　　　　　B. 海外仓模式
   C. eBay 直发物流模式　　　　　　D. 快递模式

8. 在 eBay 平台上，卖家使用 PayPal 收款时，一般每笔交易费用是（　　）。
   A. 3.4%＋0.30 美元　　　　　　　B. 5.0%＋0.50 美元
   C. 2.9%＋0.30 美元　　　　　　　D. 4.0%＋0.40 美元

9. eBay 平台的（　　）可以帮助卖家分析市场趋势和产品销售走向。
   A. 数字酋长　　　　　　　　　　B. Terapeak
   C. Algopix　　　　　　　　　　　D. Putler

10. 在 eBay 平台上，卖家可以通过（　　）方式提升商品的曝光率。

A. 优化商品标题和描述　　　　　　B. 提高商品价格
C. 减少商品库存　　　　　　　　　D. 降低客户服务质量

二、多选题

1. eBay 平台的盈利模式包括（　　）。
A. 刊登费用　　　　　　　　　　　B. 成交费用
C. 支付工具费用　　　　　　　　　D. 店铺订阅费
E. 功能升级费用

2. eBay 平台的运营模式包括（　　）。
A. 拍卖模式　　　　　　　　　　　B. 一口价模式
C. 店铺租赁和销售模式　　　　　　D. 广告服务模式
E. 海外仓模式

3. eBay 平台的（　　）特点使其在全球市场中具有竞争力。
A. 全球性　　　　　　　　　　　　B. 多元化的商品种类
C. 高度互动性　　　　　　　　　　D. 丰富的用户基础
E. 创新能力

4. 在 eBay 平台上，卖家可以通过（　　）提升店铺的专业度和吸引力。
A. 设计吸引人的店铺标志　　　　　B. 撰写清晰的店铺简介
C. 添加高质量的店铺横幅　　　　　D. 设置个性化的商品推荐板块
E. 优化商品分类

5. eBay 平台的（　　）可以帮助卖家进行数据分析和市场研究。
A. 数字酋长　　　　　　　　　　　B. Terapeak
C. Algopix　　　　　　　　　　　　D. Putler
E. eBay 官方数据分析工具

三、简答题

1. 简述 eBay 平台的三种主要销售方式及其适用场景。
2. 简述 eBay 平台的盈利模式及其主要组成部分。
3. 简述 eBay 平台的运营策略，包括商品发布与管理、店铺优化与建设、营销推广、物流方式与方案选择、订单处理与售后客服、数据分析与优化。
4. 简述 eBay 平台的运营团队配置，包括运营团队、客服团队、美工团队、商品推广团队和物流与供应链团队的职责。

第五章 Lazada 平台

教学目标

【知识目标】

1. 了解 Lazada 平台的发展历程

认识 Lazada 从创立到数智化升级各阶段的特点。

了解 Lazada 发展历程中的关键事件和战略调整。

2. 掌握 Lazada 平台的商业模式

识别并理解 Lazada 的业务模式、平台运营模式、商家合作模式、第三方平台模式、区域化特色模式。

3. 了解 Lazada 平台的多维策略

了解 Lazada 的风险管理策略、人才招聘与培训策略。

掌握 Lazada 的客户关系管理策略、用户维护与增长措施。

4. 识别 Lazada 平台的机遇与挑战

了解东南亚市场特点对 Lazada 的影响。

识别 Lazada 在物流、支付等方面所面临的挑战。

5. 了解 Lazada 平台的实操流程

掌握 Lazada 的入驻条件、卖家费用。

了解 Lazada 的入驻流程及店铺运营基础。

【技能目标】

1. 分析能力

能够分析 Lazada 平台的市场机遇与挑战。

能够评估 Lazada 不同运营策略的优劣和适用性。

2. 决策能力

能够根据市场分析制定相应的 Lazada 运营策略。

能够选择合适的 Lazada 店铺类型和运营模式进行业务拓展。

3. 沟通能力

能够在跨文化背景下与 Lazada 平台、合作伙伴和消费者有效沟通。

能够理解和适应东南亚各国的商业习惯和文化差异。

4. 问题解决能力

能够针对 Lazada 运营中遇到的物流、支付、税务等问题提出解决方案。

能够应对 Lazada 平台政策变化和市场波动。

5. 创新能力

能够运用新技术和新模式优化 Lazada 店铺运营。

能够优化 Lazada 服务以提升用户体验和满意度。

【思政目标】

1. 全球化视野与国际合作

强调 Lazada 平台在促进东南亚地区贸易发展、推动区域经济一体化中的重要作用,培养学生的国际视野和合作精神。

2. 国家战略与政策支持

介绍中国与东南亚各国在跨境电商领域的合作政策,体现国家战略对跨境电商产业的引导和扶持,增强学生对国家政策的理解和认同。

3. 创新驱动发展

通过 Lazada 平台的数智化升级和商业模式创新,展示技术创新如何推动电商企业发展,激发学生的创新意识和创业精神。

引 例

Lazada:东南亚电商的崛起与创新

在东南亚的繁华都市和偏远乡村,从时尚达人到居家主妇,从科技爱好者到日常消费者,越来越多的人开始依赖一个电商平台来满足他们的购物需求——Lazada。这个平台就像一座桥梁,连接了东南亚六国的消费者与全球的卖家,让马来西亚的消费者能够轻松购买到中国的电子产品,让菲律宾的买家能够便捷地获取韩国的时尚服饰,也让新加坡的用户能够快速获得日本的家居用品。

Lazada 的出现,不仅改变了东南亚的购物习惯,还为当地创造了大量的就业机会,推动了区域经济的发展。它通过创新的商业模式和先进的技术手段,成功地将东南亚这个曾经相对封闭的市场,变成了全球电商的热点区域。如今,Lazada 已经成为东南亚地区最大的在线购物网站,拥有近 3 亿注册用户和超过 2 000 万卖家。

然而,Lazada 的成功并非一帆风顺。在发展过程中,它面临诸多挑战,如不同国家的法律法规差异、复杂的物流配送问题、多样的支付习惯等。但正是这些挑战,激发了 Lazada 团队的创新精神和解决问题的能力,使他们不断优化平台功能,提升用户体验,最终在竞争激烈的电商市场中脱颖而出。

【请思考】

1. 东南亚市场为何能吸引 Lazada 这样的电商平台？Lazada 在东南亚市场面临的主要挑战有哪些？这些挑战是如何影响其商业模式和运营策略的？

2. Lazada 是如何通过创新来适应东南亚市场的特殊需求的？举例说明其在物流、支付、客户服务等方面的创新举措。

3. 在全球电商市场中，Lazada 与亚马逊、eBay 等平台相比，具有哪些独特的优势和劣势？在东南亚市场，Lazada 又是如何与当地及其他国际电商平台展开竞争与合作的？

4. 东南亚地区文化多样，不同国家的消费习惯和商业文化存在差异。Lazada 是如何在这样的环境中实现跨文化运营的？这种跨文化运营对其品牌形象和市场推广策略有何影响？

5. 随着科技的不断进步和消费者需求的不断变化，你认为 Lazada 未来的发展方向是什么？它将如何应对新兴技术（如人工智能、大数据、区块链等）带来的机遇和挑战？

第一节　Lazada 平台概述

在数字化浪潮的推动下，东南亚电商市场迎来了前所未有的发展机遇。Lazada 作为这一领域的先行者，凭借其创新的商业模式和卓越的运营策略，成功地在东南亚六国构建了一个庞大的电商生态系统。本节将深入探讨 Lazada 的创立背景、发展历程、核心竞争力以及公司文化，帮助我们全面理解这一平台如何在竞争激烈的市场中脱颖而出，成为东南亚电商的领军者。

一、平台创立与发展历程

（一）创立背景与初衷

在全球电子商务快速发展的背景下，东南亚市场逐渐成为全球电商行业的重要新兴市场。尽管东南亚地区拥有庞大的人口基数和快速发展的经济，但当地的电商市场在 2012 年之前相对滞后，缺乏一个统一且高效的在线购物平台。Lazada 的创立初衷是填补这一市场空白，为东南亚消费者提供一个便捷、可靠的在线购物体验，同时帮助商家拓展市场，实现商业增长。Lazada 获得了德国创业孵化器 Rocket Internet 桑威尔兄弟（Samwer Brothers）的支持，这为其初期的发展提供了坚实的资金基础。

(二) 三个发展阶段的详细介绍

1. 创立与初步扩张阶段(2012—2015年)

2012年3月,Lazada正式成立,与传统的电商平台不同,Lazada在创立之初就采取了多市场同时进入的策略。凭借雄厚的投资背景,Lazada在第一年就同时进入了马来西亚、泰国、越南、菲律宾和印度尼西亚市场,迅速布局并抢下了市场主导地位。

2012年年末,Lazada发起了"双十一""双十二"的促销活动,邀请谷歌、Facebook、Uber等当地知名的互联网平台参与,通过打折和造势的方式,吸引了大量用户参与,成功引爆了东南亚的电商市场。

2014年,Lazada进入新加坡市场,进一步扩大了其在东南亚的业务覆盖范围。

2015年2月,Lazada开始在中国招商,积极拓展中国市场,引入中国的优质商品和卖家。同年"双十一"期间,Lazada在整个东南亚的订单比2014年增长了3倍,活动第一天吸引了超过1 300万人访问网站,跨境卖家销量获得了4倍增长,订单数量达到12.8万单,是2014年"双十一"的35倍。

2. 进一步扩张阶段(2016—2018年)

2016年,阿里巴巴宣布投资10亿美元入股Lazada,一年后追加第二次投资,基本完成了对Lazada的收购。这标志着Lazada正式成为阿里巴巴集团的一员,获得了更强大的技术支持和资源保障。

2017年9月,阿里启动Voyager项目,目标是在6个月内将淘宝系统无条件复制到Lazada,提升Lazada的技术水平和运营效率。

2018年3月,阿里巴巴再次投资20亿美元,取得Lazada 83%以上的控股权,进一步巩固了对Lazada的控制和管理。

3. 数智化升级阶段(2019年至今)

2019年,Lazada推出了"即看即买"(See Now, Buy Now)功能,允许商家实时展示他们的产品,并与新客户进行接触,建立忠诚度。同年,Lazada正式成为国际奥委会在东南亚地区的官方合作伙伴,提升了品牌的国际影响力。

2019年7月,据外媒CNN雅加达报道,根据第三方机构Alvara研究中心的研究结果,Lazada当选印度尼西亚当地千禧年轻一代最受欢迎的购物平台。

2020年6月,东南亚大型电商Lazada宣布任命李纯为Lazada集团首席执行官。同年,阿里巴巴向Lazada注资13亿美元,进一步支持其发展。

2020年8月,《苏州高新区·2020胡润全球独角兽榜》发布,Lazada排名第58位。

2020年11月，Lazada跨境物流完成智慧仓升级，诸多物流举措全面助力"双十一"。

2022年5月，Lazada新加坡海外仓开仓运营，为跨境商家提供新加坡本地仓储及派送服务。Lazada物流主要与菜鸟合作，此前从2018年起，Lazada先后在马来西亚、印度尼西亚、泰国、菲律宾搭建海外仓，同时有国内香港中心仓和深圳中心仓，以及东南亚六个分拨中心（深圳、中国香港、义乌、泉州、日本、韩国），目前覆盖集货直邮、海外仓备货、国内中心仓发货三种模式。

2022年6月，Lazada菲律宾与GrabExpress合作，推送当日送达服务，杂货、电子配件等产品的配送时间从3~5天缩短至几小时。

（三）重要里程碑事件

2012年3月，Lazada正式成立。

2012年年末发起"双十一""双十二"促销活动。

2014年进入新加坡市场。

2015年2月开始在中国招商。

2016年，阿里巴巴投资10亿美元入股Lazada。

2017年9月，阿里启动Voyager项目。

2018年3月，阿里巴巴再次投资20亿美元，取得Lazada 83％以上的控股权。

2019年推出"即看即买"功能，成为国际奥委会在东南亚地区的官方合作伙伴。

2020年6月任命李纯为Lazada集团首席执行官。

2020年8月，《苏州高新区·2020胡润全球独角兽榜》发布，Lazada排名第58位。

2020年11月跨境物流完成智慧仓升级。

2022年5月新加坡海外仓开仓运营。

2022年6月菲律宾与GrabExpress合作，推送当日送达服务。

二、平台特点与优势

Lazada是东南亚领先的电商平台，商品种类丰富，支持多种支付方式和高效物流网络。平台界面友好，移动端体验优化。此外，Lazada利用大数据和AI提供个性化推荐，提升购物体验。同时，平台支持跨境贸易，助力国际卖家进入东南亚市场，并注重环保和社会责任，推行绿色物流，树立品牌形象。

（一）广泛的用户覆盖与商品选择

Lazada平台用户覆盖东南亚六国，包括马来西亚、印度尼西亚、新加坡、泰国、越南和菲律宾。这意味着Lazada可以为这些国家的消费者提供便捷的在线购物体验。

平台拥有超过 3 亿个 SKU（最小存货单位），主要经营 3C 电子、家居用品、玩具、时尚服饰、运动器材等产品，涵盖了多个类别，包括电子产品、时尚服饰、家居用品、美妆护肤、母婴产品、运动健身等。消费者可以在 Lazada 上找到各种国际和本地品牌的商品，满足不同消费者的需求和偏好。

（二）丰富的销售工具和服务

作为跨境电商平台，Lazada 致力于促进国际贸易和跨境交易。它为卖家提供了丰富的销售工具和服务，包括商品上架、订单管理、物流配送和客户服务等，帮助卖家拓展业务并实现国际化销售。Lazada 还提供了多种营销工具，如促销活动、广告投放、数据分析等，帮助卖家提高店铺的曝光率和销售额。

（三）支持移动购物与多样化的支付方式

Lazada 非常注重移动购物的便利性，开发了手机应用程序和移动网站，消费者可以随时随地通过手机或平板电脑访问平台，并进行购物。移动购物在东南亚地区具有广泛的普及度，Lazada 的移动应用程序为消费者提供了友好的购物体验。此外，Lazada 支持多种支付方式，以满足不同消费者的需求和偏好。消费者可以选择使用信用卡、借记卡、支付宝、PayPal 等多种支付方式进行订单结算，确保支付过程的便捷和安全。

（四）完善的物流与配送服务

Lazada 与多家物流合作伙伴合作，确保订单的及时配送和可靠的物流服务。消费者可以选择不同的配送选项，包括标准配送、快速配送和货到付款等，以满足不同的送货需求。Lazada 还建立了自己的物流体系，包括海外仓、中心仓和分拨中心，覆盖集货直邮、海外仓备货、国内中心仓发货三种模式，大大提高了物流效率和配送速度。

（五）健全的售后服务与评价体系

作为一个成熟的电商平台，Lazada 重视售后服务和消费者体验。它提供了售后支持和退换货政策，以应对可能出现的问题和投诉。消费者可以通过平台与卖家和客服团队进行沟通，并对购买的商品进行评价和评分，为其他消费者提供参考和反馈。这不仅提高了消费者的满意度，也增强了消费者对平台的信任和忠诚度。

三、核心竞争力剖析

Lazada 的核心竞争力主要体现在品牌影响力、商品种类、物流体系、服务体验和商业模式等方面。这些优势使得 Lazada 在东南亚地区电商市场具有较高的竞争力和市场份额。

(一) 品牌影响力

Lazada 作为东南亚地区的知名电商平台,拥有广泛的用户基础和品牌认知度。这使得 Lazada 在市场上具有较高的知名度和美誉度,吸引了众多消费者和商家选择在平台上进行交易。

(二) 商品种类

Lazada 提供了广泛的商品种类,涵盖了各种生活必需品、时尚服饰、家居用品、数码电器等。这使得消费者可以在平台上找到自己所需的商品,满足多样化的购物需求。

(三) 高效物流体系

Lazada 建立了完善的物流体系,确保商品能够快速、准确地送达消费者手中。这不仅提高了消费者的购物体验,也提高了商家的销售效率。

(四) 优质服务体验

Lazada 注重提供优质的服务体验,包括快速的订单处理、高效的售后服务等。这使得消费者和商家能够在平台上获得良好的购物和销售体验,从而增强了对平台的信任和依赖。

(五) 商业模式创新

Lazada 不断探索新的商业模式,如社交电商、直播带货等,以适应不断变化的市场需求。这使得 Lazada 能够保持领先地位,吸引更多的消费者和商家加入平台。Lazada 还通过与阿里巴巴合作,引入了先进的技术和管理经验,进一步提升了平台的运营效率和竞争力。

四、平台核心价值观

Lazada 平台的核心价值观包括以下几点:一是信任至上,信任能带来高效;二是拥抱变化,坚持创新以保持竞争力;三是客户第一,强调创造持续的客户价值。

(一) 尊重与信任

Lazada 的业务遍布东南亚,管理团队来自不同国家,员工来自超过 32 个国家,其中女性占比 44%,有着多元的信仰和文化背景。公司重视每一位员工,并坚信员工是公司成功的关键。因此,公司致力于营造一个相互尊重与信任、多元包容的工作环境。同时，通过内部数字学习平台 GROW 为员工提供超过 1 000 门课程，以促进员工学习和成长。这种文化价值观鼓励员工彼此之间进行合作与沟通，从而形成一个紧密的团队。

（二）专业与创新

Lazada 公司鼓励员工保持专业素养，同时勇于创新。公司鼓励员工不断学习和提升自己的技能，以适应不断变化的市场环境。Lazada 致力于通过消费和科技的力量加速东南亚地区的发展，为数字经济生态系统提供经济机会。同时，在 ESG（环境、社会及公司治理）创新方面，Lazada 致力于降低碳排放。例如，通过其物流的"TAP 项目"，在印度尼西亚减少了至少 2 万次运输，相当于减少了大约 700 万公里的道路运输活动。这种文化价值观有助于公司在电商领域保持领先地位，为客户提供高质量的服务。

（三）客户至上

Lazada 公司始终将客户放在首位，注重客户体验，致力于为客户提供最优质的服务。Lazada 在运营期间没有接到任何关于客户隐私泄露或客户数据丢失的实质性投诉，并积极保护知识产权。这种文化价值观使员工更加关注客户需求，努力满足客户的期望，从而增强客户对公司的信任和忠诚度。

第二节　Lazada 平台的商业模式与运营策略

在当今数字化时代，电商平台的模式是其成功的关键。

一、业务模式

Lazada 的业务模式包括 Lazada Marketplace、LazMall 和跨境电商业务。

（一）Lazada Marketplace

2013 年，Lazada Marketplace 在 Lazada 平台推出，为卖家提供分销网络、营销分析、安全支付和客户服务。Lazada Marketplace 卖家目前可以销售时尚、美容、母婴和家用电器等 18 种类别的产品。该模式的优势是轻资产运营，无需自建库存，依靠卖家入驻快速扩充商品品类。

（二）LazMall

LazMall 于 2018 年推出，是 Lazada 旗下的品牌官方旗舰店平台。Lazada 为品牌商提供流量支持和仓储配送服务（Fulfilled by Lazada，FBL），品牌商可以自主管理店铺的商品上架、价格设置、促销活动等。LazMall 通过严格的入驻审核机制，确保商品质量和品牌真实性，同时提供专属的客户服务和售后服务，增强消费者信任和购物体验。

（三）跨境电商业务

Lazada 的跨境电商业务是其国际化战略的重要组成部分。通过跨境业务，Lazada 将全球商品引入东南亚市场，同时也帮助东南亚卖家拓展国际市场。跨境业务主要通过全球精选频道实现，引入来自中国、韩国、日本、美国和欧洲等市场的品牌和商家。Lazada 为跨境卖家提供包括仓储、物流、支付、语言翻译等一站式的解决方案，帮助他们克服语言、物流和支付等障碍，实现跨境交易的高效运作。

二、业务运营模式

Lazada 的业务运营模式包括自营与开放式平台结合模式、跨境业务模式、社交电商合作模式等多种模式。

（一）自营与开放式平台结合模式

Lazada 的运营模式结合了自营和开放式平台的特点。在自营模式下，Lazada 直接采购商品并进行销售，这种模式能够保证商品质量和供应链的稳定性，同时提升用户体验。开放式平台则为各类卖家提供了入驻机会，丰富了平台的商品种类和 SKU。通过这种结合，Lazada 不仅能够满足消费者多样化的需求，还能够通过卖家的多样化运营策略，提升平台的竞争力和市场份额。

（二）跨境业务模式

Lazada 为国际卖家提供进入东南亚市场的渠道，商家将商品直接从海外发货到 Lazada 的保税区或海外仓库，然后通过 Lazada 平台销售给东南亚地区的消费者。这种模式打破了地域限制，缩短了物流时间，提高了消费者的购物体验。

（三）社交电商合作模式

Lazada 与社交平台进行合作，商家可以利用社交平台的流量和用户资源，通过社交渠道进行商品推广和销售。通过与社交平台合作，Lazada 的商品曝光度和销售量均有所提高。

三、商家合作模式

Lazada 的商家合作模式主要围绕平台生态构建，结合 B2C、C2C 及跨境电商支持,为不同规模的商家提供灵活的合作方式。Lazada 的平台生态包括卖家、买家、物流、支付、营销等多个环节,通过整合这些资源,为商家提供全方位的支持。

(一) 自营模式

Lazada 以自营电商的方式运营一部分产品,直接向品牌商采购商品,负责仓储、物流和配送,最终销售给消费者。Lazada 直接控制库存,商品从自有仓库发货,主要销售知名品牌和高需求商品,如电子产品、美妆个护等。商品价格和促销策略由 Lazada 决定,品牌商需与平台谈判合作。

(二) 第三方商家平台模式

这是 Lazada 的主要业务模式。允许全球卖家入驻,在平台上销售商品,属于零库存模式,商家自行管理库存并负责发货。平台提供本地卖家(Local Sellers)和跨境卖家(LazGlobal Sellers)两种入驻方式,并提供支付、物流、营销和售后支持,商家只需专注于销售。

(三) 联营模式

联营模式主要适用于 LazMall(Lazada 官方旗舰店),品牌商可以自主管理店铺的商品上架、价格设置、促销活动等,Lazada 提供流量支持和仓储配送服务(FBL),适用于耐克、华为、飞利浦等大品牌商。

(四) 平台代运营模式

Lazada 为中小商家提供的一种服务,平台负责商家的店铺运营、商品上架、订单处理等日常工作,商家只需关注商品的供应链和库存管理,减轻商家的运营压力,让商家更专注于商品的品质和供应链管理,同时提高销售效率和销售额。平台代运营服务包括店铺运营、商品上架、订单处理、客户服务等,商家可以根据自身需求选择不同的服务套餐,收费标准根据服务内容和时长确定。

四、区域化特色模式

通过区域化特色模式,Lazada 能够更好地满足当地消费者的需求,树立良好的品牌形象,在不同国家和地区形成品牌优势,提高品牌知名度和美誉度,与其他电商平台形成差异化竞争。

(一) 印尼市场

印尼是人口众多的群岛国家,印尼市场规模大且互联网普及率不断上升。Lazada 在当地推出多种本地化服务,如支持当地语言,方便消费者浏览和购物;优化物流配送网络,以应对群岛地理带来的挑战;与本地银行合作推出分期付款选项,满足消费者不同的支付需求,提升购物体验。这些措施助力 Lazada 在印尼电商市场占据领先地位。

(二) 马来西亚市场

马来西亚经济较发达,居民收入较高,对高品质商品需求大。Lazada 注重引入国际品牌及高端产品,满足消费者对品质的追求;加强售后服务体系建设,让顾客购物无后顾之忧;积极拓展线下渠道,与便利店等实体零售点合作,打造线上线下融合的新零售模式,以覆盖更广泛的消费群体,包括农村地区消费者。在马来西亚市场,Lazada 的高端产品的市场竞争力显著提升。

(三) 菲律宾市场

菲律宾岛屿众多,地理条件复杂,但年轻人口结构为电商发展提供了潜力。Lazada 推出移动应用程序,适应智能手机用户的使用习惯,方便消费者随时随地购物;举办各类促销活动,吸引价格敏感的年轻消费者参与;与当地金融机构合作开发灵活便捷的支付方式,解决支付难题。通过这些措施,Lazada 吸引了大量忠实用户,市场份额不断扩大。

(四) 新加坡市场

新加坡是东南亚富裕的城市国家,电商市场成熟度高。Lazada 在新加坡专注于提升运营效率和服务质量,通过加大技术投入,利用大数据分析预测市场需求变化,优化库存管理和供应链运作,提高运营效益;重视品牌形象建设,开展公益活动回馈社会,增强品牌在消费者心中的认可度和美誉度,巩固自身的良好口碑。在新加坡市场,Lazada 的运营效率和品牌形象满意度均有所提升。

(五) 泰国市场

Lazada 针对泰国市场设立专门的客服团队,及时解答消费者疑问,提供优质的客户服务;举办季节性主题活动,刺激消费者的购买欲望,增加销售额;积极参与主导泰国的数字经济发展计划,与当地政府和企业合作,共同推动电商行业的发展。Lazada 成为泰国电商行业的领军者。

(六) 越南市场

Lazada 在越南设立多个仓库站点,缩短配送时间,降低运输成本,提高物流效率,提升消费者的购物体验;大力推广电子钱包支付手段,培养消费者的线上支付习惯,方便用户完成交易,促进电商业务的发展。

第三节 Lazada 平台的多维策略

在竞争激烈的电商市场中，Lazada 的成功不仅依赖于其强大的商业模式和技术创新，还在于其多维度的运营策略和对用户维护的高度重视。通过科学的风险管理、精准的人才战略、以客户为中心的服务理念，Lazada 在东南亚市场中建立了强大的竞争力和用户忠诚度。本节将深入探讨 Lazada 如何通过这些多维策略实现可持续发展，并为用户提供卓越的购物体验。

一、风险管理策略

风险管理策略是企业或组织为应对各种潜在风险而制定的系统性计划和方法。Lazada 平台为了应对可能影响业务目标实现的不确定性因素并降低风险，主要采用了下述策略。

（一）多元化投资策略

Lazada 采用多元化投资策略，通过分散投资组合来降低单一资产或市场的风险。这种策略使公司能够在不同市场和资产类别中寻找机会，减少因某一特定市场波动而产生的负面影响。在市场出现不利变化时，Lazada 能够灵活调整投资组合，降低高风险资产的比例，增加相对稳定的资产配置，从而在复杂多变的市场环境中保持收益的稳定性。

（二）严格的风险评估机制

Lazada 建立了完善的风险评估体系，对所有投资项目和业务活动进行严格的审查和评估。通过专业的风险评估团队，公司能够识别潜在风险，并制定相应的应对措施。这种机制不仅帮助 Lazada 在投资决策中提前规避风险，还能确保公司在面对市场不确定性时保持稳健的运营状态。

（三）先进的风险管理技术

Lazada 运用先进的风险管理技术，如量化模型和风险指标，实时监控和管理各类风险。公司拥有一支专业的风险管理团队，他们凭借丰富的经验和专业知识，能够迅速应对市场变化，并为公司提供及时、准确的建议。通过这些技术手段，Lazada 能够在复杂的市场环境中保持对风险的高度敏感性，确保业务的持续稳定发展。

二、人才招聘、培训及发展策略

人才对于企业的重要性不言而喻，Lazada 平台为了实现创新和可持续发展，尤其注重在人才招聘、培训及发展方面的战略布局。

(一) 招聘策略与人才标准

Lazada 在招聘过程中注重候选人的专业背景和经验，优先选择具有金融、经济、市场营销等相关领域知识的人才。同时，公司也非常重视候选人的团队合作能力和领导力，期望他们能够在多元文化的团队中发挥积极作用。此外，Lazada 倾向于招聘具有高度适应性和学习能力的人才，以应对快速变化的市场环境和技术进步。

(二) 培训体系与导师制度

Lazada 为新员工提供全面的入职培训，涵盖行业知识、公司文化、业务流程等内容，帮助新员工快速适应工作环境。公司还为每位新员工配备经验丰富的导师，通过一对一的指导和定期交流，帮助新员工解决工作中遇到的问题，并分享宝贵的经验和技巧。这种导师制度不仅加速了新员工的成长，还增强了团队的凝聚力和协作能力。

(三) 人才发展与晋升通道

Lazada 高度重视员工的职业发展规划，与员工共同制定明确的职业目标，并提供相应的培训和发展机会。公司设立了清晰的晋升通道和激励机制，鼓励员工积极进取和创新。对于表现优秀的员工，公司不仅提供晋升机会，还通过奖金、股权等多种方式给予奖励，激发员工的积极性和创造力。此外，Lazada 还鼓励员工参与跨部门和跨项目的合作，培养他们的综合能力和团队合作精神。

三、客户关系管理策略

在维护客户关系层面，Lazada 平台的管理策略主要包含提供个性化服务、密切沟通与互动、建设专业服务团队和客户关系管理系统应用这四个方面。

(一) 提供个性化服务

Lazada 致力于为客户提供个性化的服务体验。通过大数据分析和人工智能技术，公司能够深入了解客户的需求和偏好，并据此提供定制化的商品推荐和服务。这种个性化的服务不仅提高了客户的满意度，还增强了客户对平台的忠诚度。

(二) 密切沟通与互动

Lazada 注重与客户的密切沟通与互动，通过多种渠道与客户保持联系。公司定期通过电话、邮件、社交媒体等方式与客户进行交流,及时了解客户的需求和反馈。此外,Lazada 还通过举办客户活动、线上互动等方式,增强与客户的互动性,进一步提升客户体验。

(三)建设专业服务团队

Lazada 拥有一支专业的客户服务团队,他们具备深厚的电商知识和丰富的客户服务经验。团队成员能够为客户提供从售前咨询到售后支持的全方位服务,确保客户在购物过程中遇到的问题能够得到及时解决。通过持续的培训和能力提升,Lazada 确保服务团队始终保持高效和专业的服务水平。

(四)客户关系管理系统应用

Lazada 引入了先进的客户关系管理系统(CRM),实现了客户信息的集中管理和深度分析。通过 CRM 系统,公司能够实时跟踪客户的行为和偏好,精准地进行营销活动和服务优化。此外,CRM 系统还帮助 Lazada 优化客户服务流程,提高客户满意度和忠诚度。

第四节　Lazada 平台的机遇与挑战

在全球电商市场快速发展的背景下,Lazada 作为东南亚地区最大的电商平台,既面临前所未有的发展机遇,也面临来自技术、安全等多方面的挑战。本节将深入分析 Lazada 的机遇以及面临的挑战,探讨其如何在复杂多变的环境中把握机遇、应对挑战,实现可持续发展。

一、平台机遇

Lazada 平台在东南亚市场增长迅速,但也面临诸多平台的激烈竞争。Lazada 为了应对竞争,自然离不开阿里巴巴的支持,同时积极抢占东南亚市场份额,并不断优化本地化策略,以更好地满足消费者的多元需求。

(一)阿里巴巴的影响与支持

阿里巴巴对 Lazada 的影响深远且积极。作为全球电商巨头,阿里巴巴不仅为 Lazada 提供了强大的资金支持,还带来了先进的技术和管理经验。通过与阿里巴巴合作,Lazada 能够快速引入淘宝的运营模式和技术架构,提升平台的运营效率和用户体验。此外,阿里巴巴的全球供应链资源也为 Lazada 的跨境业务提供了坚实基础,使其能够更好地连接中国与东南亚市场。然而,这种紧密的合作关系也意味着

Lazada在一定程度上依赖于阿里巴巴的技术和资源。如何在保持独立性的同时充分利用阿里巴巴的支持，是Lazada需要解决的重要问题。

(二) 跨境电商发展趋势与增长潜力

跨境电商已成为全球电商市场的重要组成部分，并在过去几年中呈现出显著的快速增长趋势。东南亚地区，作为全球增长最快的新兴市场之一，尽管其电商渗透率相对较低，但其增长潜力巨大。Statista数据显示，2023年东南亚电商市场规模已达到560亿美元，预计到2028年将增长至1200亿美元，年复合增长率超过16%。随着互联网基础设施的不断完善、智能手机的普及以及消费者购物习惯的逐步改变，东南亚跨境电商市场有望在未来几年内实现爆发式增长。Lazada作为该地区的领先平台，能够充分利用这一趋势，通过拓展商品种类、优化物流配送、提升用户体验等方式，进一步扩大市场份额，实现业务的持续增长。

(三) 本地化策略

Lazada在东南亚市场的成功很大程度上归功于其本地化策略。通过深入了解各国的文化、消费习惯和法律法规，Lazada能够为当地消费者提供贴合需求的服务和产品。例如，Lazada在印尼推出了货到付款服务，以适应当地消费者对现金支付的偏好；在菲律宾与本地物流合作伙伴GrabExpress合作，提升了配送效率。

二、平台面临的挑战

尽管东南亚跨境电商市场前景广阔，但Lazada在发展过程中仍面临诸多挑战。

(一) 支付方式的多样性与复杂性

东南亚地区消费者支付习惯差异较大，部分消费者偏好现金支付(如货到付款)，另一些则依赖本地电子钱包(如印尼的Gopay、越南的MoMo)。这种多样化的支付需求增加了平台的运营复杂性和成本。

(二) 物流配送效率低且成本高

东南亚地区交通基础设施相对薄弱，物流配送时间长、费用高，严重影响了消费者的购物体验。例如，根据2023年的数据，印尼的物流成本占商品总成本的比例高达20%~30%，远高于中国和欧美地区。

(三) 语言和文化差异

Lazada需要在不同国家提供多语言支持，并针对当地文化特点调整营销策略，以更好地满足消费者需求。

(四) 安全隐患与技术支撑不足

一方面,随着交易量的增加,数据安全和隐私保护成为重要问题。东南亚地区网络基础设施相对薄弱,网络安全防护能力不足,容易导致用户信息泄露和交易欺诈等问题。2022年的一项网络安全报告显示,东南亚地区超过40%的电商平台曾遭受过数据泄露事件,影响了数百万用户的隐私和信任。另一方面,技术支撑不足也限制了Lazada的发展。例如,部分东南亚国家互联网普及率低、网络速度慢,影响了消费者的购物体验;同时,先进的物流技术如自动化仓储、智能配送等在该地区的应用也受到限制。根据2023年的数据,东南亚地区仅有不到30%的物流仓库采用了自动化技术,远低于全球平均水平。这不仅增加了运营成本,也降低了配送效率。因此,Lazada需要进一步加大技术投入和基础设施建设,以提升平台的整体竞争力和用户体验。

第五节 Lazada平台的实操指南

Lazada作为东南亚地区最大的电商平台之一,为全球卖家提供了进入这一庞大市场的绝佳机会。然而,成功入驻并运营好一个Lazada店铺需要了解详细的入驻条件、费用结构和入驻流程。本节将详细介绍如何在Lazada平台上开设店铺,并为卖家提供实用的操作指南,帮助其快速上手并实现业务增长。

一、入驻条件

(一) 基本条件

入驻Lazada平台需要满足以下基本条件:
(1) 合法的企业营业执照。卖家必须拥有合法的企业营业执照,证明其经营资质。
(2) 符合进出口要求。产品需符合中国出口要求以及目标国家的进口法规。
(3) 企业支付宝账号。注册时需绑定企业支付宝账户,用于交易和资金管理。
(4) Payoneer账户。需注册Payoneer(派安盈,跨境支付数字平台)账户,并绑定Lazada后台账户,用于跨境收款。
(5) 电商销售经验。申请入驻时需上传至少一个产品,并具备一定的电商销售经验。

(二) 加分项

为了在入驻Lazada平台的申请中更具竞争力,卖家可以考虑以下加分项:首先,配备专职运营团队能够更高效地管理店铺,确保日常运营的顺畅和专业性;其次,拥有自有品牌或品牌一级代理权的卖家不仅能获得更高的信任度,还能在平台上获得更多流量支持;最后,具备稳定且优质的供应链是确保产品供应和质量的关键,这将为卖家在激烈的市场竞争中提供坚实基础。

二、卖家费用

Lazada 平台的卖家费用主要包括以下几项:首先,订单佣金是根据产品类别收取的,通常在商品售价的 1%～4%,如 3C 电子产品和时尚服饰的佣金比例可能会有所不同,具体比例会在卖家入驻时明确告知。其次,增值税(GST)根据商品销售目的地国家的税率收取,不同国家的税率不同,如马来西亚为 6%,新加坡和泰国为 7%,越南和印度尼西亚为 10%,菲律宾为 12%。此外,Lazada 还会收取总销售额的 2%作为账务处理费,用于处理支付和交易相关的服务。最后,运费由商品类型、重量、体积以及目的地国家决定,通常分为国内运费(从卖家地址到 Lazada 国内分拣中心的费用)和国际运费(从分拣中心到目的地国家的费用)。卖家可以选择提供包邮服务以提升竞争力,但需要在定价中考虑这部分成本。

三、入驻流程

(一)注册账号

要注册 Lazada 账号,首先需登录 Lazada 官方网站,点击"卖家入驻"或"注册"按钮。接着,选择"中国区域所在地",并使用有效的中国手机号码进行身份验证。在注册过程中,需填写企业相关信息,包括公司名称、营业执照、企业支付宝账号以及 Payoneer 卡号等。此外,设置的登录密码需至少 8 位,且包含字母、数字和符号。最后,阅读并同意 Lazada 跨境合同条款,完成注册信息的提交。

(二)提交资料

在提交入驻资料时,卖家需填写公司详细地址,确保地址准确无误,以便接收重要文件和退货商品。同时,提供真实的公司信息,包括营业执照扫描件、法人代表信息等。此外,还需提交产品信息,如产品图片、描述、价格等。需要注意的是,上传的商品必须符合平台要求,否则申请可能会被拒绝。

(三)商品上传

在完成入驻信息提交后,卖家需进入 Lazada 后台,点击"Add Global Products"链接,开始上传产品信息。在上传过程中,卖家应填写完整的产品描述,包括功能、规格、材质等详细信息,并上传高质量的商品图片,以提升商品的吸引力和专业性。此外,选择合适的分类和关键词至关重要,这将帮助商品更容易地被消费者搜索到,从而提高商品的曝光率和销售机会。

（四）收款账号绑定

在Lazada后台进行收款账号绑定时，卖家需确保所绑定的收款账户为企业账户，因为Lazada不支持个人账户作为收款方式。此外，如果卖家选择使用支付宝进行收款，需注意支付宝目前仅支持马来西亚、新加坡、泰国、菲律宾和印度尼西亚的卖家使用。

（五）后台审核

提交入驻申请后，Lazada的审核团队会对卖家提交的资料进行全面审核。通常情况下，审核结果会在1~3个工作日内通过注册邮箱通知卖家。如果审核通过，卖家将收到6封分别来自6个国家的注册成功邮件，这标志着店铺正式入驻成功，卖家可以开始运营店铺。若审核未通过，卖家将收到一封拒绝通知邮件，邮件中会详细说明未通过的原因。卖家需要根据邮件中的提示进行相应的修改或补充资料，然后重新提交申请。

课后习题

一、单选题

1. Lazada平台创立的初衷是（　　）。
   A. 打造全球最大的电商平台　　　　B. 填补东南亚电商市场的空白
   C. 专注于中国市场的电商服务　　　D. 提供东南亚地区的物流服务
2. Lazada在2016年获得（　　）的投资。
   A. Rocket Internet　　　　　　　　B. Google
   C. Facebook　　　　　　　　　　　D. 阿里巴巴
3. Lazada的"即看即买"功能是在（　　）年推出的。
   A. 2018　　　　　　　　　　　　　B. 2019
   C. 2020　　　　　　　　　　　　　D. 2021
4. Lazada平台的订单佣金通常在商品售价的（　　）。
   A. 1%~4%　　　　　　　　　　　　B. 5%~8%
   C. 9%~12%　　　　　　　　　　　　D. 13%~16%
5. Lazada的增值税在菲律宾的税率是（　　）。
   A. 6%　　　　　　　　　　　　　　B. 7%
   C. 10%　　　　　　　　　　　　　 D. 12%
6. Lazada平台支持的支付方式中，不包括（　　）。
   A. 信用卡　　　　　　　　　　　　B. 借记卡

C. 支付宝 D. 货到付款

7. Lazada 的 Fulfillment by Lazada(FBL)服务目前支持的国家是(　　)。
A. 越南 B. 泰国
C. 新加坡 D. 印度尼西亚

8. Lazada 平台的用户主要集中在(　　)。
A. 欧洲 B. 北美
C. 东南亚 D. 中国

9. Lazada 的物流体系中,海外仓的主要作用是(　　)。
A. 提高商品价格竞争力 B. 缩短配送时间
C. 提供售后服务 D. 增加商品种类

10. Lazada 平台的入驻申请审核结果通常在(　　)个工作日内通知卖家。
A. 1~3 个 B. 3~5 个
C. 5~7 个 D. 7~10 个

二、多选题

1. Lazada 平台的主要业务板块包括(　　)。
A. LazMall 品牌商城 B. Lazada Marketplace
C. 跨境业务 D. 本地生活服务

2. Lazada 在东南亚市场面临的挑战包括(　　)。
A. 不同国家的法律法规差异 B. 物流配送效率低下
C. 支付方式的多样性 D. 语言和文化差异

3. Lazada 平台的入驻条件包括(　　)。
A. 合法的企业营业执照 B. 符合进出口要求
C. 企业支付宝账号 D. Payoneer 卡

4. Lazada 平台的支付方式包括(　　)。
A. 信用卡 B. 借记卡
C. 电子钱包 D. 第三方支付平台

5. Lazada 平台的运营模式包括(　　)。
A. 自营模式 B. 开放式平台模式
C. 社交电商平台模式 D. 线下体验店模式

三、简答题

1. 简述 Lazada 平台的创立背景及其在东南亚市场中的地位。
2. Lazada 平台的商业模式有哪些主要组成部分?列举并简要说明。
3. Lazada 平台在物流和支付方面采取了哪些创新举措?各举一例说明。
4. 简述 Lazada 平台在东南亚市场面临的挑战,并说明应如何应对这些挑战。
5. Lazada 平台的入驻流程包括哪些主要步骤?简要说明。

第六章 Shopee 平台

教学目标

【知识目标】
1. 了解 Shopee 平台的创立背景与发展历程：
掌握 Shopee 的起源、发展里程碑以及其在东南亚市场的地位。
理解 Shopee 作为东南亚领航电商平台的市场影响力及其对中国跨境卖家的意义。
2. 理解 Shopee 平台的商业模式：
分析 Shopee 的运营模式（C2C 与 B2C 混合模式）、盈利模式（佣金与交易服务费）、支付模式（ShopeePay 与第三方支付）和物流模式（SLS 物流体系）。
掌握 Shopee 平台的盈利机制及其对卖家和消费者的影响。
3. 熟悉 Shopee 平台的商品品类与目标市场：
了解 Shopee 的全品类覆盖特点及其在不同地区的商品偏好。
掌握 Shopee 的主要目标市场（东南亚、拉美等）及其消费特征。
4. 掌握 Shopee 的营销策略与运营特点：
分析 Shopee 的本土化营销策略、内容营销与社群互动方式。
理解 Shopee 的流量来源、用户留存策略及其对品牌建设的作用。

【技能目标】
1. 运营实践技能：
掌握 Shopee 平台的入驻条件、流程（包括主账号申请、店铺开通、商品上传、资质审核和收款账户绑定）。
学会运用 Shopee 平台的运营工具进行店铺管理、商品优化、营销推广及物流操作。
2. 市场分析能力：
能够分析 Shopee 平台不同站点的消费特征，制定针对性的商品策略和营销方案。
能够结合市场趋势和用户需求，评估 Shopee 平台的商业机会与潜在风险。
3. 问题解决能力：
针对 Shopee 平台运营中可能遇到的问题（如物流、支付、文化差异等），能够提出解决方案。

能够结合平台特点和自身资源,优化运营策略以提升竞争力。

【思政目标】

1. 国际视野与市场洞察力:

培养学生对东南亚及拉美等新兴市场的了解和兴趣,增强国际市场的敏锐度。

引导学生关注跨境电商平台的全球化发展趋势,树立国际化商业思维。

2. 创新意识与适应能力:

鼓励学生关注 Shopee 的技术创新与模式变革,培养创新意识和适应变化的能力。

引导学生在面对不同市场环境和文化背景时,灵活调整运营策略。

3. 合规意识与风险意识:

强化学生对跨境电商平台运营中法律法规和政策风险的重视,培养合规运营意识。

引导学生在运营实践中注重风险防范,提升应对不确定性的能力。

引 例

Shopee 平台的"逆袭之路"

在东南亚的电商市场中,Shopee(虾皮)是一个极具代表性的成功案例。2015年,Shopee 在新加坡正式上线,短短几年便迅速崛起,成为东南亚地区最大的电商平台。其背后的故事充满了机遇与挑战。

Shopee 的创始人李小冬最初以游戏代理起家,创立了 Garena(现 Sea 集团)。一次偶然的机会,他的女儿抱怨说:"我很想念淘宝。"这句话让李小冬意识到,东南亚地区虽然电商市场潜力巨大,但缺乏一个像淘宝一样便捷的购物平台。他决定从游戏领域跨界进入电商,创立了 Shopee。

起初,Shopee 面临诸多困难:东南亚市场分散,各国语言、文化和消费习惯差异巨大;物流基础设施薄弱,支付体系不完善;市场竞争激烈,既有本地电商的竞争,也有国际巨头的挑战。然而,Shopee 凭借一系列创新策略迅速突围:推出"免佣金"政策吸引卖家入驻;利用社交媒体和直播带货,打造"边逛边买"的购物体验;自建物流体系,解决跨境物流痛点;针对不同国家推出本土化营销策略……这些举措让 Shopee 在短时间内赢得了消费者的青睐,成为东南亚电商市场的领航者。

如今,Shopee 不仅在东南亚市场占据主导地位,还成功拓展到巴西、墨西哥等拉美市场,成为全球跨境电商领域的佼佼者。Shopee 的成功背后,是对其商业模式、运营策略和市场需求的深刻洞察。

【请思考】

1. Shopee 的成功因素是什么?

2. Shopee 的商业模式与淘宝有何异同?

3. 如果让你运营一家 Shopee 店铺，你会选择销售什么商品？
4. Shopee 在未来可能会面临哪些新的挑战？
5. Shopee 的本土化策略对中国卖家有何启示？

第一节　Shopee 平台概述

一、Shopee 的创立与发展历程

（一）创立背景

Shopee 的创立背景源于其母公司 Sea Limited 的发展历程与市场洞察。Sea Limited 由李小冬创立，最初以游戏代理业务（Garena）起家，积累了丰富的互联网运营经验。李小冬创立 Shopee 的初衷，源自其女儿的一句话："我很想念淘宝。"这句话让他意识到，尽管东南亚地区拥有庞大的人口基数（超过 6 亿）、年轻化的消费群体（平均年龄约 30 岁）以及快速发展的移动互联网基础设施，电商市场潜力巨大，但当地缺乏一个类似淘宝的便捷购物平台。因此，Shopee 应运而生，旨在填补这一市场空白，打造一个"东南亚版淘宝"，满足当地消费者日益增长的线上购物需求，并在尚未饱和的电商市场中占据一席之地。

（二）发展历程与重要里程碑

2015 年，Shopee 在新加坡正式上线，标志着其正式进入电商领域。

2016 年，Shopee 进入中国，并在深圳设立总部，正式开展中国跨境业务，开启了其国际化征程。

2017 年，母公司 Sea Limited 在美国纽约证券交易所上市，为 Shopee 的进一步发展提供了强大的资金支持。

2018 年，Shopee 与义乌签订战略合作协议，助力当地企业出海，进一步巩固了其在中国跨境电商领域的布局。

2021 年，Shopee 上线中国卖家中心，为卖家提供一站式管理服务，极大地提升了卖家运营效率。

2023 年，Shopee 全托管服务正式启动，帮助卖家实现无忧出海，进一步降低了卖家的运营门槛。

（三）业务覆盖范围

Shopee 的业务覆盖范围广泛，目前已经在新加坡、马来西亚、菲律宾、泰国、越

南、印尼等东南亚国家,以及巴西、墨西哥、哥伦比亚、智利等拉美国家设立了站点。此外,Shopee 还在中国台湾地区开展业务,形成了覆盖东南亚、拉美等新兴市场的国际化电商布局。随着业务的不断发展,Shopee 还在持续探索新的市场机会,进一步拓展其全球业务版图。

二、Shopee 的市场地位

(一) 在东南亚及全球电商市场的地位

Shopee 在东南亚及全球电商市场均占据重要地位。在东南亚市场,Shopee 是该地区最大的电商平台,凭借早期的市场布局、低门槛招商政策以及强大的本土化运营能力,成功占据了主导地位。在全球电商市场中,Shopee 也逐渐崭露头角,通过在东南亚和拉美市场的成功布局,吸引了大量全球卖家和消费者,成为全球电商领域的重要参与者之一。此外,Shopee 还通过技术创新和模式优化,不断提升其在全球电商市场的竞争力。

(二) 主要市场与用户群体

Shopee 的主要市场集中在东南亚地区,覆盖新加坡、马来西亚、菲律宾、泰国、越南、印尼等国家。这些国家的电商市场正处于快速发展阶段,消费者对线上购物的需求旺盛。此外,Shopee 在拉美市场(如巴西、墨西哥等)也取得了显著的市场份额,成为当地重要的电商平台之一。其用户群体以年轻消费者为主,年龄主要集中在 15～39 岁,他们具有较高的互联网使用频率和消费潜力,对时尚、美妆、电子产品、家居用品等品类的需求较大。同时,Shopee 还通过优惠券、促销活动等方式,成功吸引了大量价格敏感型消费者。

三、Shopee 的影响力

(一) GMV(商品交易总额)增长趋势

Shopee 的 GMV 呈现出快速增长的趋势。2021 年,Shopee 的 GMV 达到 625 亿美元,同比增长 76.8%;2022 年,GMV 进一步增长至 735 亿美元,同比增长 17.6%。2016—2022 年,Shopee 的 GMV 年复合增长率高达 81.11%。这一增长趋势不仅反映了 Shopee 在东南亚市场的强劲发展势头,也显示了其在全球电商市场的巨大潜力。根据贝恩公司(Bain & Company)统计数据,2022 年东南亚电商整体 GMV 规模为 1 310 亿美元,Shopee 在其中占据了重要份额,充分体现了其在东南亚市场的龙头地位。

(二) App 下载量与用户活跃度

Shopee 的 App 在全球范围内广受欢迎,其下载量和用户活跃度均表现出色。根据应用分析平台 Apptopia 的数据，Shopee 在 2021 年成为全球下载量最高的购物应用，下载量达到 2.03 亿次，位居购物类应用榜首，这一成就充分彰显了 Shopee 在全球市场的强大吸引力。同时，根据移动数据分析平台 data.ai 的统计，Shopee 在 2022 年跻身全球购物类 App 平均月活数增速前三，并在东南亚及巴西市场的购物类 App 平均月活数增速中排名第一。高用户活跃度不仅表明 Shopee 在用户留存方面表现出色，也反映了其在用户体验和运营策略上的显著优势。

（三）品牌影响力与市场认可度

Shopee 在品牌影响力和市场认可度方面取得了显著成就。其品牌影响力广泛，成功入榜 YouGov 2022 年全球最佳品牌榜第五名，成为前十强中唯一的电商品牌。这一荣誉不仅彰显了 Shopee 在全球市场的强大品牌影响力，也体现了消费者对其的高度认可。在市场认可度方面，Shopee 通过一系列创新举措，如直播带货、社交媒体营销和本土化运营等，赢得了消费者的信任与支持。其在东南亚市场的成功经验也为其他电商平台提供了宝贵借鉴，进一步提升了 Shopee 在行业内的声誉和影响力。

第二节　Shopee 平台的优势与挑战

Shopee 作为东南亚地区领先的跨境电商平台，凭借其独特的市场定位和运营策略，取得了显著的成功。然而，与其他电商平台一样，Shopee 也面临一系列优势与挑战。

一、平台优势

（一）东南亚市场的增长潜力

东南亚地区是全球最具潜力的电商市场之一。该地区拥有超过 6 亿的人口基数，其中 60% 以上为 30 岁以下的年轻消费者，这为电商市场提供了庞大的潜在消费群体。此外，东南亚地区的互联网普及率不断提高，移动支付和物流基础设施逐步完善，为电商的发展提供了有力支持。根据 Statista 的报告，东南亚电商市场在过去几年中保持了高速增长，预计未来几年仍将保持这一趋势。Shopee 作为该地区的领航电商平台，能够充分受益于这一市场增长潜力，为卖家提供广阔的市场空间。

（二）全品类覆盖与多样化选择

Shopee 平台实现了全品类覆盖，商品种类丰富多样，几乎涵盖了消费者日常生活的各个方面。从时尚服饰、美妆保养、电子产品到家居用品、母婴用品等，Shopee

为消费者提供了广泛的选择。这种全品类覆盖的模式不仅满足了不同消费者的多样化需求,还吸引了更多卖家入驻,进一步丰富了平台的商品种类。此外,Shopee 根据不同国家和地区的消费习惯,对商品品类进行了优化调整。例如,在马来西亚站点推出穆斯林服装类目,在越南站点增加足球相关类目等,这些进一步提升了平台的竞争力。

(三)完善的物流服务与跨境物流优势

Shopee 在物流服务方面具有显著优势。平台自建了 Shopee Logistics Services (SLS)物流体系,整合了国内外多家优质物流资源,为卖家提供了从仓储、运输、出口报关到进口清关、尾程配送的一站式物流解决方案。SLS 物流体系不仅简化了卖家的发货流程,还通过优化物流成本和提升配送效率,为消费者提供了更好的购物体验。例如,Shopee 在跨境物流方面推出了大件物流服务,运费直降 88%,重物渠道运费下降一半,极大地降低了卖家的物流成本。此外,Shopee 还在泰国、越南、马来西亚、菲律宾等地建立了海外仓,进一步提升了物流时效性和配送服务质量。

(四)先进的平台功能与客户服务

Shopee 在技术支持方面表现出色,为卖家和消费者提供了先进的平台功能和优质的客户服务。平台提供了完善的店铺管理系统,卖家可以通过后台轻松管理库存、订单、财务等信息。此外,Shopee 还推出了多种营销工具,如直播带货、社交媒体推广、限时促销等,帮助卖家提升店铺曝光率和销售转化率。在客户服务方面,Shopee 设立了专业的客服团队,能够及时解决消费者的问题和投诉,提供多语言支持,提升了消费者的购物体验和满意度。同时,Shopee 还通过大数据分析、人工智能等技术手段,为卖家提供精准的市场分析和消费者洞察,帮助卖家优化运营策略。

二、平台挑战

(一)市场份额争夺与卖家竞争压力

随着电商市场的不断发展,Shopee 面临来自本地和国际电商平台的激烈竞争。在东南亚市场,Lazada、Tokopedia 等本地电商平台凭借其深厚的市场基础和本地化运营优势,与 Shopee 展开了激烈的市场份额争夺。此外,国际巨头如亚马逊、阿里巴巴等也纷纷进入东南亚市场,进一步加剧了竞争压力。对于卖家而言,竞争的加剧意味着需要投入更多的资源用于营销推广,同时还要不断提升商品质量和服务水平,以在激烈的市场竞争中脱颖而出。

(二)广告与运营费用投入

尽管 Shopee 为卖家提供了低门槛入驻的政策,但随着平台的发展,卖家在运营过程中仍需投入一定的费用。为了提升店铺曝光率和销售转化率,卖家通常需要购买广告位、参与平台的促销活动等,这些都需要支付相应的费用。此外,卖家还需要投入精力进行店铺运营、客户服务、物流管理等工作,这些都增加了运营成本。对于一些中小卖家而言,如何在有限的预算内实现高效的运营,是他们面临的重要挑战。

(三)本地化运营的挑战

东南亚地区是一个多元文化、多语言的地区,不同国家之间在文化、宗教、消费习惯等方面存在显著差异。例如,马来西亚和印尼的消费者对穆斯林文化相关的产品有较高需求,而菲律宾消费者更倾向于欧美风格的时尚产品。这种文化差异对 Shopee 的本地化运营提出了较高的要求。卖家需要深入了解目标市场的文化特点和消费习惯,调整商品策略和营销方式,以更好地适应当地市场。此外,语言障碍也可能影响卖家与消费者的沟通,增加运营难度。

(四)不同国家政策的不确定性

东南亚地区各国的政策环境存在差异,且政策变化较为频繁。例如,一些国家可能会调整进口关税、税收政策或电商监管政策,这些政策变化可能会对 Shopee 的运营产生影响。卖家需要密切关注目标市场的政策动态,确保自身运营符合当地法律法规要求。政策的不确定性增加了卖家的运营风险,尤其是在跨境业务中,如何应对政策变化是卖家需要考虑的重要问题。

第三节 Shopee 平台的商业模式

Shopee 作为东南亚地区领先的电商平台,其成功不仅依赖于对市场的精准把握,还与其独特的商业模式密切相关。Shopee 的商业模式涵盖了运营模式、盈利模式、支付模式和物流模式等多个方面,这些模式相互配合,共同构成了其强大的市场竞争力。

一、运营模式

(一)C2C 与 B2C 混合模式

Shopee 采用 C2C(个人卖家对个人)和 B2C(商家对消费者)混合模式,这种模式结合了个人卖家的灵活性和品牌商家的专业性,为消费者提供了丰富多样的商品选择。C2C 模式允许个人卖家利用碎片化的时间和资源开展电商业务,降低了创业门槛;B2C 模式则吸引了品牌商家入驻,提升了平台的商品品质和服务水平。通过这种混合模式,Shopee 不仅丰富了商品种类,还满足了不同层次消费者的需求。

(二) 卖家入驻与运营支持

Shopee 为卖家提供了低门槛入驻政策,吸引了大量中小卖家和品牌商家。卖家入驻后,Shopee 通过一系列运营支持工具和服务,帮助卖家提升运营效率。例如,Shopee 卖家中心提供了店铺管理、库存管理、订单跟踪、财务管理等功能,卖家可以通过后台轻松管理店铺运营的各个环节。此外,Shopee 还为新入驻卖家提供 3 个月的孵化期,并配备专业大客户经理,提供一对一"顾问式"咨询服务,帮助卖家快速适应平台规则,提升运营能力。

(三) 一站式跨境解决方案

针对跨境卖家,Shopee 打造了一站式跨境平台解决方案,涵盖从店铺入驻、商品上架、物流配送到支付结算的全流程服务。Shopee 通过整合全球物流资源,提供小包直邮、国内仓发货、境外仓储发货等多种物流模式,解决了跨境物流的痛点。同时,Shopee 还与多家第三方支付服务商合作,提供安全便捷的支付解决方案,确保货款快速结算。此外,Shopee 还为品牌卖家提供全方位托管服务,包括专业 KOL 代理服务、引流服务、语言服务等,帮助卖家提升品牌影响力和销售业绩。

二、盈利模式

(一) 佣金与交易服务费

Shopee 的主要盈利来源包括佣金和交易服务费。卖家在平台上完成交易后,需支付一定比例的佣金和交易服务费。佣金比例根据商品售价、店铺等级、订单需求等因素有所不同。例如,一般佣金费用为商品售价的 5%～6%,交易服务费为买家支付的订单总金额(包括商品售价与运费)的 2%。这种收费模式既保证了平台的收入,又通过差异化定价激励卖家提升店铺等级和优化商品价格。

(二) 佣金政策变化与影响因素

Shopee 的佣金政策经历了多次调整,以适应平台发展的不同阶段。2015—2016 年,Shopee 采用零佣金策略,吸引大量中小卖家入驻,丰富了平台的商品种类。2017 年后,Shopee 开始对除印度尼西亚之外的地区收取 3% 的佣金,并逐步调整佣金比例以适应不同市场的需求。目前,Shopee 对新入驻卖家提供前 3 个月免佣金的优惠政策,以吸引新卖家入驻。佣金政策的变化主要受以下因素影响。

1. 商品品类

Shopee 平台根据商品品类的不同,设置了不同的佣金比例。一般来说,高价值商品(如电子产品、珠宝)的佣金比例相对较低,而低价值商品(如服装、家居用品)的佣金比例相对较高。例如,电子产品类的佣金比例可能在3%~5%,而服装类的佣金比例可能在5%~7%。

2. 店铺等

Shopee根据店铺的销售业绩、用户评价等因素划分店铺等级,高等级店铺享受更低的佣金费率。

3. 订单需求

仅对完成的订单收取交易佣金,取消订单不收取佣金。此外,同一卖家在平台各站点的前三个月免收该站点交易佣金。

三、支付模式

ShopeePay是Shopee推出的东南亚领先的电子钱包,为用户提供了便捷、安全的支付体验。用户可以通过ShopeePay进行支付、充值或提现,支付时支持出示二维码或扫描二维码等多种方式。充值方式多样,包括借记卡、信用卡、网上银行和便利店现金等。ShopeePay不仅服务于Shopee平台内的购物支付,还提供独立于平台之外的支付服务,如游戏充值、购买电影票、支付账单等,进一步拓展了其应用场景。

Shopee的支付流程简单易操作,买家下单后,货款会通过ShopeePay进入平台的支付保障系统,由第三方支付平台进行托管。卖家在后台绑定Payoneer、PingPong或LianLian Pay等收款账户,平台会在交易成功后进行周期性的货款结算。这种支付保障机制有效降低了交易风险,提升了买家和卖家的信任度。Shopee通过与这些支付服务商合作,优化了支付流程,降低了支付成本,提升了支付安全性。

四、物流模式

(一) 小包直邮、国内仓发货、境外仓储发货

Shopee的物流模式主要包括小包直邮、国内仓发货和境外仓储发货三种形式。

1. 小包直邮

卖家将商品直接从国内发货至海外消费者手中,适合轻小件商品。这种模式的优点是操作简单,成本较低,但物流时间相对较长。

2. 国内仓发货

卖家将商品存储在国内仓库,接到订单后从国内仓库发货。这种模式适合中等

重量和体积的商品,能够平衡成本与时效。

3. 境外仓储发货

卖家提前将商品存储在海外仓库,接到订单后直接从海外仓发货。这种模式的优点是物流时效快,能够提升消费者体验,但需要卖家承担一定的仓储成本。

(二) SLS物流体系与跨境物流优势

Shopee自建了Shopee Logistics Services(SLS)物流体系,整合了国内外多家优质物流资源,为卖家提供了从仓储、运输、出口报关到进口清关、尾程配送的一站式物流解决方案。SLS物流体系的主要优势包括以下几个方面。

1. 跨境物流优化

Shopee通过自建物流体系,解决了跨境物流的诸多痛点,如物流时效慢、成本高、清关难等。例如,Shopee的中小件货物跨境头程运输通过空运实现,每天至少有一班包机直送东南亚,结合入仓、通关和配送时效计算,最快3天即可送达目的地。

2. 成本控制

Shopee通过与东南亚上百家物流服务商合作,优化物流渠道,降低物流成本。例如,大件物流服务运费直降88%,重物渠道运费下降一半。SLS物流体系的配送价格低于市场价约30%,为卖家提供了更具竞争力的物流服务。

3. 海外仓布局

Shopee在泰国、越南、马来西亚、菲律宾等东南亚国家建立了海外仓,构建了东南亚最大的仓库交付网络。海外仓的布局不仅提升了物流时效,还降低了尾程配送成本,进一步提升了消费者的购物体验。

(三) 物流时效与成本优化

Shopee通过智能化物流系统和优化物流流程,不断提升物流时效、降低成本。根据Shopee官网数据,2022年上半年,Shopee的平均入库时效达成率提升至94%,平均出库时效达成率提升至99.7%。具体运输时长方面,从中国大陆到中国台湾的跨境物流时效为4~8天,中国到马来西亚和菲律宾的跨境物流时效为5~15天。通过优化物流流程和提升物流效率,Shopee在保证时效的前提下,进一步降低了物流成本,为卖家和消费者提供了更具性价比的物流服务。

Shopee的商业模式通过C2C与B2C混合模式、低门槛入驻政策、一站式跨境解决方案,吸引了大量卖家和消费者;通过合理的佣金与交易服务费政策,实现了平台的盈利与卖家的互利共赢；通过 ShopeePay 和第三方支付服务，提供了便捷、安全的支付体验；通过 SLS 物流体系和优化的物流模式，解决了跨境物流的痛点，提升了物流时效和成本优势。这些商业模式的有机结合，使 Shopee 在东南亚电商市场中脱颖而出，成为该地区最具竞争力的电商平台之一。

第四节　Shopee 平台的商品品类与目标市场及用户分析

Shopee 作为东南亚和拉美地区领先的电商平台，其成功不仅依赖于强大的商业模式和运营策略，还得益于对商品品类的精准布局和对目标市场的深入理解。此外，通过对用户行为和偏好的分析，Shopee 能够更好地满足不同用户群体的需求。

一、商品品类

Shopee 平台实现了全品类覆盖，商品种类丰富多样，几乎涵盖了消费者日常生活的各个方面。主要品类包括时尚类（如服装、配饰、鞋包，尤其是女装、女鞋和时尚配饰）、美妆类（如护肤品、化妆品、个人护理用品）、电子产品（如手机、平板、电脑配件、智能穿戴设备）、家居生活（如家具、家居装饰品、收纳用品、厨房用品）、母婴用品（如婴儿服装、玩具、奶粉、纸尿裤）以及健康与运动（如健身器材、运动装备、保健品）。其中，居家生活、女性服装和美妆保养是 Shopee 全站点销售额最高的三大类目，显示出女性消费者在平台上的强大购买力。此外，电子产品和母婴用品也是重要的销售品类，尤其在特定国家和地区表现突出。

二、目标市场

Shopee 的主要市场集中在东南亚和拉美地区，这些地区不仅拥有庞大的人口基数，还具备快速发展的互联网基础设施和不断增长的电商需求。

（一）东南亚市场

在东南亚，该地区拥有超过 6 亿人口，其中 60% 以上为 30 岁以下的年轻消费者，互联网普及率不断攀升，移动支付和物流基础设施也在逐步完善。这些因素共同推动了东南亚电商市场的快速发展，使其成为一片尚未饱和的蓝海，消费者对时尚、美妆、电子产品等品类的需求尤为旺盛。Shopee 在东南亚的主要站点包括新加坡、印尼、马来西亚、菲律宾、泰国和越南等。

新加坡站点的消费者对品质和品牌有较高要求，对价格敏感度较低，更注重购物体验和服务质量，热门品类包括电子产品、时尚配饰、家居用品和美妆保养等。

印尼站点则因人口基数大且年轻消费者占比较高,对价格较为敏感,宗教和文化特点显著影响商品需求,热门品类涵盖时尚服装(尤其是穆斯林服装)、美妆用品、母婴用品和电子产品等。

菲律宾站点的年轻消费者占比较高,对价格敏感,促销活动和折扣商品吸引力大,热门品类包括电子产品、玩具、美妆用品和家居用品等。

马来西亚站点的消费者对性价比高的商品有较高需求,华裔消费者占比较高,热门品类为时尚服装(穆斯林服装)、美妆用品和家居用品等。

泰国站点的消费者对时尚和美妆产品需求旺盛,且社交媒体影响力大,热门品类包括时尚服装、美妆保养和家居用品等。

(二)拉美市场

在拉美地区,同样拥有超过 6 亿人口,其中巴西和墨西哥是该地区最大的两个电商市场。拉美消费者对品牌和品质有较高要求,同时对价格较为敏感,电商市场增长迅速,消费者对线上购物的接受度不断提高。Shopee 在拉美地区的主要站点包括巴西、墨西哥、哥伦比亚和智利等。

巴西站点的消费者对品牌和品质有较高要求,同时对价格敏感度较高,热门品类涵盖电子产品、时尚用品和家居用品等。

墨西哥站点的消费者对电子产品和时尚用品需求旺盛,对价格敏感度较高,热门品类包括电子产品、时尚配饰和母婴用品等。

三、用户分析

(一)用户类型与消费行为

Shopee 的用户群体具有多样化的特征,根据消费行为和偏好,可以将用户分为以下几种类型:价格敏感型用户、冲动消费型用户、品牌忠诚型用户、追求便利型用户和社交互动型用户。

(1)价格敏感型用户将价格视为购物时的关键考量因素,对商品价格波动极为关注。他们乐于投入时间等待平台促销活动,如 Shopee 每月的特定促销日、节假日促销等,还会积极收集优惠券,以追求性价比高的商品。在购买决策过程中,他们会仔细比较不同卖家的同类商品价格,倾向于选择价格低且质量有保障的商品。在菲律宾、印尼等市场,这类用户尤为常见,由于当地经济发展水平和居民收入低的状况,消费者对价格更为敏感,购物时更倾向于寻找性价比高的商品。

(2)冲动消费型用户在购物时较为感性,容易被商品的外观设计、独特功能、广告宣传或他人推荐所吸引。他们浏览商品的频率较高,一旦发现心仪的商品,会迅速做出购买决策,较少考虑商品的实用性和价格等因素。直播和社交媒体推广对他们的影响较大,Shopee 的直播功能和社交媒体上的广告、推荐等能够有效激发他们的购买欲望。

年轻用户群体中冲动消费型用户较多,尤其在菲律宾和越南等市场,这些地区的年轻人追求时尚和个性化,容易受到社交媒体和直播的影响,从而产生冲动消费行为。

(3)品牌忠诚型用户对品牌有较高的忠诚度和信任度,倾向于购买自己熟悉和喜爱的品牌商品。他们关注品牌的活动和新品发布,认为知名品牌能够提供更好的商品品质和服务保障。在购买决策过程中,品牌因素往往比价格因素更重要。这类用户在新加坡、马来西亚等市场较为常见,这些地区的消费者经济水平相对较高,对品牌和品质有较高的要求,愿意为品牌支付较高的价格。

(4)追求便利型用户注重购物的便捷性和快速交付,希望在短时间内完成购物过程并收到商品。他们通常有明确的购物目的,对商品的种类和规格有清晰的认识,不会花费过多时间进行比较和筛选。他们偏好使用 Shopee 的物流和支付服务,对送货上门和快速配送有较高要求。在年龄偏长的用户群体中,追求便利型用户较多,尤其在新加坡和泰国等市场,这些地区的消费者生活节奏快,工作繁忙,更注重购物的便捷性和效率。

(5)社交互动型用户喜欢通过社交平台分享购物体验,参与平台的互动活动,与其他用户交流购物心得和产品使用感受。他们频繁使用 Shopee 的直播功能和评论区互动,对社交媒体推广的接受度高,容易受到其他用户的影响而产生购买行为。这类用户在年轻用户群体中较为常见,尤其在菲律宾和越南等社交媒体活跃度较高的市场,这些地区的年轻人热衷于在社交媒体上分享生活点滴,购物也不例外,通过社交互动获取更多关于商品的信息和建议。

(二)用户特点

1. 年轻化

Shopee 的用户群体以年轻人为主,年轻用户具有较强的消费欲望和购买能力,对新鲜事物和时尚潮流敏感,容易接受新的购物方式和产品。他们追求个性化和多样化,喜欢尝试不同的商品和服务,对平台的互动性和娱乐性有较高要求。Shopee 通过推出各种时尚、潮流的商品,举办直播、互动游戏等活动,吸引了大量年轻用户,满足了他们的消费需求和社交需求。

2. 女性占比较高

女性用户在 Shopee 平台上占比较高,女性用户对服装、美妆、家居等品类的商品有较高的需求,注重商品的外观设计、品质和实用性。她们在购物时更注重细节和体验,喜欢浏览和比较不同商品,对平台的界面设计、商品展示和客服体验有较高要求。Shopee 针对女性用户的特点,优化了平台的界面设计和商品展示,提供了丰富的服装、美妆、家居等品类的商品,满足了女性用户的多样化需求。

3. 移动设备优先

Shopee 的用户主要通过移动设备进行购物,移动设备的便捷性和普及性使得用户可以随时随地进行购物。Shopee 的移动应用程序具有简洁易用的界面设计和流畅的操作体验,用户可以方便地浏览商品、下单购买、查看订单状态等。平台还推出了各种移动专享优惠活动,如移动支付优惠、限时折扣等,吸引了更多用户使用移动设备进行购物。

4. 社交活动型

Shopee 的用户具有较强的社交属性,喜欢通过社交平台分享购物体验,参与平台的互动活动。他们通过直播、评论区互动、社交媒体推广等方式与其他用户交流,获取更多关于商品的信息和建议。这种社交互动不仅增加了用户的购物乐趣,还提高了用户的黏性和忠诚度。Shopee 通过举办各种社交互动活动,如直播带货、互动游戏、用户评价等,增强了用户的社交体验,满足了用户的社交需求。

Shopee 通过精准的商品品类布局、深入的目标市场分析和细致的用户行为研究,成功构建了一个多元化、个性化的电商平台。其丰富的商品种类满足了不同地区消费者的多样化需求,对东南亚和拉美主要市场的深入分析使其能够精准定位并满足各站点的独特需求,而对用户类型的细致划分和针对性策略,则进一步提升了用户体验和平台的市场竞争力。

第五节　Shopee 平台的营销策略

Shopee 作为东南亚和拉美地区领先的电商平台,其成功不仅依赖于强大的商业模式和运营能力,还得益于其精准且多元化的营销策略。Shopee 的营销策略主要包括本土化营销、内容营销与社群互动以及流量来源与用户留存三个方面。

一、本土化营销策略

(一) 独立站点与本地化运营

Shopee 深知不同国家和地区在文化、语言和消费习惯等方面的差异,因此采取了独立站点的运营模式。每个站点根据当地市场的特点进行定制化设计和运营,以更好地满足当地消费者的需求。例如,Shopee 在不同国家提供多语言界面,确保用户能够无障碍地浏览和购物。同时,根据当地用户的使用习惯,平台调整界面布局和功能设计,进一步提升用户体验。此外,Shopee还提供本地化的客服支持,及时解决消费者的疑问和问题,从而增强用户信任度。

(二)针对不同国家的促销活动与商品分类

Shopee 根据不同国家的节日、文化和消费习惯,推出差异化的促销活动和商品分类,以吸引当地消费者。例如,在马来西亚的开斋节期间,Shopee 会推出传统服饰、家居装饰等节庆商品的促销活动;而在菲律宾的圣诞季,平台重点推广圣诞装饰、礼品等商品。此外,Shopee 还根据不同国家的文化特点调整商品分类,如印尼站点增加了穆斯林服装类目,越南站点则增加了足球相关类目,以满足当地消费者的特定需求。同时,通过数据分析和用户行为研究,Shopee 为不同国家的用户提供个性化商品推荐,从而提升购物体验和转化率。

二、内容营销与社群互动

(一)博客与内容营销

Shopee 通过开设博客栏目,分享与生活、时尚、美妆、科技等多个领域相关的内容,以此吸引用户关注并提升平台的黏性。例如,平台会发布各类商品的选购指南、使用心得和搭配技巧,帮助用户更好地选择适合自己的商品;同时,分享最新的时尚趋势、美妆潮流和科技动态,激发用户的购买欲望。此外,Shopee 还会提供生活小窍门、健康养生等实用内容,进一步增加用户对平台的依赖度。

(二)社群互动与品牌建设

Shopee 通过多种社群互动方式,有效增强了用户的参与感和品牌忠诚度。例如,平台直播功能,用户能够实时观看商品展示和试用,从而增强购物的真实感和互动性。同时,Shopee 积极鼓励用户在商品页面和博客文章的评论区发表意见和建议,并及时回复用户评论,以此增强用户黏性。此外,Shopee 还通过 Facebook、Instagram、TikTok 等社交媒体平台进行推广,发布有趣的内容和促销活动,吸引用户关注并参与互动。平台也积极鼓励用户分享自己的购物体验和使用心得,通过用户生成内容(UGC)提升品牌的可信度和影响力。

三、流量来源与用户留存

(一)流量来源渠道

Shopee 通过多种渠道获取流量,确保平台的高曝光度和用户增长。主要流量来源包括直接搜索,Shopee 的高品牌知名度使得大量用户通过直接输入网址或书签进入平台购物,这一渠道的流量占比最高;自然搜索,通过搜索引擎优化(SEO),Shopee

在 Google 等搜索引擎中获得较高的自然搜索流量，尤其是通过品牌关键词的优化；社交媒体引流，通过在 Facebook、Instagram、TikTok 等社交媒体平台的推广，Shopee 吸引了大量用户点击进入平台；广告投放，通过 Google Ads、Facebook Ads 等渠道进行精准广告投放，吸引潜在用户；合作伙伴与联盟营销，与本地和国际品牌、网红、博主合作，通过联盟营销和合作推广获取流量。

（二）用户留存策略

Shopee 通过多种策略提升用户留存率和品牌忠诚度，确保用户长期使用平台。首先，利用大数据分析用户的浏览和购买行为，为用户提供个性化的商品推荐，从而提升购物体验。其次，推出会员制度和积分系统，用户可以通过购物、签到等方式获得积分，这些积分可用于兑换优惠券、礼品或现金折扣，有效增强了用户黏性。此外，Shopee 定期举办限时折扣、闪购、满减活动等促销活动，吸引用户定期回访平台购物。同时，提供快速响应的客服支持，及时解决用户的问题和投诉，进一步提升用户满意度和忠诚度。最后，通过公益活动（如支持教育、环保等）和品牌宣传，Shopee 不断提升品牌形象和用户信任度。

第六节　Shopee 平台的实操指南

Shopee 作为东南亚和拉美地区领先的电商平台，为卖家提供了详细的入驻流程和丰富的运营工具，帮助卖家快速开展业务并提升销售业绩。以下是关于 Shopee 平台实操的详细指南，涵盖入驻条件、入驻流程、运营实践技能。

一、入驻条件

（一）合法资质要求

1. 企业资质

卖家需要拥有中国内地或香港合法的企业营业执照或个体工商户营业执照。营业执照必须在国家信息公示系统中可查询，且未曾在 Shopee 平台入驻过。

2. 法人资质

入驻时需提供法人身份信息，一个法人只能提交一次入驻申请，且只能开设一个店铺。

3. 商品资质

卖家需确保所售商品符合当地市场的法律法规和平台政策,不得销售侵权、假冒伪劣商品。

(二) 首站选择与多站点开通

自 2023 年 7 月 1 日起,新卖家在申请开店时可以自行选择包括新加坡、马来西亚、菲律宾、泰国、越南、印尼、巴西、墨西哥、哥伦比亚和智利等在内的十大站点之一作为首站。如果卖家希望进一步拓展业务,开通第二个及更多站点,则需要联系客户经理进行申请,并确保自身具备足够的运营能力和资源来有效管理多个站点。

二、入驻流程

(一) 主账号申请与平台入驻

1. 访问入驻通道

卖家需前往 Shopee 官方入驻通道(shopee.cn),点击"立即入驻",然后点击"填写申请表",如图 6-1 所示。

图 6-1 Shopee 入驻

2. 注册主账号

阅读并确认 Shopee 主账号申请条款和条件,点击"点我注册",进入申请主账号页面,阅读并确认 Shopee 主账号申请条款、条件和隐私政策。主账号用于提交入驻材料、查看审核进度以及管理店铺运营,如图 6-2 所示。填写登录信息(如英文前缀、密码等)。

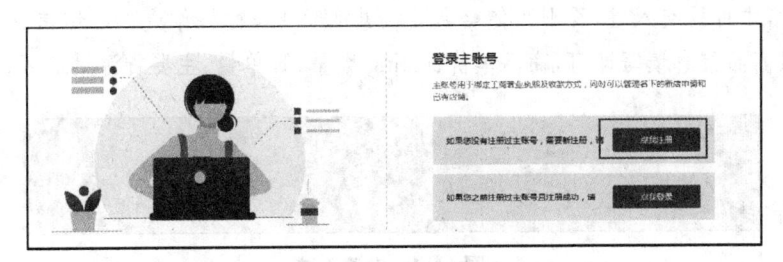

图 6-2 注册主账号

3. 主账号申请

完成主账号注册后,设定登录信息,根据公司资料填写信息,登录名需要输入英文前缀,密码自行设置,完成验证后主账户申请成功,如图 6-3 所示。

图 6-3 主账号申请

4. 申请入驻

成功完成主账号申请后,登录主账号并点击"立即申请入驻",填写法人实名认证、联系人信息、公司信息和店铺信息,如图 6-4 所示。上传营业执照照片时,需确保营业执照从未入驻过 Shopee。所有入驻申请资料填写完毕后,点击"预览",确认无误后点击"提交"。

【小提示】 法人实名认证,直接点击"认证完成,下一步",进入下一步即可。根据 Shopee 的入驻政策,1个法人只能提交 1 次入驻申请,1 位法人只能开设 1 个店铺,不能重复开店。联系人可以是法人也可以是店铺运营人,联系人职位根据实际情况选择即可,QQ 号可以不填。营业执照可以包括有限公司类型执照、个人独资企业类型及个体工商户类型执照。如果是新申请的营业执照,则必须在国家信息公示网上能

· 143 ·

查询到后,才可提交入驻,否则可能会判定为虚假入驻,材料作废。店铺信息中的品类信息参照商品信息填写即可,商品单价、listing 数量、日单量、主要货源渠道可自行选择。

图 6-4 申请入驻

(二)店铺开通与商品上传

1. 开通店铺

对于 2024 年 3 月 1 日之后首次提交入驻资料的新卖家,新申请的店铺为预注册店铺(无销售权店铺)。卖家可在无销售权店铺中进行商品上新、店铺装修等操作,但商品不会展示给买家。

步骤提示:① 点击页面的"申请开店",所有新卖家均可在申请开店时自行选择十大站点中的一个作为首站,首站店铺全站点只能开设一个,一经开启,无法关闭或者变更。② 确认好开店首站后,点击"下一步",在店铺激活页面,需自行设置用户名和密码。③ 开店信息全部填写完毕后,最后阅读并勾选同意 Shopee 服务条款,点击"确认开通"。④ 查看"我的店铺"进入店铺列表,便可以看到刚刚成功注册的店铺为无销售权店铺。Shopee 店铺开通初审预计 3~5 工作日,可以提前开始使用 Shopee 卖家后台,上传产品,进行店铺装修等。

2. 上传商品

登录卖家中心(seller.shopee.cn),进入"全球商品刊登入口",上传至少一款产品,填写商品基本信息、销售资料、重量与尺寸等。填写完毕之后,确认店铺商品信息,点击"发布店铺商品"即可。预注册店铺的商品在审核通过并绑定收款账户后才会正式展示给消费者。

3. 店铺装修

卖家可利用 Shopee 提供的店铺装修工具,设计个性化的店铺页面,提升用户体验。

(三)资质审核与销售权激活

1. 资质审核

Shopee 的资质审核分为初审和复审,初审预计在 5 个工作日内完成,复审在 7 个工作日内完成。卖家可通过主账号登录 Shopee 卖家中心,查看入驻进度。

2. 绑定收款账户

审核通过后,卖家需在店铺绑定收款账户,选择 Shopee 官方钱包或第三方支付服务商(如 Payoneer、PingPong、LianLian Pay)。绑定账户需经过 1~2 天审核,审核通过后,账户图标会显示为活跃状态。

3. 激活销售权

绑定收款账户后,店铺销售权将自动激活。激活销售权后的三个月内,卖家需在店铺对应的 Shopee 账户内充值足额的卖家保证金,否则销售权会被移除。

课后习题

一、单选题

1. Shopee 平台的母公司 Sea Limited 最初以(　　)业务起家。
A. 电商　　　　　　　　　　B. 游戏代理
C. 物流　　　　　　　　　　D. 支付服务

2. Shopee 在东南亚市场的成功主要得益于(　　)。
A. 高额广告投入　　　　　　B. 免佣金政策
C. 本土化营销　　　　　　　D. 低价竞争

3. Shopee 的运营模式中,C2C 代表(　　)。
A. 企业对消费者　　　　　　B. 消费者对消费者
C. 企业对企业　　　　　　　D. 政府对企业

4. Shopee 的佣金政策中,新入驻卖家在前 3 个月享受(　　)。
A. 佣金减半　　　　　　　　B. 免佣金
C. 交易服务费减免　　　　　D. 无任何优惠

5. Shopee 的支付模式中,ShopeePay 属于(　　)支付方式。
A. 第三方支付　　　　　　　B. 电子钱包
C. 银行转账　　　　　　　　D. 现金支付

6. Shopee 在东南亚市场的(　　)站点消费者对品牌和品质要求最高。
A. 新加坡　　　　　　　　　B. 印尼
C. 菲律宾　　　　　　　　　D. 泰国

7. Shopee 的物流模式中,SLS 代表(　　)。
A. Shopee 物流服务　　　　　B. 标准物流服务
C. 专线物流服务　　　　　　D. 自建物流系统

8. Shopee 平台的主要市场不包括（　　）。
   A. 东南亚　　　　　　　　　　　B. 拉美
   C. 中东　　　　　　　　　　　　D. 中国台湾

9. Shopee 的用户群体中，（　　）对价格最为敏感。
   A. 价格敏感型用户　　　　　　　B. 冲动消费型用户
   C. 品牌忠诚型用户　　　　　　　D. 社交互动型用户

10. Shopee 在东南亚市场的主要竞争优势是（　　）。
    A. 丰富的商品种类　　　　　　　B. 快速的物流配送
    C. 高性价比的商品　　　　　　　D. 强大的社交媒体互动

二、多选题

1. Shopee 平台的商业模式包括（　　）。
   A. 运营模式　　　　　　　　　　B. 盈利模式
   C. 支付模式　　　　　　　　　　D. 物流模式

2. Shopee 在东南亚市场的成功因素有（　　）。
   A. 本土化营销策略　　　　　　　B. 免佣金政策
   C. 强大的物流体系　　　　　　　D. 丰富的商品种类

3. Shopee 平台的支付模式中，（　　）是 Shopee 支持的支付方式。
   A. ShopeePay　　　　　　　　　　B. 信用卡
   C. 现金支付　　　　　　　　　　D. 第三方支付服务商（如 Payoneer）

4. Shopee 平台的用户类型包括（　　）。
   A. 价格敏感型用户　　　　　　　B. 冲动消费型用户
   C. 品牌忠诚型用户　　　　　　　D. 追求便利型用户
   E. 社交互动型用户

5. Shopee 平台的物流模式中，（　　）是 Shopee 提供的物流服务。
   A. 小包直邮　　　　　　　　　　B. 国内仓发货
   C. 境外仓储发货　　　　　　　　D. 专线物流

三、简答题

1. Shopee 平台的创立背景是什么？它如何填补了东南亚市场的空白？
2. Shopee 的运营模式中，C2C 和 B2C 混合模式的优势是什么？
3. Shopee 平台的主要盈利来源是什么？简述其佣金政策的变化及其影响因素。
4. Shopee 在东南亚和拉美市场的营销策略有哪些？结合本土化营销、内容营销和流量来源分析其策略的有效性。
5. 如果你是一名跨境卖家，准备在 Shopee 平台上开设店铺，你会如何选择目标市场和商品品类？结合 Shopee 的市场特点和用户需求进行分析。

第七章 敦煌网平台

教学目标

【知识目标】

1. 了解敦煌网的创立背景与发展历程：
掌握敦煌网的创立初衷、发展历程以及与"一带一路"倡议的关系。
理解敦煌网在国内和国际市场的地位及其影响力。
2. 熟悉敦煌网商业模式的重要组成部分：
理解敦煌网的平台定位、盈利模式、支付体系和物流体系。
掌握敦煌网"为成功付费"模式的特点及其对中小企业的吸引力。
3. 掌握敦煌网的商品与市场特点：
熟悉敦煌网的主要商品类目及其市场潜力。
了解敦煌网的目标市场分布以及买方市场的特点。
4. 理解敦煌网的客户与服务内容：
掌握敦煌网的商家结构和卖家类型。
理解敦煌网为买卖双方提供的服务内容及其优势。
5. 了解敦煌网的海外引流策略：
掌握敦煌网海外引流存在的问题及其优化策略。
理解敦煌网在站内优化、站外推广和本土化方面的努力。

【技能目标】

1. 掌握敦煌网平台的入驻流程与操作技能：
能够熟练完成敦煌网的注册、身份认证和平台使用费缴纳流程。
掌握敦煌网产品上传、信息优化和店铺管理的基本操作。
2. 学会运用敦煌网的运营推广技能：
掌握如何通过敦煌网平台进行产品推广和引流。
学会利用站内促销活动、付费推广工具提升产品曝光率和订单转化率。
3. 培养数据分析与市场洞察能力：
学会分析敦煌网的市场数据，了解目标客户的需求偏好。

掌握如何根据市场动态调整店铺运营策略。

4. 提升客户服务与纠纷处理能力：

学会利用敦煌网提供的客户服务工具解决买卖双方的常见问题。

掌握如何通过平台信用背书和交易流程优化减少交易纠纷。

【思政目标】

1. 培养创新意识与创业精神：

通过敦煌网的创立与发展历程，引导学生理解创新对企业发展的重要性。

激发学生对跨境电商领域的创业热情，培养创新思维和实践能力。

2. 强化社会责任感与诚信意识：

引导学生理解敦煌网通过服务中小企业促进全球贸易的使命，增强社会责任感。

强调诚信经营的重要性，通过敦煌网的信用体系与交易纠纷处理机制，培养学生的诚信意识。

3. 增强国际化视野与文化包容性：

通过敦煌网的全球市场覆盖和本土化战略，帮助学生树立国际化视野。

引导学生理解不同文化背景下的市场需求差异，培养跨文化沟通能力和文化包容性。

4. 弘扬"一带一路"倡议精神：

通过敦煌网在"一带一路"倡议下的战略布局，引导学生理解其对促进国际贸易和文化交流的意义。

培养学生对国家政策的认同感，增强民族自豪感和使命感。

引 例

敦煌网——跨境电商的"丝绸之路"

在全球化的浪潮中，中小企业如何突破地域限制，将产品推向国际市场？敦煌网（DHgate）提供了一个极具启发性的案例。2004年，王树彤女士创立了敦煌网，她以古代丝绸之路的交通中转站"敦煌"命名，希望搭建一个网络版的丝绸之路，帮助中国中小企业与全球市场接轨。如今，敦煌网已经成为全球最大的B2B跨境电商平台之一，连接了来自222个国家和地区的1 900万买家和190万卖家，覆盖超过2 000个产业带。

2015年，敦煌网与土耳其签订了中国第一个跨境电商双边合作协议，开启了"网上丝绸之路"。通过这一合作，敦煌网不仅帮助中国中小企业将产品出口到土耳其，还通过本地化运营和物流优化，为土耳其买家提供了高效、便捷的购物体验。这一成功案例不仅展示了敦煌网的平台优势，也体现了其在促进国际贸易中的重要作用。

敦煌网的成功不仅在于其商业模式的创新，还在于其对中小企业需求的深刻理解和对全球市场的精准把握。通过"为成功付费"的盈利模式，敦煌网降低了中小企业进入国际市场的门槛；通过优化支付、物流和客户服务，敦煌网提升了用户体验，促进了交易的高效完成。

【请思考】

1. 敦煌网为什么选择以"敦煌"命名?这一名称背后的文化寓意如何影响其商业模式和市场定位?

2. 敦煌网的"为成功付费"模式如何帮助中小企业降低进入国际市场的风险?与其他跨境电商平台相比,这种模式的优势是什么?

3. 敦煌网如何通过优化支付、物流和客户服务提升用户体验?这些优化措施对平台的长期发展有何重要意义?

4. 敦煌网在"一带一路"倡议下开启了"网上丝绸之路"。你认为这一战略举措对敦煌网的国际化发展有何推动作用?

5. 如果你是一名中小企业主,敦煌网的哪些服务最能吸引你入驻,为什么?

第一节 敦煌网平台概述

一、敦煌网的创立与发展历程

(一) 创立背景与命名由来

敦煌网(DHgate)成立于2004年,是中国早期成立的B2B跨境电商交易服务平台之一。其创立背景源于当时中国中小企业在全球贸易中面临的诸多挑战,如缺乏国际销售渠道、资金不足、物流和支付体系不完善等。敦煌网的创始人王树彤女士希望通过互联网技术,搭建一个连接中国中小企业与全球买家的在线平台,帮助它们突破地域限制,拓展国际市场。

敦煌网以古代丝绸之路的交通中转站"敦煌"命名,寓意着其希望成为网络版的丝绸之路。敦煌作为古代丝绸之路的重要节点,见证了东西方贸易和文化的繁荣交流。敦煌网的命名不仅体现了其对中国传统文化的传承,也象征着其致力于促进全球贸易的使命,帮助中小企业在全球市场中实现"通商"的愿景。

(二) 重要发展阶段与里程碑事件

敦煌网自成立以来,经历了多个重要的发展阶段,以下是其发展历程中的关键里程碑事件:

2004年,敦煌网由王树彤女士创立,最初以10人左右的小团队起步,目标是搭建一个跨境B2B电商平台。

2005年,敦煌网正式上线B2B在线交易平台,为国内中小供应商和国外采购商提供商品和供应信息服务。

2008年,敦煌网进行网站更新,推出第二版本,并与eBay达成战略合作伙伴关系,年交易额突破14亿元人民币。

2010年,敦煌网成立动力营,成功孵化20多万跨境网商,并推出跨境支付平台,支持跨境支付。

2011年,敦煌网开通敦煌一站通业务,与国际快递公司密切合作,为卖家提供更周到的服务。

2015年,敦煌网与土耳其签订中国第一个跨境电商双边合作协议,开启"网上丝绸之路"。

2018年,敦煌网正式上线新版买家入口和卖家入口,完成历史上最成功的改版。

2019年,敦煌网全面启动全球本土化战略,进一步拓展国际市场。

2022年,敦煌网正式升级为敦煌网集团,推出"星航工厂"计划,为工厂制造商提供跨境链路的全套解决方案。

(三)"一带一路"倡议下的战略布局

随着"一带一路"倡议的推进,敦煌网积极响应国家政策,将自身的发展战略与倡议紧密结合,通过多种方式推动"一带一路"沿线国家的跨境电商发展。首先,在市场拓展方面,敦煌网与沿线国家建立合作关系,帮助中国中小企业将产品出口到"一带一路"沿线国家,促进贸易往来。其次,在物流优化方面,敦煌网在沿线国家布局海外仓和物流专线,提升物流效率,降低运输成本。此外,敦煌网还通过平台推广中国文化和产品,促进"一带一路"沿线国家的文化交流与相互理解。最后,敦煌网利用"一带一路"倡议下的政策红利,推动跨境电商的规范化和便利化发展。

二、敦煌网的优点

(一)用户基础与全球覆盖

敦煌网积累了庞大的用户群体,用户遍布全球222个国家和地区。其主要用户包括中国34个省(市、自治区)的190多万家注册供应商,以及全球范围内的1 900万注册买家。敦煌网的用户基础广泛,涵盖了各类中小企业和个体工商户,为平台的交易提供了丰富的资源。

(二)服务创新与用户体验

敦煌网始终坚持用户需求导向,不断创新服务模式,优化用户体验。其主要创新服务包括网货中心,为卖家提供产品展示和推广服务,帮助其快速对接国际市场;DHpay全球支付系统,提供低手续费、多币种支付和快速结算服务,提升支付安全性;跨境电商移动平台,推出买家App和卖家App,方便用户随时随地进行交易和管理;多语言支持,提供多种语言的界面和客户服务,帮助卖家克服语言障碍。

(三) 运营便捷性

敦煌网为商家提供了国际化的联营服务,通过全面的系统优化和技术支持,帮助商家快速搭建电子商务模式。其运营便捷性主要体现在三个方面:首先,平台实行零入驻门槛,卖家无须支付高额会员费,即可免费入驻;其次,敦煌网提供一站式服务,涵盖从产品发布、推广、支付到物流的全流程,极大地简化了商家的操作流程;最后,平台通过大数据分析,帮助商家深入了解市场需求,从而优化运营策略。

(四) 供应链整合优势

敦煌网在供应链整合方面展现显著优势,主要体现在三个方面:首先,其强大的清关能力确保卖家能够快速完成跨境交易;其次,敦煌网在全球布局了17个海外仓库和超过200条物流线路,为卖家提供高效且可靠的物流解决方案;最后,通过整合交易服务产业链的资源,敦煌网为上下游用户提供了集成化的一体化服务,不仅提升了交易效率,还有效降低了运营成本。

三、敦煌网的影响力

(一) 国内外战略合作

敦煌网通过与国内外知名企业建立战略合作关系,不断提升自身的影响力和竞争力。早在2007年,敦煌网就与Google达成战略合作,显著提升了平台的国际曝光率。2008年,敦煌网又与eBay建立战略合作伙伴关系,进一步拓展了国际市场。在物流领域,敦煌网与全球四大快递公司——UPS、DHL、FedEx和TNT签约合作,优化了物流服务,提高了配送效率。此外,敦煌网还与中国建设银行等金融机构展开合作,为中小企业提供金融服务,助力其跨境电商业务的顺利开展。

(二) 市场份额与行业地位

2020年9月11日,敦煌网研究院副院长李丽在首届中国—东盟线上商贸洽谈会的演讲中提到了敦煌网在全球跨境电商市场中占据重要地位。根据2018年的数据,敦煌网占全球一站式在线批发采购市场的比重为10.1%,排名第二。在美国在线一站式批发采购市场中,敦煌网的份额达到33.9%,成为美国最大的B类跨境电商交易平台。截至2021年,敦煌网拥有超过170万家注册供应商,在线产品数量达770万,覆盖全球222个国家和地区的1 500万注册买家。

(三) 对跨境电商行业的贡献

敦煌网作为跨境电商行业的先行者和领导者,为行业发展做出了多方面的贡献。

它创立了"为成功付费"的盈利模式,降低了中小企业进入跨境电商的门槛,推动了行业的规范化发展。同时,敦煌网通过整合供应链,帮助传统工厂和贸易企业实现线上化转型,提升了交易效率。此外,敦煌网通过孵化跨境网商,帮助大量中小企业实现创业梦想,促进了就业和经济发展。在推广和营销方面,敦煌网提供了丰富的工具,其中 P4P(Pay for Performance,按效果付费)推广是其重要组成部分。P4P 推广允许卖家通过竞价提高商品的搜索排名,从而增加商品的曝光率和流量。这种模式不仅为卖家提供了灵活的营销策略,还能根据实际效果付费,降低了营销成本,提高了营销效率。在支付、物流和客户服务等方面,敦煌网积累了丰富的经验,为行业标准的制定提供了重要参考。

第二节 敦煌网商业模式的重要组成部分

敦煌网商业模式的重要组成部分,涵盖了平台定位、盈利模式、支付体系和物流体系等多个方面。

一、平台定位

(一)中小企业跨境出口电商

敦煌网自创立之初就将自身定位为中小企业跨境出口电商平台。其核心目标是帮助中国中小企业突破传统国际贸易的限制,通过互联网技术将产品直接销售给全球买家。这一定位使得敦煌网能够专注于服务那些资源有限但具有强大生产能力和创新精神的中小企业,帮助它们以更低的成本进入国际市场。

(二)数字化产业中台的转型升级

随着跨境电商市场的不断发展,敦煌网在 2020 年进一步明确了其战略定位,即成为"全球跨境电商小微企业的数字化产业中台"。这一转型升级意味着敦煌网不仅仅是一个交易撮合平台,更是通过整合跨境电商领域的各个环节和服务,为小微企业提供全方位的赋能支持。例如,敦煌网通过大数据分析、供应链整合、金融服务等手段,帮助中小企业提升运营效率、降低交易成本,并在全球市场中更具竞争力。

二、盈利模式

(一)"为成功付费"模式

敦煌网的盈利模式是其区别于其他跨境电商平台的重要特征。平台采用"为成功付费"模式,即卖家在入驻平台时无须支付任何会员费或广告费,只有在交易成功后,平台才会从交易金额中收取一定比例的佣金。这种模式极大地降低了中小企业的进入门槛,减少了它们的前期投入成本,同时也将平台与卖家的利益紧密绑定,激励双方共同推动交易的成功。

(二)交易佣金与零入驻门槛

在具体的盈利方式上,敦煌网主要依赖于交易佣金。平台根据不同的商品类目和交易金额,收取一定比例的佣金作为收入来源。例如,对于3C产品,佣金比例可能较低,而对于高附加值的商品,佣金比例可能会稍高。这种灵活的佣金政策既保证了平台的盈利能力,又能够适应不同卖家的需求。此外,敦煌网的零入驻门槛政策使得大量中小企业能够轻松入驻平台,进一步丰富了平台的商品种类和市场竞争力。

三、支付体系

(一)DHpay支付体系的特点

敦煌网的支付体系是其商业模式的重要组成部分,核心是其自主开发的DHpay支付系统。DHpay具有以下显著特点:

(1)低手续费:相比其他国际支付平台,DHpay的手续费更低,能够有效降低卖家的交易成本。

(2)多币种支持:支持多种国际主流货币的支付和结算,方便全球买家进行交易。

(3)快速结算:提供快速的资金清算和入账服务,缩短了卖家的资金周转时间。

(4)高安全性:通过先进的风险识别和防控技术,确保交易过程安全可靠。

(二)支付流程与风险控制

DHpay的支付流程设计简洁高效,买家在完成订单后,资金首先存入平台的托管账户,待买家确认收货且无异议后,平台才会将款项转给卖家。这种支付流程不仅保障了买家的利益,也减少了卖家的交易风险。同时,敦煌网通过大数据分析和风险预警系统,对每一笔交易进行实时监控,及时发现并处理潜在的欺诈行为,确保交易的安全性。

(三)供应链金融服务

除了支付服务,敦煌网还为卖家提供供应链金融服务。通过与金融机构合作,敦煌网利用卖家在平台上的交易数据和信用记录,为其提供无抵押贷款、应收账款融资等金融服务。这种服务帮助卖家解决了资金周转问题,尤其是对于那些资金链紧张的中小企业,极大地提升了它们的运营能力和市场竞争力。

四、物流体系

（一）物流线路与海外仓布局

敦煌网的物流体系是其服务优势的重要体现。平台在全球范围内布局了超过200条物流线路，覆盖了主要的国际市场。此外，敦煌网还在全球建立了17个海外仓库，这些海外仓分布在北美、欧洲、亚洲等主要消费区域，能够有效缩短物流时间，提高配送效率。通过海外仓，卖家可以提前将货物存储在靠近目标市场的地方，实现快速发货，提升买家的购物体验。

（二）在线发货服务与物流优化

敦煌网为卖家提供了在线发货服务，卖家可以通过平台直接选择合适的物流方案，完成订单的发货操作。平台整合了全球多家知名物流公司，为卖家提供多样化的物流选择，包括经济型、标准型和快速型物流服务。此外，敦煌网通过大数据分析，为卖家提供物流成本优化建议，帮助卖家选择性价比最高的物流方案，降低运输成本。

（三）自定义运费与成本控制

为了满足卖家的个性化需求，敦煌网还提供了自定义运费功能。卖家可以根据不同国家和地区的市场情况，设置不同的运费标准。例如，对某些高需求地区提供免运费服务，或者对偏远地区设置较高的运费。这种灵活的运费设置方式不仅帮助卖家更好地控制物流成本，还能提升其在国际市场上的竞争力。

第三节　敦煌网的商品类目与目标市场

一、商品类目

（一）主力品类与优势产品

敦煌网的商品类目丰富多样，涵盖了多个领域，其中一些品类因其市场需求大、竞争力强而成为平台的主力品类和优势产品。这些品类主要包括以下七种。

1. 3C电子产品

3C电子产品包括智能手机、平板电脑、电脑配件、智能穿戴设备等。3C产品是敦煌网的早期核心品类之一，凭借其标准化程度高、市场需求大等特点，成为平台的明星品类。敦煌网通过与众多国内供应商合作,提供高性价比的电子产品,深受欧美及新兴市场买家的欢迎。

2. 时尚服装

时尚服装涵盖男装、女装、童装及各类配饰。敦煌网与众多国内服装品牌和制造商合作,提供最新流行款式和高品质的服装产品。其优势在于能够快速响应国际时尚潮流,同时通过平台推广和促销活动,满足不同买家的需求。

3. 家居用品

家具用品包括家具、家纺、厨卫用品、装饰摆件等。敦煌网的家居品类以实用性和时尚性为特点,满足了全球消费者对家居生活品质的追求。其优势在于产品种类丰富,能够提供一站式的家居购物体验。

4. 母婴玩具

随着全球对母婴产品需求的增加,敦煌网在这一领域也取得了显著成绩。平台提供各类婴儿用品、儿童玩具、教育用品等,凭借其质量和安全性,赢得了家长的信任。

5. 健康美容

涵盖护肤品、彩妆、个人护理等产品。敦煌网与国内外知名品牌合作,提供高品质的美容护肤产品,满足不同年龄段和肤质的需求。

6. 假发与发制品

这一品类在欧美及非洲市场具有巨大的需求,敦煌网凭借其丰富的供应商资源和优质的产品,成为全球假发和发制品的重要出口平台。

7. 婚纱用品

婚纱用品是敦煌网近年来重点发展的品类之一,市场需求旺盛,尤其是在欧美市场。敦煌网的婚纱用品类目包括婚纱礼服、新娘配饰、婚礼用品等。其中,婚纱礼服的款式多样,涵盖了 A-line、人鱼款、蓬蓬裙等热门款式,深受海外买家喜爱。新娘配饰如头饰、珠宝套装、婚鞋等,以及婚礼用品如婚礼请柬、装饰用品等,也是敦煌网的重要销售类目。

(二)发展潜力品类

除了上述主力品类,敦煌网还积极拓展一些具有巨大发展潜力的品类,以满足不断变化的市场需求。

1. 高端耐用品

随着全球经济的发展,消费者对高端耐用品的需求逐渐增加。敦煌网通过引入更多高端品牌和产品,如高端电子产品、智能家电等,满足了中高端市场的需求。

2. 环保与可持续产品

随着全球对环保和可持续发展的关注增加,敦煌网积极推广环保产品,如可再生能源设备、环保家居用品等,这些产品在欧美等发达国家市场具有广阔的前景。

3. 个性化定制产品

消费者对个性化产品的需求日益增长,敦煌网通过提供定制化服务,帮助卖家满足买家的个性化需求,如定制服装、定制礼品等。

(三)产品类目丰富度与市场需求

敦煌网的商品类目丰富度是其核心竞争力之一。平台拥有超过2 000种产品类别,能够满足全球买家的多元化需求。敦煌网通过四种方式确保产品类目与市场需求的匹配。

1. 大数据分析

敦煌网利用大数据技术,分析全球买家的搜索和购买行为,及时调整和优化产品类目。例如,通过分析热门搜索关键词和购买趋势,平台能够快速引入新的产品品类。

2. 市场调研与预测

敦煌网定期发布行业分析报告,预测未来市场趋势。例如,根据2018—2019年的行业分析报告,敦煌网预测高端耐用品和家居服饰将成为未来的发展方向,并提前布局相关品类。

3. 供应商合作与孵化

敦煌网通过与国内中小供应商紧密合作,孵化和引入更多具有潜力的产品。例如,通过动力营等项目,敦煌网帮助供应商提升产品开发和运营能力,丰富平台的产品种类。

二、目标市场

(一)市场转型:从卖方市场到买方市场

敦煌网的目标市场经历了从卖方市场到买方市场的转型。在早期,平台主要依赖中国丰富的商品资源来吸引全球买家。然而,随着市场竞争的加剧和消费者需求的日益多样化,敦煌网逐渐转向以买家需求为导向的买方市场。这种转型主要体现在三个方面:首先,买方需求多样化,面对现代消费者对商品需求的多样化和个性化,敦煌网通过优化搜索算法和提供个性化推荐等方式,精准满足不同买家的需求;其次,平台通过提升用户体验,如优化界面设计、提供多语言支持、简化购物流程等,增强买家的满意度和忠诚度;最后,敦煌网利用大数据分析对买家进行细分,并针对不同市场和买家群体提供精准的营销策略。

(二)主要目标市场:欧美与小语种国家

敦煌网的主要目标市场集中在欧美发达国家以及小语种国家,这些市场各有特点和需求。在美国市场,根据 Alexa 数据,美国是敦煌网最大的市场,占平台总访问量的 28.4%。美国买家对 3C 电子产品、时尚服装和家居用品的需求较大,且对产品质量和品牌有较高要求。在欧洲市场,对高端耐用品、环保产品和个性化定制产品的需求增长迅速,敦煌网通过优化物流和支付服务,提升了在欧洲市场的竞争力。小语种国家如法国、西班牙、意大利、葡萄牙等,虽然目前市场份额较小,但增长潜力巨大。这些国家的消费者对性价比高的产品需求旺盛,且对本地化服务和语言支持有较高要求。敦煌网通过提供多语言界面、本地化支付方式和物流服务,积极拓展小语种市场。例如,在土耳其的市场拓展中,敦煌网通过与当地物流和支付机构合作,取得了显著成效。

(三)市场细分与买家需求差异

敦煌网通过市场细分策略,精准把握不同买家群体的需求差异,从而提供更有针对性的服务。

1. 按地域细分

根据买家所在的国家和地区,敦煌网提供差异化的产品和服务。例如,针对欧美市场提供高品质、品牌化的产品,而针对小语种国家则注重性价比和本地化服务。

2. 按行业细分

敦煌网根据不同行业的需求,提供专业的解决方案。例如,针对 3C 电子产品买家,提供快速物流和售后服务;针对服装买家,提供时尚趋势分析和定制服务。

3. 按买家类型细分

敦煌网将买家分为中小型企业买家和个人买家。中小型企业买家更注重产品的质量和批量采购价格,而个人买家更关注个性化和即时性。敦煌网通过提供灵活的采购方案和定制服务,满足不同买家的需求。

第四节　敦煌网的客户与服务

敦煌网作为全球领先的B2B跨境电商平台,其客户与服务体系是其成功的关键因素之一。本节将详细阐述敦煌网的商家结构以及为客户提供的全方位服务内容。

一、商家结构

(一)卖家类型:中小企业与外贸企业

敦煌网的卖家主要由中小企业和外贸企业构成。这些卖家类型具有以下特点。

1. 中小企业

中小企业通常资源有限,但运营模式灵活,具备快速的市场响应能力。它们能够迅速适应市场变化,开发出符合国际市场需求的新产品。由于资源有限,中小企业高度依赖敦煌网提供的支付、物流和营销等一站式服务,以降低运营成本并提升市场竞争力。

2. 外贸企业

外贸企业通常具备丰富的国际贸易经验和专业的运营团队,能够有效应对国际市场的复杂需求。它们对品牌建设和市场推广尤为重视,借助敦煌网平台积极拓展国际市场,以提升品牌知名度。此外,外贸企业对交易效率和支付安全有较高要求,敦煌网的高效支付体系和信用背书机制正好满足了这些需求。

(二)商家成长路径

敦煌网为卖家设计了清晰的成长路径,助力其从初创到成熟,逐步拓展跨境业务。在新手期,敦煌网提供全面的新手培训和运营指导,帮助新卖家快速熟悉平台规则和操作流程。进入成长期后,卖家可以借助平台提供的数据分析工具和市场趋势报告,优化产品策略,提升店铺流量和订单量。当卖家进入成熟期,敦煌网会提供品牌推广、供应链优化等增值服务,进一步增强其市场竞争力。此外,敦煌网通过全球市场推广和本地化服务,助力卖家拓展国际市场,实现跨境业务的全球化布局。

二、客户服务

(一) 交易流程标准化与信用背书

敦煌网通过标准化的交易流程,为买卖双方提供高效且安全的交易体验。在订单处理方面,卖家在收到订单后,需在规定时间内发货,并提供准确的物流信息,确保买家能够及时跟踪包裹状态。在支付与结算环节,敦煌网采用"为成功付费"模式,只有当买家确认收货后,平台才会将款项转给卖家,这一机制有效保障了交易的安全性。此外,敦煌网还提供完善的售后服务体系,包括退换货政策和纠纷调解服务,全方位保障买卖双方的权益。

敦煌网通过信用背书机制为买卖双方提供交易安全保障。平台根据卖家的交易记录、买家评价等数据,为卖家提供信用评级,帮助买家快速识别优质卖家。同时,敦煌网设立了买家保护机制,通过资金托管和质量检验等方式,保障买家权益,减少交易风险。此外,敦煌网还配备了专业的客服团队,及时处理买卖双方的纠纷,确保交易顺利进行。

(二) 多语言服务与翻译支持

敦煌网提供包括英语、法语、西班牙语、葡萄牙语、意大利语等多种语言的平台界面,覆盖全球主要市场。通过这种本地化语言服务,敦煌网能够更好地满足不同国家和地区买家的需求,从而显著提升用户体验。

敦煌网为卖家提供全面的翻译支持,以克服语言障碍并拓展国际市场。平台提供翻译工具,帮助卖家将产品描述、店铺页面等重要内容翻译成多种语言,确保信息准确传达。此外,敦煌网还支持实时翻译功能,使卖家能够与国际买家进行无障碍沟通,从而有效提升交易效率。

(三) 培训与增值服务

敦煌网为卖家提供全方位的培训服务,以满足不同阶段卖家的需求。对于新手卖家,平台提供全面的培训课程,涵盖平台操作、产品上架和营销推广等内容,帮助他们快速熟悉业务流程。对于有经验的卖家,敦煌网还提供进阶培训课程,助力卖家掌握数据分析、市场趋势和品牌建设等高级技能。此外,敦煌网提供丰富的在线教程和视频资源,卖家可以随时随地学习,持续提升运营能力。

敦煌网为卖家提供了丰富的增值服务,以助力其业务增长和运营优化。平台推出多种店铺推广服务,如流量快车和视角精灵等工具,帮助卖家显著提升店铺的曝光率和订单量。同时,敦煌网的智能产品管理系统能够协助卖家优化产品信息,从而提升用户体验。此外,平台还提供账号托管服务,帮助卖家更高效地管理店铺运营,进一步提高运营效率。

第五节 敦煌网的海外引流策略

敦煌网作为全球领先的B2B跨境电商平台,其海外引流策略是其业务成功的关键因素之一。然而,随着市场竞争的加剧和消费者需求的多样化,敦煌网在海外引流方面也面临一些挑战。本节将详细阐述敦煌网在海外引流中存在的问题以及相应的优化策略。

一、海外引流存在的问题

(一)站内搜索优化不足

敦煌网的站内搜索引擎在精准匹配买家需求方面存在不足。例如,当买家输入关键词时,搜索结果中常常出现与需求不相关的产品,导致买家难以快速找到所需商品。这种搜索优化的不足不仅降低了用户体验,还影响了卖家的曝光率和订单转化率。

(二)海外买家需求数据分析偏差

敦煌网在分析海外买家需求时存在一定的偏差。尽管平台收集了大量数据,但由于数据处理和分析方法的局限性,平台对买家的真实需求和偏好把握不够精准。这导致平台无法提供个性化的推荐和服务,难以满足不同市场和买家群体的多样化需求。

(三)广告竞价与流量碎片化

随着跨境电商市场竞争加剧,流量成本不断上升,流量碎片化现象日益严重。部分卖家通过恶意竞价关键词,抬高广告成本,导致其他卖家难以承受。这种现象不仅增加了卖家的营销成本,还使得平台的流量分配不够合理,影响了整体的市场效率。

(四)缺乏针对性引流与本土化不足

敦煌网在海外市场的本土化程度仍有待提高。尽管平台支持多种语言,但在内容本地化和用户体验方面仍存在不足。例如,平台在小语种国家的市场推广中,未能充分考虑当地消费者的语言习惯和文化背景,导致用户流失率较高。此外,平台缺乏针对不同市场和买家群体的精准引流策略,难以有效提升市场渗透率。

二、海外引流优化策略

(一)网站海外站点规划与设计优化

敦煌网致力于通过优化网站的海外站点规划和设计,显著提升用户体验和市场适应性。在站点定位与设计方面,敦煌网根据不同国家和地区的市场特点,实施精准的站点设计策略。例如,针对欧美市场,站点设计注重简洁性和功能性,以满足用户对高效购物体验的需求;而在小语种国家,站点设计则更注重本地化元素的融入,以增强用户的文化认同感。此外,敦煌网还优化了网站的用户界面,调整页面布局、优化导航栏设计,并增加本地化图标,使其更符合当地用户的使用习惯。同时,平台提供本地化的语言支持和内容服务,根据不同国家的法律法规和文化背景,调整产品描述和服务条款,确保信息的准确传达。

(二)突出品类业态集群效应

敦煌网通过优化品类布局,突出品类业态集群效应,从而提升平台的市场竞争力。在品类优化方面,敦煌网依据市场需求和数据分析,对平台的品类结构进行优化,重点发展高需求、高潜力的品类,如3C电子产品、时尚服装和家居用品等。同时,平台通过整合上下游资源,形成产业集群效应,针对某一特定品类集中展示相关产品和服务,提升买家的购物体验。此外,敦煌网还根据市场细分和买家需求,提供精准的营销策略。例如,针对欧美市场的高端买家,推出定制化产品和服务,针对小语种国家的性价比买家,推出促销活动和优惠套餐,以满足不同市场和买家群体的多样化需求。

(三)丰富平台内容与推广活动

敦煌网通过丰富平台内容和推广活动,显著提升平台的吸引力和用户黏性。在内容建设方面,敦煌网增加平台内容的多样性和丰富度,涵盖产品评测、使用指南、行业动态等。例如,推出针对不同品类的专题文章和视频,帮助买家更好地了解产品。同时,平台定期举办促销活动,如限时折扣、满减优惠、赠品活动等,吸引买家购买。结合节日和特殊时期,敦煌网还会推出主题促销活动,提升用户参与度。此外,敦煌网优化了站内推广工具,如流量快车、视角精灵等,帮助卖家提升产品曝光率和订单量。通过数据分析,平台为卖家提供精准的推广建议,助力卖家更好地拓展市场。

(四)利用海外社交平台引流

敦煌网通过与海外社交平台的合作,实现精准引流和用户增长,同时充分发挥自身特色。敦煌网推出社交电商功能,允许卖家在社交媒体上直接展示和销售产品。敦煌网还特别推出了"帮助推"功能,结合平台的BM团队和线上资源,开启自主引流模式,帮助卖家获得更多的站外流量。根据站内数据统计,参与"帮助推"的商户平均每日可获得站外展示次数500万+,流量点击10万+,订单成交率比同期商户高出10%。同时,敦煌网鼓励买家在社交媒体上分享购物体验和产品使用心得,通过用户生成内容(UGC)提升平台的口碑和用户黏性。例如,举办用户晒单活动,为分享用户赠送优惠券或积分,进一步扩大平台的影响力和用户基础。

第六节　敦煌网平台的实操指南

敦煌网作为全球领先的 B2B 跨境电商平台，为卖家提供了全面的实操指南，在从入驻到运营的各个环节上帮助卖家。本节将详细阐述敦煌网的入驻条件与流程、产品上传与管理，实操技能。

一、入驻条件与流程

(一) 入驻主体要求

敦煌网的入驻主体主要包括个体工商户、内地企业和香港企业。个人卖家需提供手持身份证正反面照片，企业卖家则需提供真实有效的营业执照。此外，若卖家拥有商标或授权产品，还需提供商标注册证及授权书。这些要求确保了平台卖家的合法性和可信度。

(二) 注册流程与身份认证

入驻敦煌网的注册流程清晰且便捷。首先，卖家需登录敦煌网卖家首页（http://seller.dhgate.com/），点击"我要开店"或"轻松开店"，进入注册页面。接着，输入手机号完成手机验证，阅读并同意相关协议后，点击"注册账号"。在填写注册信息时，需注意选择正确的用户类型，填写用户名、登录密码，并选择主营行业。此外，还需填写常用邮箱并完成邮箱验证。完成以上步骤后，点击"下一步"即可完成注册。

身份认证是入驻流程中的重要环节。自 2019 年 2 月 20 日起，新注册账户通过手机和邮箱验证激活后，页面会提示缴纳平台使用费。缴费成功后，卖家可进入身份认证页面，上传相关资料证明，如个人或企业的身份证明、营业执照等。不同商户类型的资质要求可在敦煌网官网查看。

(三) 平台使用费缴纳

敦煌网为新卖家提供了灵活的平台使用费缴纳方式，包括季缴、半年缴和年缴。卖家可根据自身业务需求和财务状况选择合适的缴费方式。平台使用费的缴纳不仅是入驻的必要步骤，也是卖家享受敦煌网服务的基础。

二、产品上传与管理

(一) 产品类目选择与发布

产品类目选择是产品上传的第一步。敦煌网拥有丰富的产品类目，卖家需根据自身产品特点和市场需求,选择正确的类目进行发布。正确的类目选择不仅有助于提高产品的曝光率,还能避免因类目错放而受到平台处罚。卖家在选择类目时,可参考敦煌网提供的类目指南和市场趋势分析。

(二) 产品信息优化

产品信息的优化是提升产品竞争力的关键。卖家需填写通顺、精简的产品标题,长度不超过 20 个词,确保标题能够准确反映产品的核心卖点。此外,还需补充产品简短描述,避免重复标题或堆砌关键词。卖家可以在描述中加入产品认证书、工艺对比图、尺码表、物流优势、正面评论等图片信息,以增强产品的吸引力。

(三) 图片上传与包装信息填写

高质量的图片是吸引买家的重要因素。卖家应尽量上传满 8 张产品图片,并选择最能展示产品状态的图片作为首图。图片应清晰、真实,避免模糊或过度修饰。同时,卖家需准确填写产品包装信息,包括包装尺寸、重量等,以便买家了解产品的包装情况,也为物流运输提供准确信息。

(四) 产品有效期设置

产品有效期是指产品在平台上展示的时间长度。卖家需根据自身库存情况和市场需求,合理设置产品有效期。产品到达有效期后将自动下架,因此卖家需定期检查并更新产品信息,确保店铺的活跃度和产品的有效性。

课后习题

一、单选题

1. 敦煌网成立于( )。
   A. 2002 年　　　　　　　　　　　B. 2004 年
   C. 2006 年　　　　　　　　　　　D. 2008 年

2. 敦煌网的创始人是( )。
   A. 马云　　　　　　　　　　　　B. 王树彤
   C. 刘强东　　　　　　　　　　　D. 张一鸣

3. 敦煌网的"为成功付费"模式主要指的是( )。
   A. 卖家需支付高额会员费　　　　B. 平台从交易金额中收取佣金
   C. 卖家需支付广告费　　　　　　D. 平台收取固定服务费

4. 敦煌网的支付体系中,DHpay 支付系统的特点不包括( )。
   A. 多币种支持　　　　　　　　　B. 高手续费

C. 快速结算　　　　　　　　　　　　D. 高安全性

5. 敦煌网的物流体系中,海外仓布局的主要目的是(　　)。

A. 增加物流成本　　　　　　　　　B. 提升物流效率

C. 减少物流线路　　　　　　　　　D. 增加库存量

6. 敦煌网的主要目标市场不包括(　　)。

A. 美国　　　　　　　　　　　　　B. 欧洲

C. 非洲　　　　　　　　　　　　　D. 亚洲

7. 敦煌网的客户与服务中,为卖家提供的服务不包括(　　)。

A. 交易流程标准化　　　　　　　　B. 多语言服务

C. 供应链金融服务　　　　　　　　D. 线下实体店铺支持

8. 敦煌网在"一带一路"倡议下的战略布局中,(　　)不是其主要措施。

A. 市场拓展　　　　　　　　　　　B. 物流优化

C. 文化交流　　　　　　　　　　　D. 关闭海外仓

9. 敦煌网的商业模式中,平台定位为(　　)。

A. 中小企业跨境出口电商　　　　　B. 大型企业跨境出口电商

C. 国内贸易平台　　　　　　　　　D. 金融交易平台

10. 敦煌网的海外引流策略中,(　　)不是其优化策略。

A. 网站海外站点规划与设计优化　　B. 突出品类业态集群效应

C. 增加广告竞价费用　　　　　　　D. 利用海外社交平台引流

二、多选题

1. 敦煌网的主要商品类目包括(　　)。

A. 3C电子产品　　　　　　　　　　B. 时尚服装

C. 家居用品　　　　　　　　　　　D. 母婴玩具

E. 健康美容

2. 敦煌网为卖家提供的增值服务包括(　　)。

A. 店铺推广服务　　　　　　　　　B. 智能产品管理系统

C. 账号托管服务　　　　　　　　　D. 线下实体店铺管理

E. 供应链金融服务

3. 敦煌网的海外引流优化策略中,(　　)有助于提升用户体验。

A. 网站海外站点规划与设计优化　　B. 突出品类业态集群效应

C. 丰富平台内容与推广活动　　　　D. 利用海外社交平台引流

E. 增加广告竞价费用

4. 敦煌网的客户与服务中,为买家提供的服务有(　　)。

A. 交易流程标准化　　　　　　　　B. 多语言服务

C. 信用背书　　　　　　　　　　　D. 纠纷处理

E. 供应链金融服务

5. 敦煌网的商业模式中,(　　)是其盈利模式的特点。

A. "为成功付费"模式　　　　　　B. 交易佣金
C. 零入驻门槛　　　　　　　　　D. 高额会员费
E. 广告竞价费用

三、简答题

1. 简述敦煌网的创立背景及其与"一带一路"倡议的关系。
2. 敦煌网的"为成功付费"模式对中小企业有哪些吸引力?
3. 敦煌网如何通过优化支付、物流和客户服务提升用户体验?
4. 敦煌网的海外引流策略中,利用海外社交平台引流的特色功能是什么?
5. 敦煌网的主要目标市场有哪些?这些市场分别有哪些特点?

第八章 Wish 平台

教学目标

【知识目标】

1. 了解 Wish 平台的发展历程：

认识 Wish 平台的创立背景、初期发展、快速成长和面临挑战的各个阶段特点。

了解 Wish 平台发展的历史背景和技术推动力，如移动互联网的普及、大数据技术的应用。

2. 掌握 Wish 平台的运营模式：

识别并理解 Wish 平台的盈利模式、技术模式和运作方式。

了解 Wish 平台的营销与推广策略，如精准广告投放、社交媒体营销等。

3. 了解 Wish 平台的未来趋势：

掌握 Wish 平台的发展趋势，如技术升级、市场拓展等。

了解 Wish 平台的潜在发展方向，如与其他平台的合作、新业务的探索等。

【技能目标】

1. 掌握 Wish 平台的入驻流程：

能够熟练准备入驻所需资料，包括企业营业执照、法人身份证等。

熟悉注册账号、填写店铺信息、实名认证和设置支付方式等具体步骤。

2. 具备产品上架与管理的能力：

能够优化产品信息，包括标题、图片、标签和产品介绍。

掌握站内外引流方法，如利用 ProductBoost 广告、社交媒体营销等。

3. 熟练处理订单与客户服务：

能够及时接收和确认订单，准确核对订单信息。

掌握订单打包、发货和跟踪的流程，提供优质的客户服务。

4. 运用数据分析进行运营决策：

能够使用数据分析工具，如 Jungle Scout、Helium 10 等，进行市场研究和选品分析。

根据数据分析结果，制定合理的运营策略，如产品定价、促销活动等。

【思政目标】

1. 培养诚信经营意识：

理解诚信在跨境电商经营中的重要性，避免侵权假冒、虚假订单等不诚信行为。

认识到诚信经营是企业长期发展的基石，也是平台可持续发展的关键。

2. 激发创新思维：

了解 Wish 平台在智能推荐、移动端购物等方面的创新，激发学生的创新思维。

鼓励学生在运营中尝试新的模式和策略，推动跨境电商的创新发展。

3. 增强社会责任感：

认识到跨境电商平台对社会就业、产业发展等方面的贡献，增强社会责任感。

理解企业在追求经济效益的同时，也应关注社会效益，为社会的可持续发展做出贡献。

4. 树立规则意识与合规经营：

理解并遵守 Wish 平台的规则和政策，培养规则意识。

确保经营活动的合法合规，维护良好的市场秩序。

5. 培养团队合作精神：

了解跨境电商平台运营需要多个部门和团队的协作，如产品开发、运营、客服、美工等。

培养团队合作精神和沟通协调能力，为未来的职业发展打下良好的基础。

引 例

Wish 平台的兴衰历程

在 2011 年，一个名为 Wish 的移动购物平台在美国旧金山硅谷悄然上线。它的创始人 Peter Szulczewski 和 Danny Zhang，凭借对移动互联网趋势的敏锐洞察和强大的技术背景，打造了一个专注于移动端的跨境电商平台。Wish 通过智能推荐算法，为用户提供个性化的产品推荐，迅速吸引了大量用户，尤其是中低端市场的消费者。短短几年内，Wish 成为全球下载量最大的购物 App 之一，与亚马逊、eBay、速卖通并列为全球四大跨境电商平台。

然而，好景不长。从 2020 年开始，Wish 的用户活跃度和市场份额开始下滑。2024 年，Wish 的母公司 ContextLogic 宣布将 Wish 以 1.73 亿美元的价格出售给新加坡电商平台 Qoo10。这一消息引起了业界的广泛关注。Wish 的兴衰历程，不仅反映了跨境电商市场的激烈竞争，也揭示了平台运营中的诸多问题和挑战。

【请思考】

1. Wish 平台的成功因素有哪些？

思考 Wish 平台在初期如何迅速崛起，成为全球下载量最大的购物 App 之一。

讨论其智能推荐算法、低价商品策略和低门槛入驻条件在吸引用户和卖家方面的作用。

2. Wish 平台衰落的原因是什么？

分析 Wish 平台在 2020 年后用户活跃度和市场份额下滑的原因。

探讨产品质量、竞争环境、政策法规变化等因素对 Wish 平台的影响。

3. Wish 平台的教训对其他跨境电商平台有哪些启示？

讨论 Wish 平台的兴衰历程对其他跨境电商平台的运营策略有何启示。

思考如何在竞争激烈的市场中保持平台的竞争力和可持续发展。

4. 如果你是 Wish 平台的运营者，你会如何应对当前的挑战？

提出具体的策略和措施，如提升产品质量、优化用户体验、加强品牌建设等。

讨论如何利用新技术和新趋势，如人工智能、大数据、社交媒体等，提升平台的竞争力。

第一节　Wish 平台概述

在深入探讨 Wish 平台的各个方面之前，我们先回顾一下这个曾经风光无限的跨境电商巨头的兴衰历程。从 2011 年正式上线，到 2024 年出售，Wish 平台经历了快速崛起和逐渐衰落，其背后的故事能够带给我们启示和教训。本节将详细概述 Wish 平台的创立背景、发展历程、平台特点以及市场影响力，以便于我们更好地理解这个曾经的电商奇迹。

一、Wish 平台的创立背景与发展历程

在当今数字化时代，随着智能手机的普及和移动互联网的飞速发展，电子商务领域迎来了前所未有的变革。Wish 平台正是在这样的时代浪潮中应运而生，它以其独特的商业模式和创新的技术应用，在跨境电商市场中迅速崭露头角。

（一）2011 年平台正式上线

随着智能手机的普及，移动互联网逐渐成为人们获取信息和进行购物的主要方式。Peter Szulczewski 和 Danny Zhang 看到了这一趋势，决定创立一个专注于移动端的购物平台。他们的最初愿景是创建一个连接消费者和卖家的平台，提供多样化的商品选择。Wish 平台在 2011 年正式上线，最初以社交型平台的形式存在，通过系统抓取和用户上传内容，利用算法系统向用户推荐商品图片。

（二）2013 年转型为跨境电商平台

Wish 发现用户在看到自己喜欢的商品图片后，非常希望拥有这些商品。因此，在

2013年，Wish推出移动端应用，并正式开放第三方卖家入驻，允许商家直接在平台上传商品、设定价格，用户可完成下单、支付等全流程交易，形成闭环电商生态。Wish瞄准欧美下沉市场，凭借低价商品和游戏化体验迅速崛起，赢得了美国市场低收入群体的认可和欢迎，一度成为全球下载量最大的购物App，被称为"美版拼多多"。

（三）2014年在上海设立办事处

为了进一步拓展中国供应商资源，Wish 2014年在上海成立了办事处，并大举进行招商活动。这一举措帮助Wish吸引了大量中国卖家，丰富了平台的商品种类。Wish的跨境电商业务在这一时期进入高速发展期，凭借高性价比的产品和"千人千面"的核心算法，吸引了大量价格敏感型消费者。

（四）2015年多轮融资和业务扩展

Wish在2015年连续获得了数轮融资，这些资金支持使得平台得以扩展和改进。为了防御潜在的竞争对手，Wish进行了"自我革命"，进一步提升了用户体验。Wish先后上线了科技电子产品类Geek、母婴类Mama，后又推出专门针对"女性经济"的化妆美容类商品的垂直应用Cute和家具配件应用Home。

（五）2020年月活跃用户过亿

2020年，线上购物需求大增，全球电商公司迎来高光时刻。根据Wish的招股书，其2020年第三季度月活跃用户为1.08亿，来自100多个国家和地区的用户为公司带来25.41亿美元的年营收。

（六）2024年出售给新加坡电商平台Qoo10

面对来自TEMU、TikTok及SHEIN等新兴平台的激烈竞争，Wish的市场份额逐渐下滑。2024年2月，Wish的母公司ContextLogic宣布将Wish以1.73亿美元的价格出售给新加坡电商平台Qoo10，交易在2024年第二季度完成。这一举措旨在帮助Qoo10扩展在北美及欧洲的市场。

【拓展阅读】

Wish平台的创始人故事

Peter Szulczewski和Danny Zhang两人曾经是室友，一起求学于加拿大Waterloo大学的电子计算机系。两人彼此特别了解，这种基于信任的合伙关系增加了创业成功的机会。毕业后，Peter曾在谷歌、微软等名企工作，参与开发了Google Adwords/AdSense等经典产品；Danny是一位来自中国的技术狂人，在计算机科学领域拥有9项专利,对算法技术颇有研究,他先后在雅虎担任技术组长(Tech Lead),在AT&T Inter active担任工程主管(Director of Engineering)。Peter和Danny都是技术牛人,这使得Wish具有天然的技术基因,而Wish的爆发性成长,正是基于该平台的智能算法技术。两个人一开始打造的Wish仅通过系统抓取用户上传的内容,利用算法系统向用户推荐商品图片。两人后来发现,用户在看到自己喜欢的商品图片后,非常希望拥有这个商品。于是在2013年3月份,Wish加入了商品交易功能。这一改变,让Wish踏入了电子商务领域。

二、Wish平台的特点

在深入了解Wish平台的运营细节之前,我们先来剖析其成功的关键因素——平台的独有特点。这些特点不仅让Wish在竞争激烈的电商市场中脱颖而出,也为其他跨境电商平台提供了宝贵的经验和启示。

(一)专注于移动端购物

Wish平台的页面呈瀑布流形式,简单便捷,流量几乎全部来自移动端。根据Wish官方披露及第三方平台(如SimilarWeb)2023年数据,Wish移动端流量占比约95%,PC端为5%左右。这种设计符合用户随时随地利用碎片化时间购物的习惯。Wish为每个用户量身定制个性化的浏览页面,布局简洁明了、内容一目了然。商品包装华丽,文案精致,图片色彩明艳,能够增强对用户的视觉冲击和娱乐感,更易引起冲动消费。

(二)拥有强大的智能推荐算法

Wish依托"优化算法+大数据"弱化了传统电商搜索的功能,通过收集用户浏览轨迹和分析兴趣爱好,实现精准推送。这种"千人千面"的推荐方式不仅节约了用户的购物时间,还提高了产品的曝光率和销量转化率,极大地增加了用户黏性。Wish的创始人Peter Szulczewski和Danny Zhang都是技术出身,平台具有天然的技术基因。这种技术优势使得Wish在智能推荐方面表现出色,能够与用户保持无形的互动。

(三)商品价格低廉

Wish主要以低廉的价格吸引中低端顾客,售卖大量廉价商品。平台上的商品折扣低,甚至有些商品只需支付运费即可。这种低价策略使Wish在竞争激烈的电商市场中迅速脱颖而出,吸引了大量价格敏感型消费者。2018年前,万国邮政公约允许发展中国家(如中国)向美国发送小包的终端费(每件约1~2美元),显著低于美国国内运费(3~5美元),此为Wish早期低价物流的核心支撑。值得注意的是,2019年美国宣布退出万国邮政公约,2020年实施自主终端费协定,中国发往美国的小包终端费上涨至2~4美元,部分抵消了原有成本优势。此外,Wish平台上的商品大多体积小,重量轻,包装精美,利润较高,进一步降低了成本。

三、Wish 平台的市场影响力

当我们探讨 Wish 平台的市场影响力时，我们实际上在审视一个曾经的电商巨头如何在短时间内取得巨大成功，并对全球电商格局产生深远影响。这一部分将详细分析 Wish 平台在用户规模、交易规模和商业模式创新方面的卓越成就，以及这些成就如何塑造了其在市场中的地位和影响力。

（一）用户规模庞大

Wish 平台的全球注册用户超过 5 亿，月活跃用户数曾超过 1 亿。用户来自美国、加拿大、欧洲、南美洲、澳大利亚等 100 多个国家和地区。2017 年，Wish 成为美国下载量最大的电商应用；2018 年，Wish 超过亚马逊，成为全球下载量最大的电商应用。据 Apptopia 数据统计，2019 年 Wish App 下载量超过 1.68 亿次，并且 2017—2019 年，在购物类 App 下载量方面均处于领先地位。

（二）交易规模显著

Wish 在进入电商平台赛道不到一年的时间里，交易额已超过 1 亿美元，两年内估值达到 30 亿美元，翻了将近十倍；陆续获得 12 轮、共计 16 亿美元融资。在胡润研究院发布的《2019 胡润全球独角兽榜》中，Wish 平台以 600 亿元人民币的估值成为电子商务行业最值钱的独角兽企业。2020 年 12 月，Wish 在纳斯达克 IPO 上市，按照 24 美元发行价计算，估值约在 140 亿美元（约 1 000 亿元人民币）。

（三）商业模式独特

Wish 平台通过移动端进行交易，其移动端主导模式以及独特的个性化推荐等，使得 Wish 在移动电商领域具有领先地位。Wish 不依赖于第三方购物平台，本身实现了前端交易闭环。Wish 的商业模式不仅吸引了许多投融资机构的关注，还为其他跨境电商平台提供了创新思路，促使整个电商行业不断探索更符合消费者需求的运营模式。

第二节　Wish 平台的运营模式与推广策略

在深入了解 Wish 平台的运营模式与策略之前，我们有必要认识到，一个成功的电商平台不仅仅依赖于其创立的时机和市场定位，更在于其背后精心设计的运营机制和市场策略。Wish 平台之所以能够在众多竞争对手中脱颖而出，很大程度上归功于其独特的运营模式和灵活多变的市场策略。接下来，我们将详细探讨 Wish 平台的运营模式与策略，包括其盈利模式、技术模式、运作方式以及营销与推广策略，以揭示其成功背后的秘密。

一、Wish 平台的运营模式

在探索 Wish 平台的商业成功之道时,我们首先需要深入了解其核心的运营模式。这一模式不仅涵盖了平台的盈利机制,还涉及其技术架构和日常运作流程,这些共同构成了 Wish 在全球电商市场中立足的基础。

(一) 盈利模式

Wish 平台的盈利主要依赖于收取交易手续费。具体来说,平台上的卖家需要支付每笔交易额的 15％作为手续费。这一模式不仅为 Wish 提供了稳定的收入来源,还激励卖家提高交易量以增加自身利润。例如,如果一件商品的售价为 20 美元,运费为 3 美元,那么卖家需要支付的佣金为 3.45 美元[=(20+3)×15％]。这种收费模式使得 Wish 能够实现可观的盈利。

(二) 技术模式

Wish 平台采用了一套先进的智能推送机制,通过大数据分析用户的浏览历史、购买行为和兴趣爱好,为每个用户量身定制个性化的浏览页面。

1. 用户标签系统

平台根据用户注册信息、浏览内容、购买行为等,自动为用户打上标签,并不断记录和更新这些标签。这些标签包括但不限于用户的年龄、性别、兴趣爱好、购买频率等。

2. 智能推荐算法

Wish 利用这些标签和行为数据,通过复杂的算法模型,预测用户可能感兴趣的商品,并将这些商品推送给用户。这种"千人千面"的推荐方式不仅提高了用户的购物体验,还增加了产品的曝光率和销量转化率。

3. 实时数据更新

Wish 的推荐系统能够实时更新用户的行为数据,确保推荐内容的准确性和时效性。例如,如果用户在浏览过程中对某一类商品表现出浓厚兴趣,系统会立即调整推荐内容,优先展示相关商品。

(三) 运作方式

1. 本土化语言服务

Wish 平台支持多种语言,为不同国家和地区的用户提供本土化的语言服务。这不仅提高了用户的购物体验,还扩大了平台的市场覆盖范围。Wish 在多个国家和地区设有本地化团队,负责翻译和优化商品描述、用户界面等内容,确保用户能够顺畅地使用平台。

2. 大数据辅助市场分析

Wish 利用大数据分析工具,实时监控市场趋势和用户需求。通过分析用户的浏览和购买行为,平台能够及时发现热门商品和新兴市场机会。Wish 为卖家提供详细的数据分析报告,帮助卖家了解市场动态,优化产品选择和定价策略。例如,平台会提供热门搜索词、竞品分析等数据,帮助卖家更好地定位市场。

3. 内容营销体系构建

Wish 平台与多个社交媒体平台(如 Facebook、Instagram、Twitter 等)深度整合,鼓励用户通过这些平台分享和推广商品。用户可以将喜欢的商品直接分享到社交媒体,吸引更多的潜在买家。Wish 鼓励用户生成内容,如产品评价、使用心得等。这些内容不仅增加了平台的互动性,还为其他用户提供了参考,提高了用户的信任度和购买意愿。另外,Wish 平台支持卖家创建品牌故事,通过图文并茂的方式展示品牌背景和产品特色。这不仅提升了品牌的知名度,还增强了用户对品牌的认同感。

二、Wish 平台的营销与推广策略

在当今竞争激烈的电商领域,一个平台的成功不仅依赖于其产品和服务的质量,更在于其营销与推广策略的有效性。Wish 平台的营销与推广策略是其吸引和保留用户的关键,通过一系列创新和精准的市场活动,Wish 成功地在众多电商平台中脱颖而出,建立了强大的品牌影响力。

(一) 平台优化策略

Wish 平台通过不断优化 App 的产品展示和用户体验,提供新福利和服务,以提升用户满意度和留存率。

1. 产品展示优化

为了提升用户的视觉体验并减少因信息不准确导致的退货和投诉,Wish 平台要求商品图片和视频必须是高质量的。具体来说,商品图片的分辨率至少应为 600 像素×600 像素,推荐使用 800 像素×800 像素,以确保在移动设备上能够清晰展示。同时,平台鼓励卖家提供详细的商品描述,包括颜色、尺寸、材质、使用方法等关键信息,帮助用户更好地了解商品。此外,Wish 平台还建议卖家从多个角度展示商品,如正面、背面、侧面和细节特写,以便用户能够全面了解商品的外观和功能。

2. 用户福利和服务

为了提升用户满意度和留存率,Wish 平台提供了一系列用户福利和服务。平台

定期发放优惠券和促销码,吸引用户购买。例如,新用户注册时会获得首单折扣,而老用户在特定节日或活动期间也能享受到额外优惠。此外,Wish还推出了积分系统,用户可以通过购物、分享商品、邀请好友等方式积累积分,这些积分可以用来兑换商品或折扣,从而增加用户的参与度和忠诚度。同时,Wish平台还提供及时、专业的客户服务,快速响应用户的咨询和投诉。平台设有专门的客服团队,通过在线聊天、邮件等多种方式为用户提供全方位的支持。

(二)精准广告投放

Wish平台利用先进的广告算法,对目标用户进行定向投放,确保广告效果。

1. 目标用户定位

为了实现精准的广告投放,Wish平台通过大数据分析用户的浏览历史、购买行为和兴趣爱好来构建详细的用户画像,从而将广告精准地推送给可能感兴趣的用户。此外,平台还利用用户的行为数据,如搜索关键词、浏览页面和点击行为等,进一步细化目标用户群体,以提高广告的精准度。

2. 实时监测与调整

为了确保广告效果的最大化,Wish平台实施了实时监测与动态调整策略。具体来说,平台会实时监测广告的关键指标,如点击率、转化率和成本,利用数据分析工具及时评估广告的表现。根据这些监测结果,平台会灵活调整广告投放策略,包括优化投放时间、调整预算以及重新定位目标受众,以实现更好的广告效果。例如,若发现某广告在特定时间段内的点击率显著提高,平台将相应增加该时段的投放预算,以进一步提升广告效果。

(三)社交媒体营销

Wish平台在多个社交媒体平台上建立了品牌账号,通过发布商品信息和优惠活动,吸引潜在用户。

1. 品牌账号运营

Wish平台积极运营其品牌账号,以增强品牌影响力和用户互动。在Facebook上,官方账号定期推送商品信息、促销活动和用户评价,通过互动和分享来提升品牌知名度和用户参与度。Instagram则被用来展示精美的商品图片和使用场景视频,借助相关话题标签增加内容的曝光率。Twitter用于发布实时商品信息和促销活动,同时与用户互动,快速响应咨询和反馈,塑造积极的品牌形象。此外,YouTube上发布的产品评测和使用教程等视频,不仅吸引用户观看,还通过视频链接引导用户直接购买产品,进一步促进销售转化。

2. 内容营销

在内容营销方面，Wish 平台注重采用故事化的内容策略，通过讲述商品的背景、使用场景以及用户体验，来增强内容的吸引力和感染力。例如，平台会分享用户使用某款产品的成功案例或有趣的经历，以此来吸引潜在买家。同时，Wish 平台还积极举办各种互动活动，如抽奖、问答以及用户生成内容比赛等，这些活动不仅鼓励用户参与和分享，还有效提升了品牌的知名度和用户的忠诚度，进一步巩固了用户与品牌之间的联系。

（四）多渠道推广

Wish 平台通过多种渠道进行推广，包括合作网红推荐、线下广告投放等，提升品牌曝光度。

1. 网红合作

Wish 平台通过与各领域的网红建立合作，利用他们的影响力和推荐，将商品展示给更广泛的潜在用户群体。网红们通过社交媒体、博客、视频等多种渠道推广 Wish 的商品，吸引粉丝进行购买。为了激励网红积极参与推广活动，Wish 提供了多种合作模式，包括佣金分成、固定费用和赠品等。例如，网红每成功推荐一位用户购买，就能获得相应销售额的一定比例作为佣金，这种合作模式不仅增加了网红的收入，也有效提升了 Wish 平台的销售业绩。

2. 线下广告投放

Wish 平台通过多种线下广告投放策略来增强品牌影响力。它在主要电视频道投放广告，如 2017 年花费超过 3 000 万美元赞助洛杉矶湖人队，使品牌 Logo 出现在球队球衣上，显著提升了品牌的曝光度。同时，Wish 平台在地铁站、公交站、机场等公共场所设置户外广告，以简洁明了的方式展示平台特色，吸引路人注意并引导他们下载使用 App。此外，Wish 还举办线下活动，包括产品体验会和用户见面会，与用户进行面对面交流，增强用户的参与感和对品牌的忠诚度，让用户有机会亲身体验商品并了解最新的平台动态及优惠信息。

三、Wish 平台的供应链管理

在电商运营的复杂拼图中，供应链管理占据着核心且至关重要的位置。对于 Wish 平台而言，高效的供应链管理不仅确保了商品能够快速、准确地送达消费者手中，更是其维持竞争力和客户满意度的关键因素。

（一）A＋物流计划

Wish 的 A＋物流计划是一项针对特定国家路向的托管式物流服务，旨在显著提升这些国家的物流表现和用户体验。该计划要求卖家将订单包裹送达 Wish 指定的国内仓库,之后的物流履行工作由 Wish 全权负责。通过这种方式,Wish 能够确保包裹以最高效的方式进行运输和配送,减少物流延误和丢失的风险。对于符合 A＋物流计划条件的订单,Wish 会在商户平台上明确标注,这不仅提高了用户的信任度,还能增加产品的曝光量和销售机会。

(二) Wish Post

Wish Post 是 Wish 与中国邮政联合推出的物流产品,专为 Wish 平台的卖家设计。它为卖家提供了包括集货仓、专线产品和专线仓储在内的一体化物流解决方案。通过 Wish Post,卖家可以享受到更优惠的物流价格和更可靠的物流服务,确保包裹能够快速、安全地送达消费者手中。此外,Wish Post 还提供实时的物流跟踪服务,让卖家和买家都能随时了解包裹的运输状态,从而提升购物体验。

(三) Wish Express

Wish Express 是 Wish 的海外仓项目,它允许卖家将商品预先存储在 Wish 的海外仓库中。当有订单产生时,商品可以直接从海外仓发货,大大缩短了配送时间,提高了配送效率。这种快速的配送服务不仅能够提升用户的满意度和信任度,还能增加产品的曝光量和销售机会。Wish Express 还为卖家提供了诸如优先配送、快速清关等增值服务,进一步优化了物流体验。

(四) 全球供应链体系

Wish 的全球供应链体系是其成功的关键因素之一。该体系通过与全球各地的优质供应商和物流公司建立长期稳定的合作关系,实现了对市场需求的快速响应和优质商品的稳定供应。Wish 与供应商紧密合作,通过大数据分析和消费者行为预测,确保商品能够及时补货,避免缺货情况的发生。同时,Wish 与多家知名物流公司合作,提供多样化的物流方案,确保商品能够快速、安全地送达消费者手中。这种全球化的供应链管理不仅提高了运营效率,还降低了成本,使 Wish 能够在激烈的市场竞争中保持优势。

【知识拓展】

加入 Wish Express 可以获得哪些权益?

- 增加产品曝光量。
- 订单更快获得付款资格。
- 在 Wish 平台上显示特有的橙色卡车徽章,突出快速配送服务。

加入 Wish Express 有什么条件吗？

所有卖家均可自动加入 Wish Express，无须额外注册或申请。是否符合 Wish Express 资格取决于卖家为产品和各目的国/地设置的"最长妥投天数"，妥投时限不包括双休日，同时可以提高 Wish Express 的运费。具体来说，对于仓库中的商品，如果卖家将 Wish 支持配送的任意目的地的"最长妥投天数"设置为 5 个工作日或更少（卖家政策中列出的 12 个国家/地区除外，如 Wish Express 法国路向的"最长妥投天数"必须为 6 个工作日或更少方可视为 Wish Express 产品），则相关产品将被视为 Wish Express 产品，并有资格享受相应的福利。

第三节　Wish 平台的卖家运营实操指南

在深入了解了 Wish 平台的运营模式、营销策略以及供应链管理之后，接下来我们将转向实际操作层面，为那些希望在 Wish 平台上开展业务的卖家提供一份详尽的运营实操指南。本节内容将涵盖从开店流程、产品上架与管理，到订单处理与物流配送，再到数据分析与运营决策的全方位指导，旨在帮助卖家高效地管理店铺，提升销售业绩。

一、Wish 平台的入驻要求与流程

对于有志于在 Wish 平台开展电商业务的卖家来说，了解并遵循正确的入驻要求与流程是成功的第一步。本部分将详细介绍如何顺利入驻 Wish 平台，包括所需准备的资料、注册步骤以及审核过程，确保卖家能够快速且合规地开启他们的电商之旅。

（一）入驻要求

入驻 Wish 平台的卖家必须满足以下要求：首先，卖家需持有企业法人营业执照，且其经营范围需涵盖所售商品类目。2022 年起，Wish 允许个体工商户通过"企业认证"通道入驻，需提供个体工商户营业执照及经营者身份证，但限制类目（如 3C、美妆需额外提供质检报告）。其次，若涉及品牌商品的销售，卖家必须提供品牌授权书或商标注册证书，以确保所售商品不存在侵权行为，并且所有商品都必须符合国家质量标准，严禁销售假冒伪劣产品。最后，卖家应具备良好的财务状况，严格遵守平台规则，杜绝任何欺诈行为。此外，卖家还需具备可靠的物流配送能力，并提供优质的客户服务，积极处理客户的咨询和投诉，以维护良好的商业信誉。

（二）入驻流程

入驻 Wish 平台的流程如下：首先，需准备企业营业执照、税务登记证（如为三证

合一则无须单独准备)、法人身份证等原件的扫描件或清晰照片,以及用于接收款项的收款账号信息。接着,登录 Wish 官方网站(https://china-merchant.wish.com),找到"立即开店"选项,在"开始创建 Wish 店铺"页面输入常用邮箱进行注册。注册后,Wish 会发送验证邮件至所用邮箱,需点击邮件中的"确认邮箱"链接完成验证,若无法点击,可直接通过邮件中的链接跳转到商户后台。然后,填写店铺信息,包括店铺名称(注意不可含"Wish"字样且一旦确定无法更改)、真实姓名、所在国家及详细地址等。之后,进行实名认证,上传清晰的彩色营业执照照片,输入企业相关信息及法人验证照片。接下来,设置支付方式,可选择 Payoneer、PingPong、连连支付等。最后,提交审核,审核通常需 1~3 个工作日。

(三) 开户成本

1. 店铺预缴注册费

自 2018 年 10 月 1 日起,新注册店铺以及非活跃状态的店铺需缴纳 2 000 美元的预缴注册费。满足一定条件下,该费用可以退还,如商户选择关闭账户,或商户的账户在注册过程中被关闭,在扣除商户应支付给 Wish 的费用或其余所有构成商户账户负值的费用后,剩余费用将被退还至商户的账户余额。

2. 平台佣金

Wish 平台的商家店铺佣金政策包含多方面内容,自 2021 年政策调整后,运费不再收取佣金,仅对商品售价收取佣金。Wish 平台的标准佣金率通常为 15%,即卖家每完成一笔订单,平台将扣除销售额的 15% 作为佣金。电子产品类目,佣金率可能低于 15%,如 12%。珠宝首饰等高价值类目,佣金率可能高于 15%,如 20%。另外,Wish 已取消公开的 VIP 计划,改为动态费率调整。优质卖家基于店铺评分、退货率等,可通过"商户绩效奖励"获得佣金减免。

3. 其他可能的费用

如果卖家使用海外仓存储模式,将产品一次性批量运输到海外仓,当买家下单后由海外仓进行代发,会产生仓储费、服务费等费用,但这种模式也可能节省一定的物流费用。此外,Wish 平台对产品品牌商标的管控比较严格,卖家最好有品牌商标或品牌授权证明,这可能会产生商标注册费或者品牌授权费。

二、Wish 平台的产品上架与管理

产品上架与管理是电商运营中的关键环节,它直接关系到店铺的吸引力和销售潜力。在 Wish 平台,掌握正确的产品上架技巧和管理策略,能够帮助卖家有效展示商品,提升用户体验,进而推动销售增长。

(一)产品信息优化

1. 标题简洁明了

在 Wish 平台上,为了提升产品的搜索排名和吸引用户,标题应精心设计,既要包含最相关的关键词以准确反映产品的核心特征和卖点,如"智能手表,防水,心率监测,运动追踪"。Wish 自 2022 年起,允许标题长度扩展至 80 字符(含空格),且移动端展示支持两行显示(约 100 字符),不再强制截断。同时,标题应避免过度堆砌关键词,保持自然流畅,以免影响用户体验并可能被平台视为违规操作。

2. 图片清晰且多角度展示

在 Wish 平台上,为了提升产品的吸引力和用户的购买意愿,图片应具备高分辨率,至少为 600 像素×600 像素,推荐 800 像素×800 像素,以确保在移动设备上清晰展示,避免模糊或低分辨率的图片影响用户体验。同时,应提供多张图片,从正面、背面、侧面和细节特写等不同角度展示产品,帮助用户全面了解产品的外观和功能。例如,对于服装,展示正面、背面、侧面以及细节(如拉链、口袋等)的图片。此外,主图背景应为纯白色(RGB 值 255,255,255),辅图背景也建议使用白色,以保持一致性和专业性。

3. 标签填满

在 Wish 平台上,卖家应充分利用允许的 10 个标签,以提高产品的搜索排名和曝光率。这些标签需与产品高度相关,准确反映产品的核心特征、用途和品牌。例如,对于一款智能手表,合适的标签可能包括"智能手表""防水""心率监测""运动追踪"和"智能设备"。同时,卖家还应参考热门搜索词和流行标签,结合平台的趋势标签,选择那些能够吸引更多用户的标签。比如,若"运动健康"是一个热门标签,将其添加到智能手表的标签列表中,可以增加产品被潜在买家发现的机会。

4. 产品介绍详细准确

产品介绍应详细且精确,涵盖产品的颜色、尺寸、材质、使用方法及保养建议等关键信息,以便用户能充分了解产品,从而减少因信息误差引起的退货与投诉。同时,应在介绍中凸显产品的独特卖点与优势,如更出色的功能或更简便的操作方式,使产品在竞争中崭露头角,激发用户的购买欲望。此外,采用简洁明了、专业而友好的语言风格,避免冗长复杂的句式,确保用户能够轻松把握产品详情。以一款智能手表为例,其产品介绍可表述为:"这款智能手表具备防水功能,适合各种运动场景。心率监测功能可以实时跟踪您的健康状况,运动追踪功能则记录您的运动数据,帮助您更好地管理健康。"

（二）站内引流方法

在 Wish 平台上，站内引流是提升店铺流量和产品销售的关键策略之一。

1. 利用 ProductBoost 广告提升曝光

ProductBoost 是 Wish 平台提供的原生广告工具，旨在帮助卖家提升产品的曝光率和销售量。通过 ProductBoost，卖家可以创建多个广告活动，针对不同的产品和目标受众进行推广。

为了创建有效的广告活动并提升产品曝光率，首先登录 Wish 卖家后台并进入 ProductBoost 广告页面，精心挑选具有高潜力和竞争力的产品进行推广。接着，根据产品的销售目标和预期回报，合理设置每日广告预算。利用 Wish 的广告算法，可通过国家/地区定向进行细致的受众选择。定期分析广告数据，依据点击率和转化率来优化目标受众，确保广告效果达到最大化。同时，确保产品标题、图片和描述足够吸引人，使用高质量的图片和视频来突出产品的特点和优势，并定期更新广告内容以保持其新鲜感。此外，实时监测广告的关键指标，如点击率、转化率和成本，根据这些数据动态调整广告预算、投放时间和目标受众等参数，以优化广告效果。例如，若发现某广告在特定时间段内点击率较高，可适当增加该时段的投放预算，以进一步提升广告表现。

2. 持续上新产品，保持店铺活跃度

持续上新产品是保持店铺活跃度和吸引用户的重要策略。新产品的上架不仅能够为店铺带来新鲜感，还能吸引更多的用户关注和浏览，从而提升店铺的整体流量和销售。

为了在 Wish 平台上保持竞争力并吸引用户，卖家需定期进行市场调研，了解热门产品和趋势，分析竞争对手以发现市场空白和潜在机会，并利用平台的热门搜索词和趋势标签来挑选有潜力的新产品。在产品选择上，应挑选与店铺主营类目相关、质量可靠且具有独特卖点的产品，以保持店铺的专业性和一致性。上架新产品时，要优化其标题、图片和描述，确保信息准确且吸引人，并根据市场需求和竞争情况设置合理的价格和库存。同时，定期上架新产品以维持店铺的活跃度和新鲜感。推广新产品时，可借助 ProductBoost 广告和站内促销活动提高曝光率，通过社交媒体、电子邮件等渠道向用户推广，并鼓励用户分享和推荐，从而增加产品的曝光度和销售机会。

（三）站外引流策略

自建站是品牌建设和流量吸引的重要工具，通过优化搜索引擎（SEO）可以显著提升网站在搜索结果中的排名，从而吸引更多的自然流量。

为了提升网站在搜索引擎中的排名和吸引自然流量，首先需要进行深入的关键

词研究，识别与产品和品牌相关的高流量、低竞争的关键词。可以借助 Google 关键词规划师、SEMrush 等工具，分析竞争对手的关键词策略，以发现潜在的关键词机会，并将这些关键词自然地融入网站的标题、描述、内容和 URL 中，增强网站的相关性。同时，创建高质量、有价值的内容，比如博客文章、产品评测和使用指南，这些内容应具有良好的结构和格式，使用标题、子标题、列表和图片来提高可读性，并且定期更新以保持网站的新鲜度和活跃度，因为搜索引擎更倾向于收录和排名那些频繁更新的网站。在技术层面，要确保网站加载速度快，通过优化图片和代码、减少不必要的插件和脚本来实现。采用响应式设计，确保网站在各种设备上都能良好显示，从而提升用户体验。此外，优化网站的内部链接结构，使用户和搜索引擎都能轻松导航。在外部链接建设方面，通过获取来自行业内权威网站、博客、论坛等的高质量外部链接来提升网站的权威性。可以通过内容营销、撰写客座博客、建立合作伙伴关系等方式来获取这些高质量的外部链接，同时避免使用低质量的链接，以免对网站的排名产生负面影响。不仅如此，还可以通过直播购物和联盟营销等新的策略实现站外引流。Wish 于 2023 年上线直播功能，支持卖家通过 TikTok LIVE 跳转 Wish 商品页，转化率可达 12%～15%。通过"Wish Ambassador"计划，卖家可设置 15%～30% 佣金吸引网红带货，平台提供专属追踪链接，结算周期可缩短至 7 天。

三、Wish 平台的订单处理与客户服务

在电商运营中，订单处理与客户服务是维护客户满意度和忠诚度的两大支柱。对于 Wish 平台的卖家而言，高效准确地处理订单以及提供优质的客户服务，不仅能够提升买家的购物体验，还能在竞争激烈的市场中脱颖而出，赢得良好的口碑和持续的业务增长。

（一）订单接收与确认

在 Wish 平台上，及时查看和确认新订单是确保顺利交易和提升客户满意度的关键步骤，以下是具体的操作流程和注意事项。

1. 登录卖家平台

每天定期登录 Wish 卖家平台，进入"订单管理"页面，查看新订单列表。系统会自动提示有新订单，确保不错过任何订单。

2. 核对订单信息

仔细核对每个新订单的详细信息，包括买家的收货地址、购买的商品详情、数量、颜色、尺寸等。确保所有信息准确无误，避免发货错误和后续的客户投诉。检查收货地址是否完整、准确，包括街道地址、城市、州/省、邮政编码和国家。不完整的地址可能导致包裹无法送达或被退回。

3. 发现错误并及时联系买家

如果发现订单信息有误,如地址不完整、商品信息不明确或有其他问题,应立即通过 Wish 平台的内置消息系统联系买家。在联系买家时,提供清晰、礼貌的说明,指出具体的问题,并请求买家提供正确的信息。例如,如果地址不完整,可以这样写:"尊敬的买家,我们注意到您的订单地址不完整,缺少邮政编码。为了确保您的订单能够顺利送达,请您尽快更新地址信息。感谢您的配合!"确保在联系买家后,及时跟进并等待买家的回复。如果买家在合理时间内(通常为 24~48 小时)未回复,可以再次发送提醒消息。

4. 记录沟通情况

在与买家沟通的过程中,记录所有交流内容,包括发送的时间、内容和买家的回复。这些记录在处理纠纷或需要平台介入时非常有用。如果买家提供了正确的信息,及时更新订单信息,并继续处理订单。如果买家未回复或拒绝修改信息,可以考虑取消订单,并通过 Wish 平台的订单管理功能提供取消原因。

(二) 订单打包与发货

在 Wish 平台上,订单的打包与发货是确保客户满意度和减少物流问题的关键环节。

1. 订单打包

首先,选择合适的包装材料,确保商品在运输过程中不会损坏。对于易碎品,使用泡沫纸、气泡袋或泡沫塑料进行额外保护。对于较重或较大的商品,使用坚固的纸箱,并确保纸箱的尺寸合适,以减少运输过程中的移动。其次,确保包装紧密,避免商品在包装内移动。使用胶带将包装盒封好,确保封口牢固。在包装盒上清晰地标明"fragile"(易碎)或"do not bend"(请勿弯曲)等警示标签,以提醒物流人员小心处理。另外,需在包装内附上订单确认单和任何必要的保修卡或使用说明。这不仅有助于客户了解订单详情,还能提升客户体验。

2. 选择合适的物流方式

首先,需根据商品的重量、体积、目的地和价值来评估商品特性,从而选择最合适的物流服务。例如,对于轻小件商品,经济实惠的邮政小包是一个不错的选择;而对于较重或较大的商品,则可能需要考虑国际快递或专线物流。其次,要了解不同物流服务的预计送达时间,选择能够满足客户期望的服务,特别是对于急需的商品,应优先选择时效性较高的物流方式。最后,进行成本效益分析,比较不同物流服务的价格,选择性价比高的方案。同时,还需考虑物流服务的可靠性和服务质量,避免因选择过低价格的物流服务而影响客户体验。通过这些综合考量,可以确保商品能够安全、及时地送达客户手中,提升客户满意度。

3. 发货后填写真实有效的物流单号

首先,确保选择的物流服务商是 Wish 平台认可的,并且能够提供实时的物流跟踪服务。在发货前,与物流服务商确认订单信息,确保无误。接着,在 Wish 卖家平台的订单管理页面,准确输入真实的物流单号,这一步骤至关重要,因为它允许客户通过 Wish 平台或物流服务商的网站实时跟踪包裹状态。发货后,及时在 Wish 卖家平台更新订单状态为"已发货",并确保物流单号与订单正确关联,这有助于客户及时了解包裹的运输状态,减少焦虑和投诉。此外,定期跟踪物流信息,确保包裹正常运输。如果发现物流信息异常,如包裹丢失或延误,应立即联系物流服务商处理,并及时通知客户,提供相应的解决方案,以维护良好的客户关系和店铺声誉。

(三) 客户服务

在 Wish 平台上,优质的客户服务是提升客户满意度和忠诚度的关键因素。

1. 及时回复客户咨询

为了提升客户满意度并让客户感受到被重视,当客户进行咨询时,应尽可能在 24 小时内给予快速响应。同时,要充分利用 Wish 平台提供的在线聊天、邮件等多种沟通渠道,确保客户可以便捷地与卖家取得联系,并且要保证这些沟通渠道的畅通无阻,防止因技术故障或人为疏忽而错过处理客户咨询的机会。在回复客户咨询时,务必提供准确、详细且专业的答案,比如当客户询问有关产品细节、发货时间或退换货政策等问题时,回答应当清晰明确,避免出现含糊不清的情况。

2. 妥善处理投诉

面对客户投诉时,应保持积极和友好的态度,感谢客户提出问题并表达出愿意帮助解决问题的意愿,这样的积极态度有助于缓解客户的不满情绪。接下来,要认真聆听客户的投诉内容,并迅速采取措施来解决问题。例如,若客户对产品质量不满意,应提供退换货的选项;若客户对物流延误有疑问,则需及时提供物流信息及相应的解决方案。在投诉处理完毕后,主动跟进客户,确保他们对解决方案感到满意。如果客户仍有不满,应继续沟通并寻找改进措施,直至客户满意为止。

3. 重视评价和反馈,改进产品与服务

为了持续提升客户体验,卖家应重视客户评价和反馈。首先,通过邮件、短信或利用平台内的消息系统,鼓励客户在收到商品后分享他们的使用体验,积极收集反馈。接着,定期对这些评价和反馈进行分析,识别出常见的问题和建议,并将相关信息进行分类整理,以便更精准地把握客户的需求和期望。依据分析结果,制定具体的改进措施,如客户普遍反映产品质量问题时,加强质量控制环节;若客户对物流速度表示不满,则考虑优化物流选择。将这些改进措施切实应用到产品和服务的各个层面,以实现客户体验的持续提升。此外,与客户保持透明沟通也极为关键,分享改进措施及其成果,让客户明白他们的声音被听见且已促成实际的改变,这样的沟通方式能够有效增强客户的信任感和忠诚度。

四、Wish平台的数据分析与运营决策

在当今数据驱动的商业环境中,精准的数据分析对电商卖家制定有效的运营决策至关重要。对于Wish平台的卖家来说,掌握如何利用平台提供的数据分析工具,深入理解市场动态和消费者行为,是实现精准营销、优化库存管理和提升整体运营效率的关键所在。

(一)利用数据分析工具进行市场研究与选品分析

在跨境电商领域,尤其是Wish平台上,利用数据分析工具进行市场研究和选品分析是提升运营效率和竞争力的关键步骤。

1. 市场研究

进行市场研究是跨境电商成功的关键一步,而借助平台官方工具Wish商户实验室(Merchant Lab)或第三方合规工具SellerMetrics(唯一获Wish API授权的分析平台)等数据分析工具,卖家能够深入了解市场动态。这些工具不仅提供市场上热门产品和趋势的信息,还涵盖产品类别的增长趋势以及季节性变化等详细数据,助力卖家紧跟市场步伐。此外,它们还能协助卖家深入分析竞争对手,包括其产品特点、定价策略、销售数据和用户评价。通过这种对比分析,卖家可以清晰地看到竞争对手的优势与不足,从而挖掘市场空白点和潜在商机,并据此制定出具有差异化的竞争策略。同时,利用这些工具,卖家还可以探索那些尚未被充分开发的市场细分领域,比如通过研究特定地区的消费者需求和购买行为,锁定那些潜力大但竞争相对较小的市场区域,为店铺的精准定位和产品选择提供有力支持。

2. 选品分析

在进行选品分析时,卖家可以借助Wish商户实验室(Merchant Lab)或第三方合规工具SellerMetrics数据分析工具来评估产品的市场潜力和盈利前景。这些工具通过分析产品的搜索量、销售量和竞争程度等关键指标,帮助卖家筛选出具有高潜力的产品。同时,它们还支持关键词研究,使卖家能够找到与目标产品相关的高流量、低竞争的关键词,进而优化产品标题和描述,提升产品在搜索结果中的排名,从而增加产品的曝光率。此外,利用这些工具进行利润分析,卖家可以估算出产品的成本和利

润,确保所选产品不仅市场需求大,而且具有合理的利润空间,为店铺的长期盈利打下坚实基础。

(二) 优化店铺运营策略

在 Wish 平台上,优化店铺运营策略是提升销售业绩和客户满意度的关键。通过分析销售数据和用户行为数据,卖家可以更精准地调整产品定价、促销活动和营销推广计划。

1. 分析销售数据

为了优化店铺运营,卖家需要定期分析销售数据,关注产品的销售趋势,从而识别出哪些产品销量高,哪些销量低。对于高销量产品,考虑增加库存或调整价格策略以进一步提升销量;而对于低销量产品,则需深入分析其原因,如是否定价过高、是否产品描述缺乏吸引力或面临较大的市场竞争。此外,通过观察不同价格点下的销售数据,进行价格弹性分析,了解产品价格变化对销量的影响。如果发现产品价格降低后销量有显著提升,表明该产品具有较大的价格弹性,此时可以考虑适当降价以吸引更多购买;相反,若价格变动对销量影响不大,则可维持现状或适当提价以增加利润。同时,卖家还需计算每个产品的利润,综合考虑采购成本、运费、平台佣金等费用,确保产品定价不仅能够覆盖成本,还能保证合理的利润空间。对于那些利润较低的产品,应思考是否需要优化成本结构或调整售价,以提升整体盈利能力。

2. 分析用户行为数据

为了深入理解用户与店铺的互动情况,分析用户行为数据至关重要。首先,关注用户留存率,即用户在完成购买后是否会再次光顾店铺。一个较高的留存率通常意味着用户对店铺及所售产品感到满意,此时,引入或增强用户忠诚度计划可进一步巩固这一优势。相反,若留存率较低,则需探究背后的原因,可能是产品质量不达标、售后服务不够完善,或是未能满足用户的期望。其次,重视用户反馈,仔细研读用户评价,无论是正面的还是负面的,都是宝贵的资源。对于正面评价,应表达感谢并继续维持优质服务;面对负面评价,则需迅速响应并解决问题,同时据此改进产品或服务,因为用户反馈直接关联到产品和服务质量的提升。最后,研究用户的购买路径,即用户是如何找到并购买产品的。通过优化产品页面布局、精准设置搜索关键词以及提升整体用户体验,可以有效提高用户的购买转化率。比如,若发现用户多是通过某些特定关键词搜索到产品,那么优化产品标题和描述中的关键词就显得尤为关键。

3. 调整产品定价

在调整产品定价策略时,卖家需综合考虑多方面因素。首先,要进行竞争定价分析,密切关注竞争对手的定价情况,确保自身产品价格具有竞争力。若产品拥有独特卖点或品质更优,可适当提高价格以体现其价值;反之,若产品较为普通,则需依靠价格优势来吸引消费者。其次,实施动态定价策略,依据市场供需关系和销售数据灵活调整价格。例如,在销售旺季或库存紧张时提升价格以获取更高利润;而在销售淡季或面临库存积压时,则通过降价促销快速清理库存。此外,运用心理定价技巧也很关键,比如将价格设定为 9.99 美元而非 10 美元,这种接近整数但略低的价格会给消费者带来更划算的心理感受,从而激发他们的购买欲望。通过这些综合定价策略,卖家可以在保证利润的同时,提升产品的市场吸引力和销售业绩。

课后习题

一、单选题

1. Wish 平台最初以( )形式上线。
A. 跨境电商平台　　　　　　　　　B. 社交型平台
C. 移动端购物平台　　　　　　　　D. 电脑端购物平台

2. Wish 平台在 2013 年 3 月加入了( )功能,正式转型为跨境电商平台。
A. 商品交易功能　　　　　　　　　B. 智能推荐算法
C. 移动端优化　　　　　　　　　　D. 用户生成内容

3. Wish 平台的全球注册用户超过( )。
A. 3 亿　　　　　　　　　　　　　B. 5 亿
C. 8 亿　　　　　　　　　　　　　D. 10 亿

4. Wish 平台的月活跃用户数曾超过( )。
A. 5 000 万　　　　　　　　　　　B. 8 000 万
C. 1 亿　　　　　　　　　　　　　D. 1.5 亿

5. Wish 平台在 2014 年在上海设立了( )。
A. 办事处　　　　　　　　　　　　B. 仓库
C. 研发中心　　　　　　　　　　　D. 物流中心

6. Wish 平台的盈利模式主要依赖于( )。
A. 会员费　　　　　　　　　　　　B. 交易手续费
C. 广告费　　　　　　　　　　　　D. 订阅费

7. Wish 平台的智能推荐算法主要通过( )实现精准推送。
A. 用户标签　　　　　　　　　　　B. 产品标签
C. 价格标签　　　　　　　　　　　D. 品牌标签

8. Wish 平台的商户入驻门槛低,无须缴纳( )。
A. 保证金　　　　　　　　　　　　B. 月费
C. 年费　　　　　　　　　　　　　D. 推广费

9. Wish 平台主要以(　　)价格吸引中低端顾客。
A. 高价						B. 中价
C. 低价						D. 超低价
10. Wish 平台在 2020 年的月活跃用户达到(　　)。
A. 5 000 万					B. 8 000 万
C. 1.07 亿					D. 1.5 亿

二、多选题

1. Wish 平台的特点包括(　　)。
A. 专注于移动端购物			B. 拥有强大的智能推荐算法
C. 商户入驻门槛低			D. 商品价格低廉
2. Wish 平台的市场影响力体现在(　　)。
A. 用户规模庞大				B. 交易规模显著
C. 商业模式独特				D. 产品种类丰富
3. Wish 平台的运营模式包括(　　)。
A. 盈利模式					B. 技术模式
C. 运作方式					D. 营销与推广策略
4. Wish 平台的供应链管理包括(　　)。
A. A+物流计划				B. Wish Post
C. Wish Express				D. 全球供应链体系
5. Wish 平台的营销与推广策略包括(　　)。
A. 平台优化策略				B. 精准广告投放
C. 社交媒体营销				D. 多渠道推广

三、简答题

1. 简述 Wish 平台的创立背景和发展历程。
2. Wish 平台的主要特点是什么？
3. Wish 平台的市场影响力体现在哪些方面？
4. Wish 平台的运营模式包括哪些方面？
5. 简述 Wish 平台的供应链管理策略。

习题答案

第一章 跨境电商简介

引例

1. 跨境电商相比传统贸易有哪些优势？这些优势如何促进了全球贸易的发展？

跨境电商相比传统贸易具有以下几个主要优势，这些优势促进了全球贸易的发展：

全球市场覆盖：跨境电商依托互联网，能够覆盖全球市场，扩大企业的潜在客户基础。这使得企业能够触及全球200多个国家和地区的消费者，极大地拓宽了市场范围。

低成本和低门槛：相比传统贸易模式，跨境电商的启动资金需求较少，降低了进入门槛。企业可以通过跨境电商平台以及国际物流公司进入海外市场，省去了基础设施等一系列开支成本。

满足个性化需求：跨境电商通过大数据分析，能够针对单个消费者的需求，设计出消费者所需要的产品。这种个性化服务是传统贸易所不具备的。

快速到货：跨境电商通过小包裹直接出口到国外，或者先把货物运到国外再以小包裹方式实现交易，所以它的时效很快。

节省费用：跨境电商不需要实体店面，这就节省了店铺费用、人员费用、财务费用，还省了二级批发的费用，由生产者直接到消费者。

品种多样，符合消费者需求：跨境电商中的商品类型非常丰富，能够满足全球许多消费者的需求。

交易过程简单，安全可靠：跨境电商平台提供的交易过程非常简单，让消费者在一个互联网平台上实时购买外国商品，并且支付货款和物流费用，极大方便了消费者购物。

时效快速，配送速度快：跨境电商通过国际物流合作，能够让消费者在短时间内收到外国商品。

提供多种网上支付方式：跨境电商一般会拥有多种网上支付方式，让消费者付款更为方便和让交易更加可靠。

品质保障和售后服务完备：跨境电商平台为了提升消费体验，通常还会提供严格的商品品质保障，提供退货和退款的售后服务，提供专业的客服支持。

这些优势不仅降低了企业的运营成本,提高了效率,还增强了消费者的购物体验,从而推动了全球贸易的发展,使跨境电商成为拉动外贸增长的新引擎。

2. 互联网技术的发展对跨境电商的兴起起到了至关重要的作用,技术进步对跨境电商模式有哪些具体影响?

互联网技术的发展对跨境电商的兴起起到了至关重要的推动作用,具体影响体现在以下几个方面:

信息对接与交易撮合:互联网技术使得不同关境的交易主体能够通过电商平台达成交易、进行支付结算,并最终通过跨境物流送达商品、完成交易。这种模式打破了传统贸易的信息不对称障碍,实现了市场信息的精准对接。

全球市场行情与消费趋势判断:依托于大数据和云计算技术,跨境电商平台能够科学、准确地判断全球市场行情变化与消费趋势,从而更好地适应市场需求。

产品开发与供应链管理:互联网技术使得企业能够根据市场反馈推进产品开发、生产经营,应用场景和供应链管理各环节不断调整、改善与创新。

全程可验证、可统计、可追溯:区块链等技术的应用使得产品和服务信息全程可验证、可统计、可追溯,为跨国消费及政府监管提供了便利和安全保障。

社会资源调动:互联网技术充分调动各种社会资源,将其纳入发展、创造的进程中,从微观层面为外贸增长提供强大的内生动力。

消费力量破除贸易壁垒:互联网技术用消费的力量破除各种贸易壁垒,推动了跨国贸易的便利化发展,提高了全球供应链的稳定性。

产业变革与创新:互联网技术改变了全球贸易供应链体系,推动了从社会劳动分工、专业化协作到国际经贸规则与政府监管体系等的一系列深刻变化。

产业组织变革:跨境电商利用数字技术、智能技术搭建的数字化平台,为市场信息撮合、企业竞争合作、商品和服务交易等提供了渠道和手段,使企业在平台上结成了新的市场关系。

产业生态圈形成:互联网技术催生的新技术、新产业、新业态、新模式往往会以独特的方式聚集成一个具有网络化特征的产业生态系统,跨境电商亦是如此。

数字化贸易支撑力量:跨境电商以数字订购贸易为主导,融合数字交付贸易等,成为我国具有国际竞争力的数字贸易重要支撑力量。

综上所述,互联网技术的发展不仅推动了跨境电商的兴起,而且在多个层面对跨境电商模式产生了深远的影响,从而促进了全球贸易的发展。

3. 跨境电商已经成为我国外贸发展的新动能,它对我国经济增长有哪些直接和间接的贡献?

跨境电商已经成为我国外贸发展的新动能,对我国经济增长的直接和间接贡献主要体现在以下几个方面:

增长外贸规模:跨境电商通过线上交易、非接触式交货等优势,助力我国产品通达全球,成为全球贸易的一股"新势力"。2023 年前三季度,中国跨境电商进出口规模达到 1.7 万亿元，同比增长 10.5%，显示了强劲的增长势头。

提升外贸效率：跨境电商优化了国际交易和生产流程，降低了交易和生产成本，优化了供需匹配，高效配置了各类跨境资源，为我国对外贸易和跨国资金双向流动发挥了重要作用。

促进产业升级：跨境电商推动了中国传统贸易的数字化转型升级，线上推广成为传统贸易企业的"标配"渠道，线上开店也成为众多贸易企业的新选择。

增强国际竞争力：跨境电商的发展增强了我国产品的国际市场竞争力，通过跨境电商平台大力拓展全球市场的中小企业逐步在全球数字化浪潮中成长为新型贸易经营者。

培育新品牌：跨境电商成为中国企业品牌建设的战略新通道，"新国潮"品牌加速出海，以 SHEIN（希音）、ANKER（安克）等为代表的中国全球性品牌企业示范效应逐步显现。

政策创新：跨境电商是扩大开放和政策创新的重要领域，165 个跨境电商综试区持续强化政策创新，成为建设中国跨境电商规范化发展、便利化服务的主通道。

促进数字经济发展：跨境电商作为数字贸易的重要形式，不仅是对外贸易的补充，也是对外贸易高质量发展的新阶段，对我国经济的稳定和高质量发展具有重要意义。

拓展新市场：跨境电商帮助企业开拓新兴市场，随着全球国家或地区网购习惯的形成，其市场发展潜力巨大，吸引大量中国电商企业布局。

提升供应链效率：跨境电商的发展推动了供应链的数字化和智能化，提高了供应链的响应速度和效率，增强了供应链的稳定性和灵活性。

增加就业机会：随着跨境电商的快速发展，相关产业链条的延伸和完善，为社会提供了大量的就业机会，促进了就业结构的优化。

综上所述，跨境电商对我国经济增长的直接贡献体现在外贸规模的增长和效率的提升，间接贡献则体现在产业升级、品牌培育、政策创新、数字经济发展等多个方面，为我国经济的高质量发展注入了新动力。

4. 跨境电商在全球供应链中扮演了什么角色？它如何影响全球供应链的优化和重组？

跨境电商在全球供应链中扮演了多重角色，并深刻影响了全球供应链的优化和重组：

整合全球供应链资源：跨境电商通过互联网平台整合全球供应链资源，为消费者提供更丰富、多样化的商品选择。这促进了全球供应链的整合，使得全球范围内的生产和配送更加高效和便捷。

推动供应链数字化转型：跨境电商推动了供应链的数字化进程，信息流、资金流、物流的高效整合成为关键。数字化转型使得供应链管理更加智能化，提升了效率和透明度。

直接采购的优势：跨境电商让制造商与消费者之间的距离大幅缩短，企业能够直接向消费者提供产品，降低了中间环节的成本，这不仅提高了效率，也使得供应链更加直接和高效。

即时反应能力：跨境电商通过灵活的供应链管理能够迅速响应市场变化，及时调整产品线，确保产品的市场竞争力。

透明化与可追溯性：现代化的供应链管理系统能够实现商品的可追溯性，消费者对商品来源的信任感显著提升。

智能制造与跨境电商的结合：智能制造与跨境电商的结合为传统制造业带来了全新的发展机遇，推动了整个行业的升级换代。

优化供应链体系：跨境电商通过贸易数字化，打破了时间空间的限制，优化了生产企业的供应链体系。生产企业可以在全球范围内锚定信誉更好、质量更高、服务更优、供给更稳定的供应商，同时通过对商品状态、库存、信息等数据的实时监控，及时精准地调整生产流程或要素，提升对下游市场需求的快速响应程度。

提升出口结构和重组更新能力：跨境电商通过推动市场竞争倒逼出口结构升级，也通过丰富进口投入品来源渠道优化供应链，提高经济体出口的重组更新能力。

全球供应链重构：跨境电商在全球供应链重构中扮演了重要角色，为无数小企业提供了新机遇。

推动全球经贸新变革：跨境电商平台的出现扭转了传统全球经贸格局，使得中国制造直达全球消费者，提升了中国在全球经贸格局中的话语权与主动权。

综上所述，跨境电商不仅在全球供应链中扮演了连接生产者与消费者、整合资源、推动数字化转型等角色，而且通过其独特的优势和运营模式，对全球供应链的优化和重组产生了深远影响。

【案例与思考 1】

跨境电商在全球经济中的作用：拓展市场和商业机会；推动经济增长和就业；增强消费者福利；促进创新和技术发展；加速供应链的数字化转型；促进文化交流和理解；增强企业的国际竞争力。

【案例与思考 2】

1. SHEIN 的市场增长主要得益于哪些因素？

SHEIN 的市场增长主要得益于以下几个因素：

(1)"小单快反"商业模式：SHEIN 的成功离不开其强大的商业模式——"小单快反"。这种模式指的是先小批量生产多种产品和款式，同时对不同产品和款式进行市场监测，根据终端消费数据反馈，对畅销的款式快速返单进行加量生产。这种灵活的供应链管理方式使得 SHEIN 能够迅速响应市场变化，减少库存积压，提高效率。

(2)快速的产品更新速度：SHEIN 的上新速度非常快，每天上新 2 000 多个品类，每周上新超 2 万款，每年上新超 100 万款。这种快速的产品更新速度使得消费者总能在 SHEIN 上找到最新的款式，满足了消费者对时尚的追求。

（3）强大的供应链管理：SHEIN 背靠中国强大的服装供应链，通过整合供应链资源，实现了从设计、生产到销售的快速响应。这种供应链的高效运作为 SHEIN 的快速增长提供了坚实的基础。

（4）社交媒体营销：SHEIN 在社交媒体上具有强大的影响力，与许多网红合作，在 TikTok 和 Instagram 等平台上推广产品。这种社交媒体营销策略帮助 SHEIN 与年轻购物者建立了联系，尤其是占其客户群很大一部分的 Z 世代。

（5）数字营销的有效性：SHEIN 的数字营销非常有效，通过发送大量推送通知来吸引用户，保持应用在用户心中的新鲜感，鼓励他们更频繁地购物。

（6）专注快时尚市场：SHEIN 专注于"跨境快时尚服装"市场，整合了供应链资源，所有在网站上架的商品都是其自主设计、生产和销售。

（7）中国制造的支持：SHEIN 的成功也得益于中国制造的快速响应能力，这为电商出海打下了坚实的基础。

（8）人才红利和市场广阔：SHEIN 的成功还得益于中国多年的教育成果，每年有数百万名大学毕业生走出校园，提供了大量的语言人才和工程师人才。同时，欧美等海外电商市场的成熟也为 SHEIN 提供了广阔的市场。

这些因素共同作用，使得 SHEIN 能够在跨境电商领域迅速增长，成为全球快时尚市场的重要参与者。

2. 如何评估 SHEIN 的市场增长对公司长期价值的影响？

评估 SHEIN 的市场增长对公司长期价值的影响，我们可以从以下几个关键因素进行分析：

（1）营收增长趋势：SHEIN 在 2023 年的营收达到 325 亿美元，同比增长 43%。这一显著的增长表明 SHEIN 的市场扩张和销售能力在不断增强，对公司长期价值有积极影响。

（2）利润增长情况：2023 年 SHEIN 的利润超过 20 亿美元，相比 2022 年的 7 亿美元，实现了利润翻倍增长。这种利润的快速增长为公司的长期发展提供了强大的财务支持。

（3）市场份额和竞争地位：SHEIN 在美国市场的销售额超过 Zara 和 H&M，市场份额达到 40%，显示了其在快时尚领域的领导地位。这种市场领导地位有助于公司在长期内保持竞争优势。

（4）用户增长和参与度：SHEIN 的全球日活跃用户达到 853 万人，显示了其在全球范围内的用户基础和参与度。用户基数的增长和高参与度是公司长期价值增长的重要指标。

（5）技术创新和供应链管理：SHEIN 以其精准的市场定位、灵活高效的供应链管理和创新的社交媒体营销对策在全球时尚电商领域占据重要地位。技术创新和供应链优化是维持长期竞争力的关键。

(6) 品牌建设和用户忠诚度：SHEIN 通过全渠道营销推广下的获客拉新和精细化私域运营所带来的用户沉淀，逐渐累积品牌效应。品牌建设和用户忠诚度的提升有助于长期价值的增长。

(7) 全球扩张战略：SHEIN 计划进入更多国家，扩展到新市场可能会提高销售额。全球扩张战略有助于公司长期增长和市场多元化。

(8) 面临的挑战和风险：尽管增长迅速，SHEIN 也面临包括市场竞争、法规合规等挑战。这些挑战需要公司持续关注和应对，以确保长期价值不受负面影响。

综上所述，SHEIN 的市场增长通过多个维度对公司长期价值产生了积极影响，包括营收和利润的增长、市场份额的扩大、用户基础的增长、技术创新、全球扩张等。然而，公司也需要应对增长过程中的挑战和风险，以保持其长期价值的持续增长。

【思考题】 全球经济增长如何影响跨境电商的市场机遇？请举例说明。

全球经济增长对跨境电商的市场机遇影响显著，主要体现在以下几个方面：

(1) 市场规模扩大：随着全球经济的增长，消费者的购买力提升，跨境电商的市场规模也随之扩大。例如，全球跨境电商交易额预计将从 2016 年的 4 000 亿美元增长到 2021 年的 1.25 万亿美元，同比增长 26%。

(2) 消费需求释放：经济增长带来的是消费需求的突然释放，尤其是在跨境消费领域。中国跨境电商市场规模从 2012 年的 2 937 亿元人民币增长到了 2016 年的 12 801 亿元人民币，年均增长 44%，这主要归功于跨境消费需求的增长。

(3) 技术进步：全球经济增长伴随着技术进步，互联网、移动支付等技术的发展，为跨境电商提供了强有力的技术支持，促进了跨境电商的便利性和可及性。

(4) 政策推动：许多国家为了促进经济增长，出台了一系列利好政策，推动跨境电商的发展。中国政府通过打造自由贸易区、推广"一带一路"倡议等举措进一步鼓励跨境电商发展。

(5) 供应链优化：全球经济增长加速了全球供应链的优化，跨境电商在此过程中扮演了重要角色，促进了商品、资本、技术等生产要素的自由流动。

(6) 新兴市场的开拓：全球经济增长带来了新兴市场的开拓机遇，跨境电商企业可以利用这些机遇进入新的市场，拓展业务。

(7) 全球电商渗透率提升：全球电商渗透率的提升，特别是在东南亚、中东＆非洲及拉美地区，为跨境电商提供了巨大的市场机遇。

(8) 出口贸易增长：全球经济增长带动了出口贸易的增长，中国跨境电商出口占全部出口的比重从 2019 年的 4.6% 上升到 2022 年的 6.4%，成为拉动中国出口稳步增长的新增长点。

综上所述，全球经济增长为跨境电商带来了市场规模扩大、消费需求释放、技术进步、政策推动、供应链优化、新兴市场开拓、全球电商渗透率提升以及出口贸易增长等多方面的市场机遇。

课后习题

一、单选题

1. B 2. D 3. C 4. D 5. A 6. B 7. C 8. C 9. B 10. D

二、多选题

1. ABC 2. ABC 3. ABC 4. ABC 5. ABCD

三、简答题

1. 跨境电商的定义是什么？

跨境电商，全称为跨境电子商务（Cross-Border E-commerce），是指不同国家或地区的交易主体通过互联网平台进行的，涉及跨越国界的在线交易、支付结算，并通过跨境物流送达商品、完成交易的一种国际商业活动。

2. 跨境电商相比传统贸易有哪些优势？

跨境电商相比传统贸易的优势包括全球性与无边界化、数字化与技术驱动、高效性与成本优势，这些优势使得商业活动不再受地理位置的限制，企业可以轻松进入全球市场，触及世界各地的消费者，同时提高了交易效率和降低了交易成本。

3. 跨境电商在全球经济中扮演了什么角色？

跨境电商在全球经济中扮演的角色如下：促进全球贸易自由化和市场多元化；推动经济增长和就业创造；加速供应链创新和效率提升；增强文化多样性和国际交流。

4. SHEIN成功的关键因素是什么？

SHEIN成功的关键因素包括"小单快反"模式和灵活的供应链合作、具有竞争力的价格优势、高周转率和产品多样性、强大的社交媒体影响力以及对环境和社会责任的承诺。

5. 跨境电商面临的主要挑战有哪些？

跨境电商面临的主要挑战包括法律和监管问题（如跨境税收和关税问题、境外购物的消费者保护和知识产权问题）、语言和文化差异、信任和安全问题（如支付安全和个人信息保护、假冒和侵权商品的风险）。

第二章　亚马逊平台

引例

1. 产品上架与优化

在亚马逊美国站上架智能手环时，应如何选择合适的商品分类和关键词，以提高产品的搜索排名和曝光率？如何优化产品详情页的图片和文案，以吸引美国消费者的注意并提高转化率?

(1) 选择合适的商品分类和关键词。

在亚马逊美国站上架智能手环时,选择合适的商品分类和关键词是提高产品搜索排名和曝光率的关键步骤。

① 商品分类选择。

相关性:选择与智能手环最相关的分类,如"Electronics"下的"Wearable Technology"或"Sports & Outdoors"下的"Sports Electronics"。确保分类与产品功能和用途高度匹配,以便消费者在浏览相关分类时能够找到你的产品。

流量与竞争度:研究不同分类的流量和竞争程度。选择流量较大但竞争相对适中的分类,这样更容易获得更多的曝光机会。可以通过亚马逊的分类销售排行榜或第三方工具来分析各分类的流量和竞争情况。

多分类策略:如果条件允许,可以将智能手环添加到多个相关分类中,以扩大产品的覆盖范围。例如,除了上述分类,还可以考虑"Health & Personal Care"下的"Fitness & Nutrition"等,但要注意不要过度分类,以免分散资源和精力。

② 关键词选择。

核心关键词:围绕智能手环的主要功能和特点,选择核心关键词,如"smartwatch""fitness tracker""health monitor"等。这些关键词是消费者在搜索智能手环时最可能使用的词汇。

长尾关键词:结合消费者的搜索习惯和具体需求,选择长尾关键词,如"waterproof smartwatch for running""heart rate monitor fitness band"等。长尾关键词虽然搜索量相对较小,但竞争度低,更容易获得精准的流量。

竞品分析:研究竞争对手的产品标题和关键词,了解他们使用的关键词策略,从中挖掘出一些有价值的关键词。同时,注意避免直接复制竞品的关键词,以免陷入恶性竞争。

工具辅助:利用亚马逊的关键词工具(如亚马逊关键词广告的搜索词报告)或第三方关键词研究工具(如 Jungle Scout、Merchant Words 等),获取更多相关的关键词建议,帮助你更全面地覆盖潜在的搜索词汇。

(2) 优化产品详情页的图片和文案。

优化产品详情页的图片和文案是吸引美国消费者注意并提高转化率的重要手段。

① 图片优化。

主图:主图是吸引消费者点击的关键。选择高质量、清晰、背景简洁的图片,突出智能手环的外观设计和主要功能。可以展示手环在不同场景下的使用效果,如运动时、日常佩戴等,让消费者直观地了解产品的适用场景。

辅助图片:利用辅助图片展示智能手环的细节特点,如屏幕显示效果、按钮布局、充电接口等。同时,可以通过图文结合的方式,直观地介绍产品的功能和操作方法,如心率监测、步数统计、消息提醒等。

生活化场景图：展示智能手环在真实生活中的使用场景，如佩戴者在健身房锻炼、跑步时佩戴、与手机连接同步数据等，增强消费者的代入感，激发他们的购买欲望。

图片数量与质量：确保有足够的图片数量，充分利用亚马逊允许的图片空间，让消费者从多个角度和方面了解产品。同时，保证图片的质量，避免模糊、失真或像素过低的图片，以免影响消费者的购物体验。

② 文案优化。

标题：标题要简洁明了，突出智能手环的核心卖点和优势。可以包含品牌名称、产品型号、主要功能、适用人群等信息，同时尽量使用吸引人的词汇，如"最新款""高性能""多功能"等，以吸引消费者的注意力。

五点描述：充分利用亚马逊的五点描述（Product Features），简洁明了地介绍智能手环的主要功能和特点。每一点描述突出一个卖点，如精准的心率监测、长续航时间、防水性能、多种运动模式等，让消费者快速了解产品的优势。

产品详情：在产品详情部分，提供更详细的产品信息，包括技术参数、材质、尺寸、重量等，让消费者对产品有更全面的了解。同时，可以采用图文结合的方式，将复杂的功能和操作方法以更直观、易懂的形式呈现给消费者。

差异化卖点：强调智能手环的独特之处和与竞品的区别，如独特的设计风格、独有的功能、更高的性价比等，突出产品的竞争优势，吸引消费者的关注和购买。

语言风格：使用简洁、清晰、易懂的语言，避免过于复杂或专业的术语，让普通消费者也能轻松理解产品的功能和特点。同时，注意语言的吸引力和说服力，用积极、正面的词汇激发消费者的购买欲望。

2. 定价策略

考虑到市场竞争和成本因素，智能手环在亚马逊上的定价应如何制定？是否需要采取动态定价策略以应对竞争对手的价格变动？如何平衡利润率和销量之间的关系，制定出既能吸引消费者又能保证利润的定价？

（1）智能手环在亚马逊上的定价策略。

① 成本加成定价策略。

首先，计算智能手环的总成本，包括生产成本、运输成本、仓储费用、平台佣金（通常为 8%～15%）、广告费用等。在此基础上，加上预期的利润空间。例如，如果成本为 50 美元，预期利润为 20%，则售价可以设定为 60 美元。

② 竞争定价策略。

研究竞争对手的定价情况，尤其是那些功能、品牌知名度和市场定位与你的智能手环相似的产品。将你的价格设定在竞争对手价格范围的中低端，以吸引价格敏感型消费者。例如，如果竞品的价格在 100～150 美元，你可以将价格设定在 90～120 美元。

③ 价值定价策略。

强调智能手环的独特功能和优势,如精准的健康监测、长续航时间、防水性能等,根据这些功能为消费者带来的价值来设定价格。如果消费者认为产品的价值高于其价格,他们更愿意支付更高的价格。

(2) 动态定价策略。

实时调整价格:根据市场供需、竞争对手的价格变动以及消费者的购买行为等因素,实时调整智能手环的价格。例如,在需求旺盛的节假日或促销活动期间,可以适当提高价格以最大化利润;而在需求低迷时,降低价格以吸引更多的消费者。

利用自动定价工具:使用亚马逊提供的自动定价工具或第三方动态定价软件,根据预设的规则自动调整价格。例如,设置价格跟随竞争对手的最低价格,但不低于你的最低利润底线。

(3) 平衡利润率和销量。

① 渗透定价与高价法结合。

在产品刚进入市场时,可以采用渗透定价策略,以较低的价格吸引消费者,快速获得市场份额。例如,初期将价格设定在 80~90 美元,以吸引大量消费者试用和购买。

随着品牌知名度和产品口碑的提升,逐步提高价格,采用高价法(市场撇脂定价),在竞争者尚未进入市场前,以较高的价格获取更多的利润。比如,在产品获得一定市场认可后,将价格提升至 110~130 美元。

② 促销活动与捆绑销售。

定期开展促销活动,如打折、满减、优惠券等,以吸引消费者购买,提高销量。例如,在黑色星期五或圣诞节期间,提供 20% 的折扣或满 200 美元减 30 美元的优惠。

将智能手环与其他相关产品(如充电器、耳机等)进行捆绑销售,以较低的组合价格出售,既能提高销量,又能增加利润。比如,将手环与充电器捆绑,以 150 美元的价格出售,单独购买则分别为 100 美元和 30 美元。

通过综合运用以上定价策略和动态调整价格,你可以在保证利润的同时,吸引更多消费者,提高智能手环在亚马逊美国站的销量和市场份额。

3. 在亚马逊平台上,有哪些有效的营销推广渠道和方式可以用于推广智能手环?例如,是否可以通过亚马逊广告、促销活动或与网红合作等方式进行推广?如何制定一套系统的营销推广计划,以在不同的销售阶段(如新品上市、节假日促销等)实现最佳的推广效果?

(1) 有效的营销推广渠道和方式。

在亚马逊平台上,推广智能手环可以通过多种渠道和方式实现:

① 亚马逊广告。

Sponsored Products:这是一种按点击付费(PPC)广告,可以将智能手环的广告展示在搜索结果页面和产品详情页上,提高产品的可见性。

Sponsored Brands:这种广告可以展示品牌标志和多个产品,适合提升品牌知名度和推广产品组合。

Display Ads:通过展示广告,可以在亚马逊网站的多个位置吸引潜在客户的注意力。

② 促销活动。

Lightning Deals:这是一种限时促销活动,可以吸引大量顾客在短时间内购买产品。

Best Deals:通过提供有竞争力的价格,将产品列入亚马逊的"最佳交易"页面,增加曝光率。

Seasonal Promotions:在节假日或特殊活动期间(如黑色星期五、圣诞节等)进行促销,可以利用消费者的购买热情,提高销量。

③ 与网红合作。

Influencer Marketing:与拥有大量粉丝的网红合作,让他们在社交媒体上展示和推荐智能手环。这种合作可以迅速扩大产品的影响力,吸引更多的潜在客户。

Content Creation:网红可以通过视频、博客等形式详细介绍智能手环的功能和使用体验,增加产品的可信度和吸引力。

④ 社交媒体营销。

Instagram and Facebook:创建品牌账号,发布高质量的产品图片和视频,展示智能手环的使用场景和功能。利用这些平台的广告工具进行精准推广。

TikTok and YouTube:制作吸引人的视频内容,如产品演示、使用教程等,通过视频平台吸引年轻消费者。

⑤ 电子邮件营销。

Customer Engagement:通过电子邮件向现有客户发送个性化的产品推荐、促销信息和最新产品更新,增强客户黏性。

PostPurchase FollowUp:在客户购买后发送感谢邮件,并提供相关产品的推荐或优惠信息,促进二次销售。

(2) 制定系统的营销推广计划。

在不同的销售阶段,可以采取以下策略:

① 新品上市。

PreLaunch Promotion:在产品上市前,通过社交媒体和电子邮件营销进行预热,发布预告和产品亮点,吸引消费者的关注。

Launch Discounts:在产品上市初期提供限时折扣或优惠券,吸引早期购买者,增加产品的初始销量和评价。

Influencer Partnerships:与网红合作,在产品上市时进行推广,利用他们的影响力快速提升产品的知名度。

② 节假日促销。

Seasonal Campaigns：制定专门的节假日营销计划，利用节日期间的消费者购买热情，推出特别优惠和捆绑销售。

Targeted Advertising：在节日期间加大广告投放力度，特别是针对与节日相关的关键词和产品类别进行精准推广。

Social Media Contests：在社交媒体上举办与节日相关的互动活动，如抽奖、分享体验等，增加用户参与度和品牌曝光。

③ 持续推广。

Regular Content Updates：定期更新社交媒体和博客内容，分享智能手环的使用技巧、健康知识等，保持品牌的活跃度。

Customer Reviews and Feedback：积极鼓励满意的客户留下评价和反馈，利用这些正面信息提升产品的信誉和吸引力。

Retargeting Campaigns：通过广告平台对曾经浏览过智能手环但未购买的潜在客户进行再营销，提醒他们关注和购买。

4. 面对美国消费者对客户服务的高要求，如何提供优质的售前、售中和售后服务，以提升客户满意度和忠诚度？如何处理可能出现的客户投诉和退换货问题，以维护品牌形象并减少负面影响？

（1）提供优质的客户服务。

① 售前服务。

提供详尽的产品信息：在产品页面上详细列出智能手环的功能、规格、兼容性等信息，帮助消费者了解产品是否符合他们的需求。例如，明确说明手环支持的操作系统版本、电池续航时间、防水等级等。

专业的产品咨询：通过亚马逊的"Ask a Question"功能或设置专门的售前咨询邮箱，为消费者提供专业的购前咨询服务，解答他们关于产品的疑问。例如，消费者可能询问手环是否支持心率监测、如何与手机同步数据等。

展示真实的产品评价：在产品页面展示其他消费者的评价和反馈，尤其是正面的真实评价，增加潜在消费者的信任感。同时，积极回应和解决消费者在评价中提出的问题和建议。

② 售中服务。

快速的订单处理：确保订单处理流程高效，及时确认订单信息并安排发货，减少消费者的等待时间。例如，承诺在24小时内处理订单并提供订单跟踪信息。

透明的物流信息：向消费者提供实时的物流跟踪信息，让他们能够随时了解订单的配送进度。这可以通过亚马逊的物流系统自动更新，或通过邮件、短信等方式主动通知消费者。

灵活的支付方式：提供多种支付方式，如信用卡、亚马逊账户余额、礼品卡等，满足不同消费者的支付需求。

③ 售后服务。

完善的退换货政策：制定明确、灵活的退换货政策，让消费者在购买后能够放心使用。例如，提供30天无理由退货服务，对于产品质量问题或发错货等情况提供免费换货或全额退款。

高效的售后支持：建立专业的售后客服团队，通过电话、电子邮件、实时聊天等多种方式提供快速响应和问题解决。确保在消费者提出售后问题时，能够及时给予回应和解决方案。

主动的客户关怀：在消费者购买后，通过邮件或短信等方式主动发送产品使用指南、保养建议等信息。同时，定期进行客户回访，了解消费者对产品的使用体验和满意度，及时发现并解决潜在问题。

(2) 处理客户投诉和退换货问题。

① 处理客户投诉。

认真倾听和积极回应：当消费者提出投诉时，首先要认真倾听他们的诉求，表达对问题的重视和关心。通过客服渠道给予及时、明确的回复，让客户感受到企业对其问题的关注。

分析问题并寻求解决方案：迅速分析投诉问题产生的原因，根据具体情况制定合理的解决方案。对于能够立即解决的问题，立即采取措施；对于需要一定时间解决的问题，向客户说明情况并承诺在规定时间内给出解决方案。

道歉与赔偿：对于给客户带来不便或损失的投诉，企业应向客户表示诚挚的歉意，并根据实际情况给予适当的赔偿。例如，提供退款、换货、优惠券等补偿措施，以弥补客户的损失并提升其满意度。

② 处理退换货问题。

简化退换货流程：优化退换货流程，减少消费者的操作步骤和时间。例如，通过亚马逊的退换货系统，消费者可以轻松发起退换货申请，并获得清晰的指导和帮助。

提供免费的退换货服务：对于产品质量问题或发错货等情况，提供免费的退换货服务，包括免费的退货运输和换货配送。这可以降低消费者的退换货成本，提高他们对品牌的信任和满意度。

全程跟踪和记录：对退换货处理过程进行全程跟踪和记录，确保每个环节都能及时、准确地完成。定期对退换货数据进行统计分析，以便及时发现问题并改进处理流程和商品质量。

5. 选择哪种物流配送方式（如FBA或卖家自配送）更能满足美国市场的配送需求和时效性要求？如何优化物流配送流程，降低物流成本并提高配送效率？

(1) 选择物流配送方式。

在选择物流配送方式时，Fulfillment by Amazon（FBA）和 Fulfillment by Merchant（FBM）是两种主要的选择。对于美国市场的配送需求和时效性要求，FBA通常是更优的选择，原因如下：

① Prime 资格和快速配送：FBA 产品自动获得 Prime 资格，这意味着可以为消费者提供快速的配送服务，如两日免费配送。这对于满足美国消费者对快速配送的高期望非常重要。

② 客户服务和退货处理：FBA 由亚马逊负责订单履行和客户服务，包括退货处理，这可以减轻卖家的运营负担，同时提高客户满意度。

③ 库存管理和多渠道销售：FBA 允许卖家使用同一库存来履行来自不同销售渠道的订单，简化库存管理。

（2）优化物流配送流程。

为了降低物流成本并提高配送效率，可以采取以下措施：

① 合理管理库存：通过精确的库存管理，避免过度存储导致的额外费用。可以利用亚马逊的库存管理工具来监控库存水平，及时补货。

② 选择合适的包装：选择合适的包装材料可以减少包装成本，同时确保产品在运输过程中的安全。

③ 利用第三方物流服务：对于 FBM 卖家，可以考虑与第三方物流（3PL）服务提供商合作，利用他们的专业能力和规模优势来降低成本和提高效率。

④ 优化运输路线和方式：根据订单量和目的地，选择最经济高效的运输方式和路线。例如，对于大量订单，可以采用海运；对于急需的订单，可以选择空运。

⑤ 定期审查和调整策略：定期审查物流成本和配送效率，根据市场变化和业务发展调整物流策略。

6. 如何利用亚马逊平台提供的数据分析工具，对智能手环的销售数据、客户反馈等进行分析，以了解产品的市场表现和消费者需求？根据数据分析结果，如何调整运营策略，以提升产品的销售绩效和市场份额？

（1）利用亚马逊平台的数据分析工具。

亚马逊提供了多种数据分析工具，可以帮助卖家对智能手环的销售数据和客户反馈进行深入分析，从而了解产品的市场表现和消费者需求。

① 销售数据分析。

业务报告：通过亚马逊的业务报告，可以获取智能手环的销售趋势、订单量、销售额、退货率等数据。这些数据有助于了解产品的销售表现和市场需求。

销售分析工具：利用销售分析工具，可以对不同时间段的销售数据进行对比，识别销售高峰和低谷，分析季节性变化和市场趋势。

② 客户反馈分析。

产品评论和评分：通过分析客户留下的评论和评分，了解消费者对智能手环的满意度和不满意的地方。可以将评论进行分类，如产品功能、质量、服务等，以便更精准地识别问题。

情感分析：使用情感分析工具，可以了解客户的情感倾向和真实感受，从而更深层次地优化产品和服务。

(2) 根据数据分析结果调整运营策略。

① 产品优化。

改进产品功能:根据客户反馈中提到的产品功能不足或缺陷,及时与研发团队沟通,改进产品功能,以更好地满足消费者需求。

提升产品质量:如果客户反馈中存在关于产品质量的问题,需要加强质量控制,确保产品的可靠性和耐用性。

② 营销策略调整。

优化广告投放:根据广告数据分析结果,调整广告投放策略。例如,提高在高转化率关键词上的广告预算,降低在低点击率关键词上的投入。

制定促销活动:在销售数据分析中发现的销售低谷期,可以制定促销活动,如打折、满减等,以刺激消费者的购买欲望。

③ 库存管理。

合理备货:根据销售趋势和预测数据,合理安排库存,避免因库存不足或过多影响销售和资金周转。

优化库存结构:对于销量稳定且利润较高的产品,可以适当增加库存;对于滞销产品,减少库存或考虑促销处理。

④ 客户服务改进。

提升服务质量:根据客户反馈中提到的服务问题,加强客服团队的培训,提高服务质量,如缩短响应时间、提供更专业的解答等。

建立客户忠诚度计划:通过数据分析了解客户的购买习惯和偏好,制定个性化的客户忠诚度计划,如积分奖励、会员专享优惠等,以提高客户的忠诚度和复购率。

【思考题】 平台规则与政策有什么区别?

在亚马逊平台上,规则和政策虽然都对卖家的行为进行规范和指导,但它们之间存在一些区别。

(1) 定义与范围。

① 平台规则:

定义:平台规则是亚马逊为维护市场秩序、保护消费者权益、促进公平竞争而制定的一系列具体的操作规范和行为准则。

范围:规则通常涉及账号管理、产品发布、客户服务、物流配送、广告投放等日常运营的各个方面。例如,账号管理规则要求卖家提供真实有效的注册信息,产品发布规则要求商品信息准确无误。

② 平台政策:

定义:平台政策是亚马逊在更高层次上制定的指导性原则和方针,反映了亚马逊的经营理念和战略方向。

范围:政策通常涵盖知识产权保护、价格政策、评价与反馈政策等更为宏观的领域。

例如,知识产权保护政策强调对品牌和原创内容的保护,价格政策指导卖家合理定价。

(2) 制定依据与目的。

① 平台规则:

制定依据:主要基于平台的运营需求、消费者期望以及法律法规的基本要求。

目的:确保平台的日常运营顺畅、高效,防止不良行为的发生,如虚假宣传、恶意竞争等,为卖家和消费者提供一个良好的交易环境。

② 平台政策:

制定依据:除了考虑平台运营需求外,还结合市场发展趋势、行业标准以及法律法规的更高要求。

目的:引导卖家和消费者的行为符合平台的长远发展战略,促进平台的可持续发展,同时提升平台在市场中的竞争力和品牌形象。

(3) 执行方式与处罚措施。

① 平台规则:

执行方式:通常通过平台的后台系统进行实时监控和自动检测,结合人工审核的方式进行执行。例如,系统会自动检测产品标题中的关键词是否违规,人工审核则用于处理复杂的账号关联问题。

处罚措施:违反规则的处罚相对具体且及时,如商品下架、账户冻结、扣除销售佣金等。这些措施旨在迅速纠正违规行为,防止其对平台运营造成进一步的影响。

② 平台政策:

执行方式:除了依靠平台的后台系统和人工审核外,还依赖于卖家和消费者的自觉遵守以及平台的长期引导和教育。例如,知识产权保护政策需要卖家主动进行品牌备案,平台则通过教育卖家了解知识产权的重要性来促进政策的落实。

处罚措施:违反政策的处罚可能更为严重,如长期账户封禁、法律诉讼等。这些措施不仅针对违规行为本身,还可能对卖家的长期发展产生深远影响。

(4) 变动频率与更新方式。

① 平台规则:

变动频率:相对较高,会根据市场变化、消费者反馈以及平台运营的实际情况进行及时调整和更新。例如,随着消费者对产品信息透明度要求的提高,平台可能会更新产品发布规则,要求卖家提供更详细的产品成分信息。

更新方式:通常通过平台的通知系统、卖家中心的公告以及电子邮件等方式向卖家发布最新的规则变更信息,要求卖家及时了解并遵守。

② 平台政策:

变动频率:相对较低,更多地体现了平台的长期战略和核心价值观,不会频繁变动。例如,亚马逊的客户至上政策一直是其核心理念,不会轻易改变。

更新方式:政策的更新往往伴随着平台的重大战略调整或市场环境的显著变化,更新时会通过更为正式和全面的渠道进行发布,如新闻发布会、官方博客文章等,以确保所有相关方都能充分理解和适应新的政策导向。

【课后习题】

一、单选题

1. C 2. B 3. B 4. D 5. B 6. B 7. D 8. B 9. C 10. B

二、多选题

1. ABCD 2. ABCD 3. AB 4. ABCD 5. ABCD

三、简答题

1. 亚马逊平台在全球电子商务市场中有何地位和影响力？

亚马逊是全球最大的电子商务平台之一，拥有庞大的用户基础和广泛的市场覆盖。它不仅为消费者提供了丰富的商品选择和便捷的购物体验，还为全球的卖家提供了一个广阔的市场和完善的销售平台。亚马逊通过其先进的物流网络、强大的技术支持和创新的商业模式，推动了电子商务的发展，对全球的零售业产生了深远影响。

2. 描述亚马逊平台的FBA服务的优势和适用场景。

FBA(Fulfillment by Amazon)服务的优势包括以下几个方面：提供专业的仓储、打包、配送和客户服务，帮助卖家节省物流成本和时间；提高商品的曝光率和销售机会，因为FBA商品通常有资格获得Prime配送；降低库存积压风险，因为亚马逊有高效的库存管理能力。适用场景包括以下两个方面：卖家希望专注于产品开发和市场推广，而不需要投入大量时间和资源在物流和仓储上；对于国际卖家来说，FBA可以简化跨境物流的复杂性，提高国际市场的竞争力。

3. 如何在亚马逊平台上选择具有潜力的热门产品？

首先，可以通过市场研究工具和亚马逊的销售排行榜来了解当前的热门产品和趋势。其次，关注消费者的需求和反馈，分析评论和问答中的热门话题和痛点。此外，可以利用亚马逊的关键词工具和广告数据分析工具，了解哪些关键词和产品具有较高的搜索量和竞争潜力。最后，考虑自身的资源和优势，选择与自身品牌定位和供应链能力相匹配的产品。

4. 亚马逊平台的Prime会员服务对卖家和消费者分别有哪些好处？

对卖家的好处包括以下几点：提高商品的曝光率和销售机会，因为Prime会员更倾向于购买Prime配送的商品；增加客户忠诚度，因为Prime会员通常会成为品牌的忠实客户；提高品牌知名度和信任度，因为Prime会员对亚马逊平台的信任度较高。对消费者的好处包括以下几点：享受快速配送服务，通常在1～2天内送达；获得免费的视频和音乐流媒体服务；享受其他会员专属优惠和服务，如会员专享折扣、优先购物等。

5. 在亚马逊平台上，如何通过优化产品页面来提高产品的转化率？

首先，确保产品标题具有吸引力且包含关键词，以便在搜索结果中获得更好的排名。其次,提供高质量的产品图片,展示产品的细节和特点。此外,撰写详细且有说服力的产品描述,突出产品的优势和卖点。还可以通过优化产品评论和问答,展示产品的口碑和客户的反馈。最后,合理设置价格和促销活动,吸引消费者的购买兴趣。

第三章　Wish 平台

引例

1. Wish 平台的成功因素有哪些？

(1) 智能推荐算法。

Wish 平台利用强大的智能推荐算法,通过大数据分析用户的浏览历史、购买行为和兴趣爱好,为每个用户量身定制个性化的浏览页面。这种"千人千面"的推荐方式不仅节约了用户的购物时间,还提高了产品的曝光率和销量转化率,极大地增加了用户黏性。

(2) 低价商品策略。

Wish 主要以低廉的价格吸引中低端顾客,售卖大量廉价商品。其商品折扣低,甚至有些商品只需支付运费即可。得益于"万国邮政公约",从亚太地区到美国的包裹运费可能低于美国国内运费,这也是 Wish 低价策略的基础之一。低价商品策略使 Wish 在竞争激烈的电商市场中迅速脱颖而出,吸引了大量价格敏感型消费者。

(3) 低门槛入驻条件。

Wish 平台对卖家的入驻门槛较低,个人卖家和企业卖家均可注册,无须缴纳保证金及进行企业和品牌认证。后台操作界面简单,卖家可以出单后再采购,无须提前押款备货至海外仓。这种低门槛入驻条件吸引了大量中小卖家,尤其是没有外贸经验的"草根卖家",为平台提供了丰富的商品资源。

2. Wish 平台衰落的原因是什么？

(1) 产品质量问题。

Wish 平台上的商品价格低廉,往往意味着与大量低价供应商合作,产品质量和售后服务难以保证。2022 年 11 月,Wish 因"产品不合规、不合法"在法国市场被下架,严重影响了平台的声誉和用户信任度。

(2) 竞争环境激烈。

随着电商市场的不断发展,竞争日益激烈,新兴平台不断涌现。Wish 在面对市场竞争时,未能及时调整自身战略和业务模式,以适应市场的变化和消费者的需求。同时,全球经济形势的不稳定、政策法规的变化等因素也对 Wish 的经营产生了不小的影响。

(3) 产品同质化严重。

Wish平台入驻门槛低,吸引了大量卖家,导致所售产品趋于同质化。卖家为了追求销量和利润,往往跟风上传类似产品,导致产品识别度不高,缺乏差异化特点。这不仅降低了用户的购物体验,也增加了平台的运营成本。

(4) 平台政策严苛。

Wish平台对卖家的要求严苛,违反平台规则的卖家会面临罚款、下架、邮件通知或在线通知,申诉成功率几乎为0。平台政策频繁更新,且一般不会特意通知卖家,增加了卖家的运营成本和操作难度。此外,Wish对"店铺账号关联"的规定更为严苛,一旦出现操作失误就会被封号并关闭店铺,导致卖家损失惨重。

3. Wish平台的教训对其他跨境电商平台有哪些启示?

(1) 数据驱动与持续创新。

Wish平台的成功在于其在移动互联网浪潮下,率先将智能算法和技术应用于电商领域。其他跨境电商平台应持续投入技术研发,利用大数据和人工智能技术优化用户体验,提升运营效率。同时,要不断探索新的业务模式和创新点,以保持平台的竞争力。

(2) 产品质量与品牌建设。

产品质量是平台可持续发展的关键。其他跨境电商平台应严格把控产品质量,建立完善的质量监控体系,确保所售商品符合相关标准。同时,鼓励卖家打造自有品牌,提升品牌知名度和美誉度,通过品牌效应提高用户忠诚度。

(3) 卖家权益保护。

平台应维护现有卖家的权益,适当调整政策,提高注册门槛,筛选优质卖家。对于已注册的卖家,提供优惠政策,如流量支持、邮费免单服务等,增加卖家的黏性和信心。同时,建立公平、透明的规则体系,减少卖家的运营风险。

(4) 物流与售后服务。

提升物流效率和服务水平是提升用户体验的重要环节。平台应与多家优质物流公司合作,提供多样化的物流方案,确保商品能够快速、安全地送达消费者手中。同时,完善售后服务体系,及时处理用户的咨询和投诉,提升用户满意度。

4. 如果你是Wish平台的运营者,你会如何应对当前的挑战?

(1) 提升产品质量。

建立严格的质量审核机制,对入驻卖家进行资质审核和产品抽检,确保所售商品符合质量标准。鼓励卖家提供质量认证和品牌授权,提升平台的整体商品质量。

(2) 优化用户体验。

持续优化App的界面和操作流程,提升用户的购物体验。加强与用户的互动,通过用户反馈及时调整产品和服务。例如,增加用户评价和反馈的权重,及时处理用户投诉,提升用户满意度。

(3) 加强品牌建设。

鼓励卖家打造自有品牌,提供品牌建设的支持和资源,如品牌推广、营销活动等。

通过品牌效应提升产品的附加值和用户忠诚度,减少对价格竞争的依赖。

(4) 拓展市场与业务。

拓展新的市场和业务领域,如增加高端商品类目,吸引中高端消费者。同时,探索新的业务模式,如直播带货、社交电商等,提升平台的市场竞争力。

(5) 利用新技术。

积极利用人工智能、大数据、区块链等新技术,提升平台的运营效率和用户体验。例如,利用人工智能优化推荐算法,提升推荐的准确性和个性化;利用大数据分析市场趋势,为卖家提供市场洞察;利用区块链技术提升供应链的透明度和可信度。

【课后习题】

一、单选题

1. B 2. A 3. B 4. C 5. A 6. B 7. A 8. A 9. C 10. C

二、多选题

1. ABCD 2. ABC 3. ABCD 4. ABCD 5. ABCD

三、简答题

1. 简述 Wish 平台的创立背景和发展历程。

Wish 平台在 2011 年正式上线,最初以社交型平台的形式存在,通过系统抓取和用户上传内容,利用算法系统向用户推荐商品图片。2013 年 3 月,Wish 加入了商品交易功能,正式转型为跨境电商平台。2014 年,在上海成立办事处,拓展中国供应商资源。2015 年进行了多轮融资和业务扩展。2020 年月,活跃用户达到 1.07 亿。2024 年,被出售给新加坡电商平台 Qoo10。

2. Wish 平台的主要特点是什么?

Wish 平台的主要特点包括以下几个方面:

专注于移动端购物,页面呈瀑布流形式,流量几乎全部来自移动端。

拥有强大的智能推荐算法,通过大数据分析用户喜好,进行精准推送。

商户入驻门槛低,无须缴纳保证金及进行企业和品牌认证,个人卖家也可入驻。

商品价格低廉,主要以低价商品吸引中低端顾客。

3. Wish 平台的市场影响力体现在哪些方面?

Wish 平台的市场影响力体现在以下几个方面:

用户规模庞大,全球注册用户超过 5 亿,月活跃用户数曾超过 1 亿。

交易规模显著,曾在进入电商平台赛道不到一年的时间里,交易额超过 1 亿美元,两年内估值达到 30 亿美元。

商业模式独特,通过移动端进行交易,实现交易闭环,其个性化推荐等创新模式引领行业发展。

4. Wish 平台的运营模式包括哪些方面?

Wish 平台的运营模式包括以下几个方面:

盈利模式：主要通过收取交易手续费，卖家支付每笔交易额的15%作为手续费。

技术模式：采用智能推送机制，根据用户标签和行为数据推送感兴趣商品。

运作方式：包括本土化语言服务、大数据辅助市场分析、内容营销体系构建。

营销与推广策略：包括平台优化策略、精准广告投放、社交媒体营销、多渠道推广等。

5. 简述Wish平台的供应链管理策略。

Wish平台的供应链管理策略包括以下几个方面：

A+物流计划：为某些国家路向提供托管式物流服务，提高物流表现和用户体验。

Wish Post：与邮政合作推出的物流产品，为卖家提供集货仓、专线产品等物流解决方案。

Wish Express：海外仓项目，提升配送时效，增加产品曝光量和用户信任度。

全球供应链体系：与优质供应商和物流公司合作，实现快速响应市场需求和优质产品供应。

第四章 速卖通平台

引例

1. 选品策略：

（1）结合YTMTLOY女鞋品牌的成功案例，分析如何根据目标市场特点选择符合当地消费者需求的商品？

YTMTLOY女鞋品牌成功的关键在于其精准的市场定位和选品策略。李壮通过市场调研发现，女鞋在国际市场上需求旺盛，尤其是高性价比的时尚女鞋。他选择了女鞋这一细分市场，专注于提供多样化的款式和尺码，满足不同国家和地区女性消费者的需求。此外，YTMTLOY品牌注重产品质量和设计，确保产品在外观和舒适度上都能吸引消费者。通过这些策略，YTMTLOY品牌成功吸引了大量海外买家，提高了店铺的曝光度和转化率。

（2）从王先生的失败案例中，思考如何避免选品过程中的侵权风险，确保选品的合法性和合规性。

王先生的店铺因侵权问题被关闭，这给我们带来了重要的启示。为了避免选品过程中的侵权风险，卖家需要做到以下几点：

① 充分了解平台规则：在入驻速卖通之前，仔细阅读并理解平台的知识产权保

护政策和相关法律法规。

②进行市场调研：在选品前，进行充分的市场调研，了解目标市场的品牌保护情况，避免选择可能涉及侵权的商品。

③合法授权：如果销售品牌商品，确保获得品牌的合法授权，并保留相关授权文件。

④使用自有品牌：考虑开发和销售自有品牌产品，这样可以避免侵权风险，同时也有助于建立品牌忠诚度。

2. 运营与管理：

(1) YTMTLOY品牌通过哪些运营策略提高了店铺曝光度和转化率？你认为这些策略在其他跨境电商平台是否同样适用？

YTMTLOY品牌通过以下运营策略提高了店铺曝光度和转化率：

①积极参与平台活动：利用速卖通的营销工具，如直通车推广、限时折扣、满减活动等，提高店铺和商品的曝光度。

②优化产品信息：确保产品标题、描述、图片等信息准确、详细、吸引人，提高产品的搜索排名和点击率。

③提供优质的客户服务：及时回复客户咨询，处理售后问题，提高客户满意度和忠诚度。

④利用社交媒体营销：通过Facebook、Instagram等社交媒体平台进行推广，吸引更多潜在客户。

这些策略在其他跨境电商平台同样适用。例如，亚马逊、eBay等平台也提供类似的营销工具和活动，卖家可以通过优化产品信息、提供优质的客户服务、利用社交媒体营销等手段，提高店铺的曝光度和转化率。

(2) 王先生的店铺因侵权问题被关闭，这给我们带来了哪些启示？在运营速卖通店铺时，如何建立有效的合规管理体系，避免类似风险？

王先生的店铺因侵权问题被关闭，给我们带来的启示包括以下几个方面：

①合规意识：卖家必须树立强烈的合规意识，严格遵守平台规则和法律法规。

②风险评估：在选品和运营过程中，定期进行风险评估，及时发现和解决潜在的侵权问题。

③培训与教育：定期对团队进行知识产权保护和合规运营的培训，提高团队的合规意识和能力。

④建立合规机制：建立内部合规机制，设立专人负责合规管理，确保所有运营活动合法合规。

3. 物流与仓储：

(1) 速卖通平台提供了多种物流选择，YTMTLOY品牌在物流方面可能采取了哪些优化措施，以提高物流效率和客户满意度？

YTMTLOY品牌可能采取了以下物流优化措施：

① 选择合适的物流渠道：根据商品的特点和目标市场，选择最合适的物流渠道。例如，对于轻小件商品，选择速卖通的线上发货服务，如AliExpress无忧物流，确保快速、可靠地配送。

② 利用海外仓：在目标市场设立海外仓，提前将商品存储在海外仓库，缩短配送时间，提高客户满意度。

③ 优化包装：合理包装商品，减少运输过程中的损坏风险，同时降低物流成本。

④ 跟踪物流信息：及时跟踪物流信息，确保客户能够实时了解商品的运输状态，提高透明度和信任度。

（2）对于王先生的跨境网店，物流问题是不是导致店铺关闭的间接因素之一？在跨境电商中，如何选择合适的物流渠道，降低物流成本，同时确保货物安全及时送达？

物流问题可能是王先生店铺关闭的间接因素之一。在跨境电商中，选择合适的物流渠道至关重要：

① 了解物流服务提供商：选择信誉良好、服务可靠的物流服务提供商，确保货物能够安全、及时送达。

② 考虑成本与效率：综合考虑物流成本和配送效率，选择性价比最高的物流方案。例如，对于高价值商品，可以选择快递服务，确保快速送达；对于低价值商品，可以选择邮政小包，降低成本。

③ 利用平台资源：充分利用速卖通提供的物流服务，如AliExpress无忧物流，享受平台的优惠政策和保障措施。

④ 优化物流流程：建立高效的物流管理流程，确保订单处理、发货、跟踪等环节顺畅无阻，提高客户满意度。

4. 营销推广：

（1）YTMTLOY品牌如何利用速卖通平台的营销工具和社交媒体等渠道进行营销推广，吸引更多潜在客户？

YTMTLOY品牌通过以下方式利用速卖通平台的营销工具和社交媒体进行营销推广：

① 平台活动：积极参与速卖通的各类活动，如限时折扣、满减活动、店铺优惠券等，提高店铺的曝光度和销量。

② 直通车推广：利用速卖通直通车，通过关键词竞价，提高商品在搜索结果中的排名，吸引更多潜在客户。

③ 社交媒体营销：通过Facebook、Instagram等社交媒体平台，发布产品信息、优惠活动，吸引粉丝关注和购买。例如，定期发布产品图片、视频，举办互动活动，提高品牌知名度和用户参与度。

④ 内容营销：撰写高质量的产品介绍、使用教程、客户评价等内容，发布在速卖通平台和社交媒体上，提高用户的信任度和购买意愿。

(2) 王先生的店铺在营销推广方面可能存在哪些不足？在制定营销策略时，如何充分考虑目标市场和客户群体的特点，提高营销效果？

王先生的店铺在营销推广方面可能存在的不足包括以下几个方面：

① 缺乏有效的营销工具使用：没有充分利用速卖通提供的营销工具，如直通车、限时折扣等，导致店铺曝光度低。

② 社交媒体营销不足：没有有效利用社交媒体平台进行推广，缺乏与潜在客户的互动和沟通。

③ 内容营销缺失：没有发布高质量的产品介绍、使用教程等内容，无法吸引用户关注和购买。

在制定营销策略时，卖家应充分考虑目标市场和客户群体的特点：

① 市场调研：了解目标市场的文化、消费习惯、偏好等，制定符合当地市场的营销策略。

② 个性化营销：根据客户群体的特点，提供个性化的营销内容和优惠活动，提高用户的参与度和购买意愿。

③ 多渠道营销：结合速卖通平台的营销工具和社交媒体平台，进行多渠道营销，扩大品牌影响力。

④ 用户反馈：关注用户反馈，及时调整营销策略，确保营销活动的有效性和吸引力。

5. 售后服务与纠纷处理：

(1) YTMTLOY 品牌如何建立完善的售后服务体系，提高客户满意度和忠诚度？

YTMTLOY 品牌通过以下方式建立完善的售后服务体系：

① 及时响应：设立专门的客户服务团队，确保在 24 小时内回复客户咨询，处理售后问题。

② 提供解决方案：对于客户的问题，提供及时、有效的解决方案，如退款、换货、维修等，确保客户满意。

③ 跟踪反馈：定期跟踪客户反馈，了解客户满意度，及时改进服务。

④ 建立客户档案：记录客户的购买历史和反馈信息，为客户提供个性化的服务，提高客户忠诚度。

(2) 王先生的店铺在售后服务和纠纷处理方面可能存在哪些问题？在跨境电商中，如何有效处理跨境物流中的纠纷，维护企业形象和客户关系？

王先生的店铺在售后服务和纠纷处理方面可能存在的问题如下：

① 响应不及时：没有及时回复客户咨询，没有及时处理售后问题，导致客户不满。

②解决方案不足：提供的解决方案没有效，无法满足客户的需求，导致纠纷升级。

③缺乏沟通：没有与客户保持良好的沟通，无法及时解决问题，影响客户关系。

在跨境电商中，有效处理跨境物流中的纠纷，维护企业形象和客户关系的方法如下：

①建立快速响应机制：设立专门的售后团队，确保在24小时内回复客户咨询，处理售后问题。

②提供多种解决方案：根据客户的具体问题，提供多种解决方案，如退款、换货、维修等，确保客户满意。

③透明沟通：及时向客户通报物流信息和处理进度，保持透明度，提高客户的信任度。

④建立客户反馈机制：定期收集客户反馈，了解客户满意度，及时改进服务，维护企业形象和客户关系。

【思考题】 思考商家自营模式、全托管模式和半托管模式这三种运营模式各自的优缺点。

速卖通平台提供了三种主要的运营模式：商家自营模式、全托管模式和半托管模式。每种模式都有其独特的优缺点，适用于不同类型的卖家和业务需求。以下是对这三种运营模式的详细分析：

(1) 商家自营模式的优缺点。

优点：

高度自主：卖家拥有完全的自主权，可以自由决定商品的上架、定价、促销活动等，能够根据市场变化和自身策略灵活调整。

个性化服务：卖家可以根据自己的品牌定位和客户群体，提供个性化的客户服务和售后支持，增强客户满意度和忠诚度。

成本控制：卖家可以直接控制运营成本，包括库存管理、物流选择等，有助于优化利润空间。

品牌建设：适合有品牌意识的卖家，可以通过自主运营提升品牌知名度和影响力。

缺点：

运营复杂：需要卖家投入大量的时间和精力进行店铺管理、订单处理、物流协调等，对运营能力要求较高。

资源要求高：卖家需要具备一定的资源和经验，包括市场调研、营销推广、客户服务等，否则可能面临运营困难。

风险较高：卖家需要自行承担市场风险，包括库存积压、物流延误、客户投诉等，对风险控制能力要求较高。

(2) 全托管模式的优缺点。

优点：

运营简便：卖家只需负责备货，平台承担商品上架、定价、促销、物流配送和售后服务等所有运营工作，大大减轻了卖家的运营负担。

专业运营：平台拥有专业的运营团队，能够更高效地管理店铺，提升店铺的曝光度和销量，尤其适合小型卖家和新手。

统一物流：平台负责物流配送，确保物流的稳定性和时效性，减少物流风险。

售后无忧：平台提供统一的售后服务，处理退换货等售后问题，减少卖家的售后压力。

缺点：

自主性低：卖家对店铺的控制权有限，无法自主进行商品上架、定价和促销活动，可能无法满足个性化需求。

成本较高：平台可能会收取一定的服务费用，虽然减轻了运营负担，但可能会增加运营成本。

品牌建设受限：由于运营由平台统一管理，卖家在品牌建设和个性化服务方面的空间较小，不利于长期品牌发展。

(3) 半托管模式的优缺点。

优点：

物流优化：平台负责跨境和尾程配送、仓储服务以及逆向物流，确保物流的高效和稳定，特别适合轻小件和低客单价商品。

自主运营：卖家保留产品定价权和店铺运营权，可以自主进行商品上架、定价、促销等活动，兼顾了自主性和平台支持。

成本降低：通过平台的统一物流服务，特别是合单发货，可以显著降低物流成本，提高利润空间。

灵活调整：适合中型卖家和柔性生产线商家，能够快速响应市场变化，灵活调整产品和运营策略。

缺点：

部分依赖平台：虽然保留了部分自主权，但物流履约环节依赖平台，卖家对物流的控制力相对减弱。

运营复杂度增加：尽管平台提供了物流和售后支持，但卖家仍需自行进行商品上架、定价和促销等运营活动，运营复杂度相对较高。

资源要求：适合有一定运营能力和资源的卖家，对于小型卖家和新手来说，可能需要时间适应和学习。

速卖通的三种运营模式各有优缺点，适用于不同类型的卖家和业务需求。商家自营模式适合有较强运营能力和品牌意识的卖家，全托管模式适合小型卖家和新手，半托管模式则适合中型卖家和柔性生产线商家。卖家应根据自身的资源、能力和业务需求，选择最适合的运营模式，以实现最佳的运营效果和市场竞争力。

【思考题】 Flash Deals 适合哪些类型的商品？

Flash Deals（闪购）是一种限时限量的折扣活动，适合以下类型的商品：

(1) 热门商品。

热门商品通常具有较高的市场需求和消费者关注度。通过参加 Flash Deals，卖家可以利用限时折扣吸引大量买家，进一步提升销量和市场份额。例如电子产品和时尚服饰。

电子产品：如智能手机、平板电脑、智能手表等。这些商品在市场上竞争激烈，但消费者对价格敏感度较高。通过 Flash Deals 提供限时折扣，可以吸引大量科技爱好者和价格敏感型消费者。

时尚服饰：如当季流行服装、时尚配饰等。时尚产品更新换代快，消费者追求新颖和性价比。Flash Deals 可以为消费者提供购买热门时尚单品的机会，同时帮助卖家快速清理库存，为新品上架腾出空间。

(2) 滞销商品。

滞销商品是指销售缓慢或库存积压的商品。通过 Flash Deals，卖家可以以较低的价格吸引买家，快速清理库存，减少资金占用。例如过季商品和库存积压商品。

过季商品：如冬季的羽绒服、夏季的泳装等。这些商品在季节转换时容易积压，通过 Flash Deals 可以以较低的价格快速销售，减少库存成本。

库存积压商品：如某些款式不受欢迎的家居用品、办公用品等。通过限时折扣，可以吸引价格敏感型消费者购买，减少库存积压。

(3) 新品上市。

新品上市时，通过 Flash Deals 可以快速吸引消费者关注，提升新品的市场认知度和销量。例如科技新品和时尚新品。

科技新品：如新款电子产品、智能设备等。通过 Flash Deals 提供新品限时折扣，可以吸引早期用户尝试和购买，为新品积累用户评价和口碑。

时尚新品：如新款服装、鞋类等。通过限时折扣，可以吸引时尚爱好者和早期 adopters，快速提升新品的市场曝光度和销量。

(4) 高利润商品。

高利润商品通过 Flash Deals 可以实现薄利多销，增加总体利润。例如高端护肤品和高端电子产品配件。

高端护肤品：如知名品牌的眼霜、面霜等。这些商品利润空间较大，通过限时折扣可以吸引更多的消费者购买，增加总体销售额和利润。

高端电子产品配件：如高质量的耳机、手机壳、屏幕保护膜等。这些商品虽然单价较高，但利润空间大，通过 Flash Deals 可以吸引更多的消费者购买，提升店铺的整体利润。

(5) 节日和季节性商品。

节日和季节性商品在特定时期需求量大,通过 Flash Deals 可以进一步提升销量。例如节日礼品和季节性商品。

节日礼品:如圣诞节礼品、情人节巧克力、母亲节鲜花等。在节日来临前,通过 Flash Deals 提供限时折扣,可以吸引大量消费者购买节日礼品。

季节性商品:如夏季的空调扇、冬季的电暖器等。在季节转换时,通过 Flash Deals 可以吸引消费者提前购买季节性商品,提升销量。

(6) 品牌商品。

品牌商品具有较高的品牌认知度和消费者信任度。通过 Flash Deals,可以进一步提升品牌的市场影响力和销量。例如知名品牌电子产品和知名品牌服装。

知名品牌电子产品:如苹果、三星等品牌的手机、电脑等。通过 Flash Deals 提供限时折扣,可以吸引大量品牌忠实用户和价格敏感型消费者。

知名品牌服装:如耐克、阿迪达斯等品牌的运动服装、鞋类等。通过限时折扣,可以吸引品牌忠实用户和追求性价比的消费者,提升品牌的市场占有率。

(7) 小众但高附加值商品。

小众但高附加值的商品通过 Flash Deals 可以吸引特定的消费群体,提升销量。例如手工艺术品和高端定制商品。

手工艺术品:如手工艺品、定制首饰等。这些商品虽然小众,但附加值高,通过限时折扣可以吸引特定的消费群体,提升销量。

高端定制商品:如定制西装、定制家具等。这些商品虽然价格较高,但通过 Flash Deals 可以吸引对品质和个性化有较高要求的消费者,提升店铺的整体利润。

总之,Flash Deals 适合多种类型的商品,包括热门商品、滞销商品、新品上市、高利润商品、节日和季节性商品、品牌商品以及小众但高附加值商品。通过合理选择参与 Flash Deals 的商品,卖家可以有效提升销量、清理库存、提升品牌知名度和市场占有率。

平台入驻要求及流程。

(1) 入驻要求

① 企业资质:个体工商户或企业身份均可开店,需提供企业营业执照,并注册企业支付宝或企业法人支付宝账号,完成企业身份认证。个体工商户商家入驻初期仅可选择基础销售计划。

② 品牌资质:卖家需拥有或代理一个品牌经营权,可选择经营品牌官方店、专卖店或专营店。注册授权商标时需提供商标权人出具的授权书。新注册的自有商标需在速卖通后台进行商标备案操作后,方可进行后续品牌授权。商标可以是 R(Registration)或 TM(Trademark)标。若不经营品牌,可跳过此步骤。仅部分类目必须拥有商标才可经营,具体以商品发布页面展示为准。

(2) 入驻流程

① 访问速卖通官网:登录速卖通官方网站(https://www.aliexpress.com),点击

页面右上方的"Sign in/Register"按钮,如图1所示。

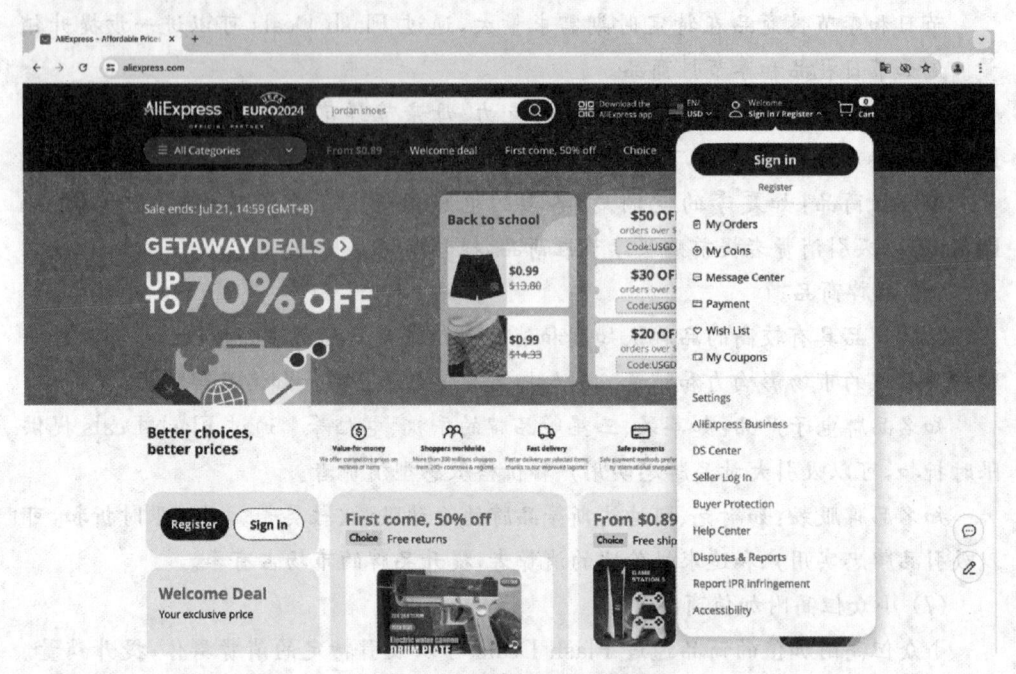

图1 访问速卖通官方网站

② 注册账户:填写必要的信息,包括电子邮件地址、密码和验证码等,点击"Create Your Account"或"Create Account"完成注册,如图2所示。

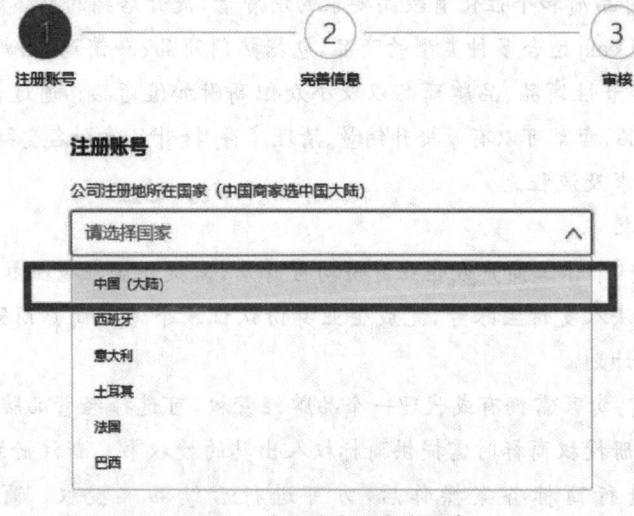

图2 注册速卖通卖家账户

③ 完善个人信息:登录速卖通账户,根据指引完善公司名称、联系方式、地址等信息,确保信息准确无误,如图3所示。

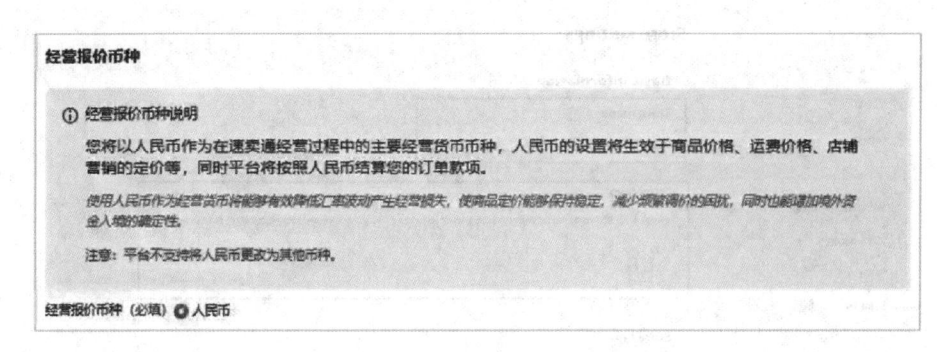

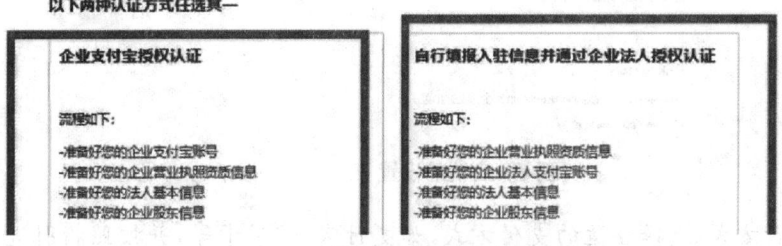

图3 速卖通卖家信息验证

④ 缴纳保证金：根据所经营类目缴纳一定金额的保证金。一个店铺暂时只能选择一个经营范围即一个经营大类，保证金收取该经营大类的费用。不同类目的保证金不尽相同，目前大多数类目的保证金是一万元人民币，如图4所示。

图4 缴纳保证金

⑤ 创建店铺：在速卖通账户中创建店铺，填写店铺名称、描述、主营产品等信息，上传店铺标志和照片，增加店铺的专业性和吸引力，如图5所示。

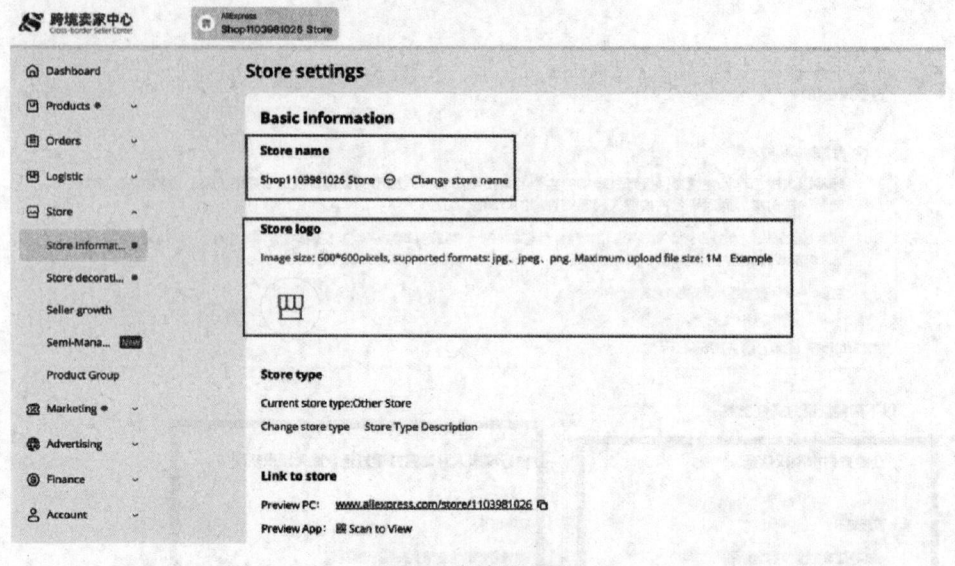

图5 店铺的设置

⑥ 设置支付方式：选择合适的支付方式，如支付宝、信用卡等，并按照指引进行相关设置，如图6所示。

图6 支付方式设置

⑦ 发布商品：提供商品的详细描述、价格、规格、包装等信息，并上传相关的产品图片，确保信息准确、清晰，以提升对买家的吸引力，如图7所示。

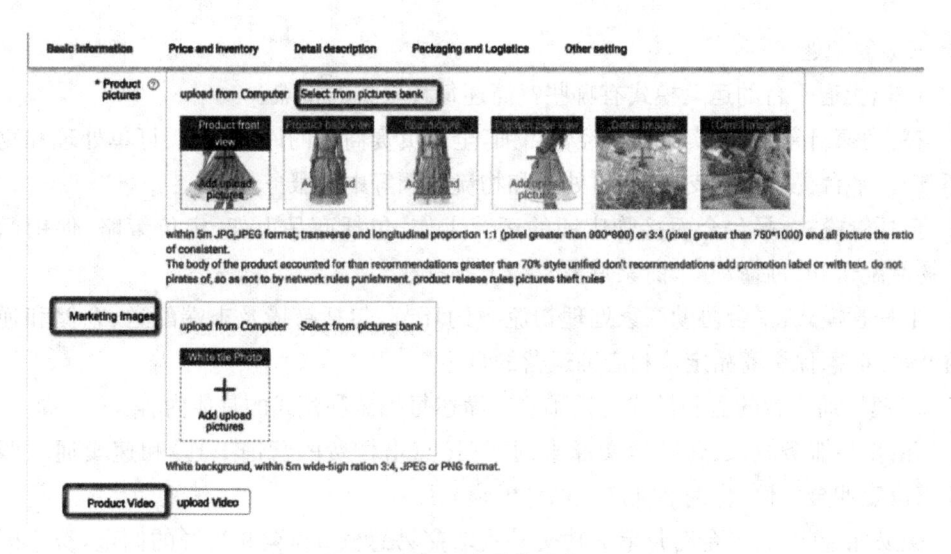

图 7　商品的发布

⑧ 设置运费和物流：根据商品类型和目标市场，设置合适的运费和物流方式。速卖通提供与物流公司的合作，以提供全球物流服务。选择合适的物流方式，并设置适当的运费，如图 8 所示。

完成以上步骤，即可在平台展示和销售商品。

【课后习题】

一、单选题

1. B　2. C　3. D　4. D　5. E　6. C　7. D　8. C　9. D　10. A

二、多选题

1. ABCDE　2. ABC　3. AB　4. ABCD　5. BCD

三、简单题

1. 速卖通平台的运营模式有哪些？简述每种模式的特点。

答：商家自营模式：卖家自主经营店铺，全面负责商品的库存管理、订单处理和物流配送。平台提供技术支持、支付处理和物流协调等中间服务。

全托管模式：平台全面接管店铺的运营工作，包括商品上架、定价策略、促销活动、物流配送和售后服务。商家只需专注于备货。

半托管模式：平台协助商家处理物流履约环节，包括跨境及末端配送、仓储和逆向物流。商家保留商品定价和店铺运营的自主权。

2. 速卖通平台的盈利模式包括哪些？简述每种盈利模式的具体内容。

答：增值服务收入：包括速卖通直通车（按点击付费的营销工具）和速卖通联盟（商家设定佣金比例，将商品推广至站外渠道）。

交易佣金收入：平台对每笔成功交易收取交易总额3%至9.15%的佣金，费率因商品类别、支付方式等因素有所不同。

提现手续费收入：商家每次提现时，平台收取固定的手续费，目前标准为每次15美元。

3. 简述速卖通平台的入驻流程。

答：入驻流程包括准备入驻所需资料（如企业营业执照、法人身份证等）、注册账号、填写店铺信息、实名认证和设置支付方式等具体步骤。

4. 速卖通平台的用户特征有哪些？

答：用户特征包括年龄分布广泛但以18—35岁年轻用户为主，男女比例较为均衡，以白领等中等偏上收入群体为主，教育水平相对较高，消费偏好实用性和奢侈性商品等。

5. 简述速卖通平台的营销策略。

答：营销策略包括站内营销（平台活动、店铺自主营销、客户管理营销）和站外营销（搜索引擎营销、社交媒体营销等）。站内营销通过参与平台活动、设置店铺折扣和优惠券、管理客户信息等方式提升销量和客户满意度。站外营销通过优化搜索引擎排名、投放广告、创建内容等方式吸引潜在买家。

第五章 eBay平台

引例思考题

1. 李明能够在eBay上购买到国内罕见的限量版球鞋，这体现了eBay平台的什么特点？你认为eBay的全球性给消费者和卖家分别带来了哪些机遇和挑战？

（1）eBay平台的特点。eBay的全球性使其成为一个覆盖广泛、商品种类丰富的在线购物平台。李明能够购买到国内罕见的限量版球鞋，体现了 eBay 平台的全球市场覆盖和多样化的商品选择。eBay 平台的全球性不仅为消费者提供了更多的选择，还为卖家提供了更广阔的市场。

(2) eBay 的全球性给消费者和卖家分别带来的机遇和挑战如下：

给消费者带来的机遇：消费者可以购买到全球各地的稀有商品，满足个性化需求，价格往往更具竞争力。

给消费者带来的挑战：消费者需要了解不同国家的购物规则、物流和关税政策，语言和文化差异也可能带来沟通障碍。

给卖家带来的机遇：卖家可以接触到全球范围内的潜在买家，扩大销售市场，提高销售额和利润。

给卖家带来的挑战：卖家需要处理国际物流、关税、支付和售后服务等复杂问题，还需要确保商品的质量和真伪，以建立买家信任。

2. 在李明的案例中，他如何确保在 eBay 上购买的球鞋是正品？eBay 平台有哪些机制可以保障买家和卖家的交易安全？你认为在跨境电商中，建立信任的重要性体现在哪些方面？

(1) 李明确保球鞋是正品的方法：

查看卖家信誉：选择信誉高、评价好的卖家，查看卖家的历史交易记录和买家反馈。

核实商品信息：仔细阅读商品描述，查看图片和视频，确保商品信息详细准确。

(2) eBay 平台可以保障买家和卖家交易安全的机制如下：

使用认证支付方式：通过 PayPal 等认证支付方式付款，享受支付保障。

eBay 平台的交易安全保障机制：

卖家审核和评价系统：平台对卖家进行严格审核，买家可以查看卖家的信誉评价和历史交易记录。

支付保障：提供多种支付方式，如 PayPal，确保交易安全。

纠纷解决机制：平台设有纠纷解决机制，帮助买家和卖家处理交易中可能出现的问题。

(3) 建立信任的重要性：

提高购买意愿：买家信任卖家，更愿意购买商品。

减少交易风险：信任可以降低交易中的不确定性和风险，提高交易成功率。

促进复购和口碑传播：良好的信任关系可以促进买家的复购和口碑传播，提升店铺的长期竞争力。

3. 李明在将球鞋引入国内销售时，遇到了国际物流和关税问题。你认为 eBay 平台提供了哪些物流解决方案来帮助卖家应对这些挑战？卖家在选择物流方式时需要考虑哪些因素？

(1) eBay 平台的物流解决方案：

自发货模式：卖家自行处理包装与配送，可选择与本地邮政或快递合作，灵活性高但物流时效性较难保证。

海外仓模式:卖家提前将货物存储在目标市场仓库,有订单时直接发货,能显著缩短配送时间,提升买家体验,但仓储成本较高。

eBay直发物流模式:卖家将货物发至指定物流中心,由其完成后续配送,可借助平台物流优势,降低物流管理难度,提高物流效率与可靠性。

(2)卖家选择物流方式时需要考虑的因素:

成本:不同物流方式的成本差异较大,需要综合考虑运费、仓储费、保险费等。

时效性:根据商品的紧急程度和买家的需求,选择合适的物流方式,确保商品能够及时送达。

可靠性:选择信誉好、服务可靠的物流提供商,确保物流过程中的商品安全。

跟踪服务:选择提供物流跟踪服务的物流方式,方便买家和卖家及时了解物流状态。

4. 李明发现国内球鞋爱好者对海外限量版球鞋有很高的需求。这反映了 eBay 平台在市场定位上的哪些优势?如果你是李明,你会如何进一步分析国内球鞋市场的需求,以确定哪些球鞋款式和品牌在 eBay 上采购会更受欢迎?

(1)eBay 平台的市场定位优势:

全球市场覆盖:eBay 平台覆盖全球 38 个国家和地区,提供多语言和多货币支持,方便不同国家和地区的买家和卖家进行交流和支付。

多元化商品种类:eBay 上的商品种类非常丰富,几乎涵盖了各个领域的商品,从电子产品、时尚、家居用品到日用品和奢侈品,从二手商品到全新商品,为卖家提供了广阔的市场空间。

(2)进一步分析国内球鞋市场的需求:

市场调研:通过问卷调查、在线论坛、社交媒体等渠道,了解国内球鞋爱好者的具体需求,包括品牌、款式、价格区间等。

数据分析:利用 eBay 平台的数据分析工具,研究热门球鞋的销售数据和趋势,了解哪些品牌和款式在国际市场上受欢迎。

竞品分析:分析国内市场上已有的球鞋供应商,了解他们的产品特点和价格策略,找出市场空白和机会。

用户反馈:收集国内球鞋爱好者的反馈,了解他们对海外限量版球鞋的具体需求和期望,调整采购策略。

5. 李明的创业想法体现了对 eBay 平台商业模式的初步探索。你认为 eBay 平台的哪些商业模式(如 C2C、B2C 等)最适合李明的业务?他如何利用 eBay 平台的创新功能(如拍卖、一口价等)来提升自己的竞争力?

(1)适合李明的商业模式:

C2C 模式:李明可以作为个人卖家,直接从 eBay 上采购球鞋并在国内销售。这种模式操作简单,成本较低,适合初创阶段。

B2C模式:随着业务的发展,李明可以注册公司,以企业身份在 eBay 上采购球鞋,建立品牌和信誉,提供更专业的服务。

(2)利用 eBay 平台的创新功能提升竞争力:

拍卖模式:对于一些稀有或高价值的球鞋,可以采用拍卖模式,吸引更多的买家参与竞拍,提高商品的曝光率和成交价。

一口价模式:对于库存量较大、需要快速销售的球鞋,可以采用一口价模式,简化购买流程,提高交易效率。

Promoted Listings:通过付费推广,让商品在搜索结果中更加显眼,增加商品的点击率和曝光率。

Promotions Manager:设置全店商品的组合促销活动,如买一赠一、满减、满额包邮等,激发买家的购买欲望,提高销售额。

【课后习题】

一、单选题

1. B 2. D 3. B 4. B 5. B 6. A 7. B 8. A 9. B 10. A

二、多选题

1. ABCDE 2. ABCD 3. ABCDE 4. ABCDE 5. ABCDE

三、简答题

1. 简述 eBay 平台的三种主要销售方式及其适用场景。

拍卖模式:卖家在平台上发布商品,设定起拍价和拍卖时间,买家在规定时间内进行竞拍。拍卖结束时,出价最高的买家获得商品。适用于具有独特价值或稀有性的商品,如收藏品、限量版商品等。

一口价模式:卖家为商品设定一个固定价格,买家可以直接购买商品,无须参与竞拍。适用于库存量较大、需要快速销售且利润可控的商品。

综合销售模式:结合了拍卖和一口价的优点,卖家可以在设定起拍价的同时,设置一个一口价。买家可以选择参与竞拍,也可以直接以一口价购买商品。适用于希望增加商品曝光度和提高交易成功率的商品。

2. 简述 eBay 平台的盈利模式及其主要组成部分。

(1)基本费用:

刊登费用:卖家每月有一定数量的免费刊登额度,超出部分需要支付刊登费。

成交费用:商品成功售出时,eBay 会收取成交费,按销售总额的百分比计算,加上每笔订单的固定费用。

支付工具费用:使用 PayPal 收款,会根据销售额收取一定比例的费用。

(2)可选费用:

店铺订阅费:eBay 平台将店铺分为不同等级,有月度收费和年度收费两种方式。

店铺等级越高,订阅费用越高,但卖家可获得的免费刊登数量也会增多,其他费用的费率也可能更低。

功能升级费用:卖家对商品清单的部分功能进行升级需要付费,如添加副标题、字体加粗、选择第二分类等。

广告费用:卖家使用平台的广告推广业务时需要支付广告费用,如 Promoted Listings 服务。

(3) 其他收入来源:

收取手续费:eBay 作为交易平台,向买家和卖家收取购物手续费。

提供额外服务:eBay 提供多种额外服务,并从中收取费用,如拍卖、保险、礼品卡、物流服务等。

3. 简述 eBay 平台的运营策略,包括商品发布与管理、店铺优化与建设、营销推广、物流方式与方案选择、订单处理与售后客服、数据分析与优化。

(1) 商品发布与管理:

商品发布:撰写简洁明了且包含关键词的商品标题,详细准确地描述,上传高质量、多角度的清晰图片,合理设置商品价格。

选品策略:研究市场趋势和消费者需求,选择具有竞争力和利润空间的商品,确保商品质量可靠、供应稳定,提供完善的售后服务。

商品优化:精准提炼商品卖点,详细描述商品信息,合理定价和管理库存,根据市场动态调整价格策略。

(2) 店铺优化与建设:

店铺页面优化:设置明显的导航栏,突出品牌元素,选择合适的色彩和字体,优化页面加载速度,增加互动元素,适配移动端。

基础建设:保护账号信息,遵守平台规则,设计吸引人的店铺标志和简介,合理规划商品分类。

(3) 营销推广:

利用 eBay 促销工具:使用 Markdown Manager、Promotions Manager 和 Promoted Listings 提升商品曝光率。

积极参与 eBay 平台活动:参与"夏季清仓大促销""黑色星期五"等大型购物节,享受平台流量红利。

开展站外推广:在社交媒体平台建立品牌账号,与网红合作,利用社交媒体广告,发布有价值的内容,收集买家电子邮件地址,利用 YouTube 发布视频。

(4) 物流方式与方案选择:

自发货模式:卖家自行处理包装与配送,灵活性高但物流时效性较难保证。

海外仓模式:卖家提前将货物存储在目标市场仓库,有订单时直接发货,缩短配送时间,提升买家体验,但仓储成本较高。

eBay 直发物流模式:卖家将货物发至指定物流中心,由其完成后续配送,降低物流管理难度,提高物流效率与可靠性。

(5) 订单处理与售后客服:

订单处理:快速确认订单信息,检查库存状况,使用 ERP 系统管理订单,及时沟通,处理特殊要求和疑问。

售后客服:及时响应买家问题,提供满意的解决方案,处理退换货和投诉,维护好评率和信誉,回复评价时注意礼貌专业。

(6) 数据分析与优化:

数据监测:定期关注店铺的关键数据指标,如商品浏览量、点击率、转化率、销售额等,借助数据分析工具深入了解买家行为和偏好。

持续优化:根据数据分析结果,找出运营问题和不足,调整运营策略和商品策略,优化商品列表、价格、促销活动等,提高运营效率和销售业绩。

4. 简述 eBay 平台的运营团队配置,包括运营团队、客服团队、美工团队、商品推广团队和物流与供应链团队的职责。

(1) 运营团队:

运营经理:制定店铺的长期和短期战略目标,进行市场分析,管理团队,分配资源,审查关键运营数据,优化运营策略。

运营专员:负责日常运营任务,如商品上架、订单处理、库存管理、客户服务等,熟悉平台规则,收集和整理数据,提出优化建议。

(2) 客服团队:

售前客服:解答潜在买家的咨询,提供及时且准确的解答,帮助买家完成下单,提高购买意愿。

售后客服:处理买家的售后问题,如退换货、投诉等,及时响应,提供满意解决方案,维护好评率和信誉,增强买家满意度和忠诚度。

(3) 美工团队:

图片处理美工:负责产品图片的拍摄、编辑、美化,确保图片质量高、细节丰富,符合平台规范,提升产品竞争力。

页面设计美工:负责店铺页面的设计布局,创作广告海报等视觉元素,提升店铺整体形象和品牌感,增强买家购物体验。

(4) 商品推广团队:

搜索引擎优化专员:优化产品标题、描述、关键词,提升店铺在搜索结果中的排名,分析搜索数据,调整优化策略,增加商品曝光率。

广告投放专员:在 eBay 平台上进行精准广告投放,选择合适的广告形式和投放策略,优化广告效果,提升投资回报率,增加店铺流量和销售额。

(5) 物流与供应链团队:

仓库管理员:管理仓库库存,负责货物的入库、出库、盘点,确保库存数据准确,及时更新库存信息,避免缺货或积压。

打包发货人员：根据订单信息打包发货，选择合适的包装材料，确保商品运输安全，提升买家购物体验，树立良好口碑。

第六章　Lazard 平台

引例

1. 东南亚市场为何能吸引 Lazada 这样的电商平台？Lazada 在东南亚市场面临的主要挑战有哪些？这些挑战是如何影响其商业模式和运营策略的？

答：东南亚市场对 Lazada 这样的电商平台具有巨大吸引力，主要源于其庞大的人口基数、快速的经济增长以及不断扩大的中产阶级群体。据联合国数据，东南亚地区人口超过 6 亿，且互联网普及率逐年上升，2023 年已达到 70% 以上。此外，东南亚消费者对线上购物的接受度不断提高，尤其是年轻一代，他们更倾向于通过电商平台满足日常需求。然而，Lazada 在东南亚市场面临诸多挑战，包括不同国家的法律法规差异、复杂的物流配送问题、多样的支付习惯以及文化差异等。这些挑战促使 Lazada 不断优化其商业模式和运营策略，如通过本地化运营团队来适应不同国家的法规和文化，建立海外仓以优化物流配送，并提供多样化的支付方式以满足不同消费者的需求。

2. Lazada 是如何通过创新来适应东南亚市场的特殊需求的？举例说明其在物流、支付、客户服务等方面的创新举措。

Lazada 通过一系列创新举措来适应东南亚市场的特殊需求。在物流方面，Lazada 建立了自己的物流网络 Lazada Global Shipping(LGS)，并在东南亚多国设立海外仓，以缩短配送时间并提高效率。例如，2022 年 Lazada 在新加坡和马来西亚推出的当日达服务，显著提升了用户体验。在支付方面，Lazada 推出了"货到付款"服务，以适应东南亚消费者对现金支付的偏好，同时引入电子钱包如 BiliBili，满足不同支付习惯。在客户服务方面，Lazada 通过多语言支持和本地客服团队，为消费者提供更贴心的服务。例如，Lazada 在印尼推出了 24 小时在线客服，帮助消费者解决购物中的问题。

3. 在全球电商市场中，Lazada 与亚马逊、eBay 等平台相比，具有哪些独特的优势和劣势？在东南亚市场，Lazada 又是如何与当地及其他国际电商平台展开竞争与合作的？

与亚马逊和 eBay 等全球电商巨头相比，Lazada 在东南亚市场具有独特的优势。首先，Lazada 深耕东南亚多年，积累了丰富的本地化运营经验，能够更好地适应当地消费者的需求和偏好。例如，Lazada 通过与本地品牌和商家合作，提供更贴合当地市场的商品和服务。其次，Lazada在物流和支付方面进行了大量本地化创新，如海外仓和货到付款服务，提升了用户体验。然而，Lazada也面临一些劣势，如品牌知名度相对较低，且在技术和资源上不如亚马逊等巨头。在东南亚市场，Lazada通过与本地电商平台如Shopee展开激烈竞争，同时也在一些领域与国际平台如亚马逊进行合作，共同推动区域电商市场的发展。例如，Lazada与Shopee在促销活动和物流配送上展开竞争，同时与亚马逊合作引入国际品牌，丰富商品种类。

4. 东南亚地区文化多样，不同国家的消费者习惯和商业文化存在差异。Lazada是如何在这样的环境中实现跨文化运营的？这种跨文化运营对其品牌形象和市场推广策略有何影响？

Lazada通过建立本地化运营团队和多语言支持系统，实现了在东南亚多国的跨文化运营。每个国家的运营团队深入了解当地文化、消费者习惯和商业法规，能够制定符合当地需求的市场推广策略。例如，Lazada在印尼推出了针对当地节日的促销活动，如开斋节特卖，在泰国则推出了宋干节促销。这种跨文化运营不仅提升了品牌形象，使其在当地消费者中更具亲和力，还帮助Lazada更好地推广其服务和产品。通过本地化营销，Lazada能够更好地与消费者建立情感连接，增强品牌忠诚度。

5. 随着科技的不断进步和消费者需求的不断变化，你认为Lazada未来的发展方向是什么？它将如何应对新兴技术（如人工智能、大数据、区块链等）带来的机遇和挑战？

随着科技的不断进步，Lazada未来的发展方向将聚焦于数字化转型和用户体验的进一步提升。Lazada可能会加大对人工智能和大数据的投入，以实现更精准的商品推荐和个性化服务。例如，通过分析消费者行为数据，Lazada可以提供更符合用户需求的商品推荐，提升购物体验。同时，区块链技术的应用将有助于提升供应链的透明度和效率，确保商品的真实性和质量。Lazada还可能利用物联网技术优化物流配送，实现更高效的库存管理和实时跟踪。此外，Lazada需要不断适应消费者对环保和可持续发展的关注，推动绿色物流和环保包装的使用。通过这些创新举措，Lazada将能够更好地应对新兴技术带来的机遇和挑战，保持其在东南亚电商市场的领先地位。

【课后习题】

一、单选题

1. B 2. D 3. B 4. A 5. D 6. C 7. C 8. C 9. B 10. A

二、多选题

1. ABC 2. ABCD 3. ABCD 4. ABCD 5. ABC

三、简答题

1. 简述Lazada平台的创立背景及其在东南亚市场中的地位。

Lazada 平台创立于 2012 年,旨在填补东南亚电商市场的空白,为当地消费者提供便捷的在线购物体验。它迅速成为东南亚地区最大的在线购物平台之一,拥有近 3 亿注册用户和超过 2 000 万卖家,覆盖马来西亚、印度尼西亚、新加坡、泰国、越南和菲律宾等六国市场。

3. Lazada 平台在物流和支付方面采取了哪些创新举措?各举例说明。

物流创新:Lazada 推出了海外仓和当日送达服务,如在新加坡和菲律宾与本地物流合作伙伴 GrabExpress 合作,将配送时间从 3—5 天缩短至几小时。

支付创新:支持多种支付方式,包括信用卡、借记卡、电子钱包(如 BiliBili)和货到付款,以适应不同消费者的支付习惯。

5. Lazada 平台的入驻流程包括哪些主要步骤?简要说明。

Lazada 平台的入驻流程包括以下主要步骤:

注册账号:登录官网,选择"中国区域所在地",使用手机号码验证,填写企业信息并设置密码。

提交资料:填写公司详细地址,提供营业执照扫描件、法人代表信息,上传产品信息。

商品上传:在后台点击"Add Global Products"链接,填写完整的产品描述并上传高质量图片。

收款账号绑定:绑定企业支付宝或 Payoneer 卡,确保收款账户为企业账户。

后台审核:提交申请后,等待审核结果,通常在 1—3 个工作日内通过邮箱通知。

第七章　Shopee 平台

引例思考题

1. Shopee 的成功因素是什么?

技术创新与用户体验优化:Shopee 通过自建物流体系(SLS)、推出 ShopeePay 电子钱包等方式,解决了东南亚地区物流和支付的痛点,极大地提升了用户体验。

本土化策略:针对东南亚各国的文化、语言和消费习惯差异,Shopee 推出独立站点,设计差异化的促销活动(如开斋节促销),并提供多语言支持,成功吸引了本地消费者。

低门槛招商政策:早期采用"免佣金"策略,吸引了大量中小卖家入驻,丰富了商品种类,满足了消费者多样化的需求。

社交电商与内容营销:通过直播、社交媒体推广和博客分享等方式,Shopee 成功地将社交元素融入购物体验,增强了用户黏性和购买转化率。

强大的运营支持:为卖家提供一站式跨境解决方案,包括店铺管理、物流服务、支付结算等,降低了卖家的运营成本和门槛。

2. Shopee 的商业模式与淘宝有何异同?

相似之处:

C2C 与 B2C 混合模式:Shopee 和淘宝都采用 C2C(个人卖家对个人)和 B2C(商家对消费者)混合模式,吸引了大量中小卖家和品牌商家入驻。

低门槛入驻:两者都通过低门槛招商政策吸引卖家,丰富商品种类,满足消费者多样化需求。

社交电商属性:都注重通过直播、短视频等社交功能增强购物体验,促进销售转化。

不同之处:

市场定位:淘宝主要面向中国市场,而 Shopee 专注于东南亚及拉美等新兴市场,针对这些地区的文化、消费习惯和基础设施特点进行优化。

物流与支付体系:Shopee 自建物流体系(SLS)和推出 ShopeePay 电子钱包,解决了东南亚地区物流和支付的痛点;淘宝则更多依赖国内成熟的物流和支付体系。

本土化运营:Shopee 针对东南亚各国推出独立站点和本土化营销策略,而淘宝主要服务于中国市场,国际化程度相对较低。

3. 如果让你运营一家 Shopee 店铺,你会选择什么商品?

示例:

选择商品的依据:

市场需求:根据 Shopee 的市场特点,东南亚消费者对时尚、美妆、家居用品、电子产品等需求旺盛,尤其是女性消费者对时尚配饰、美妆保养类商品的购买力较强。

文化适应性:商品需要符合当地的文化和消费习惯。例如,穆斯林服装在马来西亚和印尼市场有较大需求,而在菲律宾和越南,时尚类目可能更受欢迎。

价格策略:东南亚消费者对价格较为敏感,因此选择性价比高的商品更容易获得市场认可。

推荐商品:

时尚类:如日系、韩风的女装、配饰,适合中国台湾、马来西亚和菲律宾市场。

美妆类:如平价美妆产品、护肤套装,适合年轻消费群体。

家居用品:如创意家居装饰品、收纳用品,适合新加坡、泰国等市场。

电子产品:如手机配件、小型电子设备,适合马来西亚、印尼等市场。

4. Shopee 在未来可能面临哪些新的挑战?

竞争加剧:随着电商市场的不断发展,Shopee 将面临来自本地电商平台(如 Lazada、Tokopedia)和国际巨头(如亚马逊、阿里巴巴)的激烈竞争。如何保持市场领先地位是一个重要挑战。

物流成本上升:跨境物流涉及多个环节,随着油价波动、运输成本增加,Shopee

需要在物流效率和服务质量之间找到平衡。

消费者需求变化：东南亚消费者对品质、品牌和服务的要求不断提高，Shopee 需要不断优化商品结构和服务体验，以满足消费者日益多样化的需求。

政策风险：东南亚各国的政策环境可能存在不确定性，如税收政策、进口限制等，这可能对 Shopee 的运营产生影响。

技术与创新压力：电商行业竞争激烈，Shopee 需要持续投入技术创新，如人工智能、大数据分析等，以提升用户体验和运营效率。

5. Shopee 的本土化策略对中国卖家有何启示？

深入了解目标市场：中国卖家在拓展海外市场时，需要深入了解目标市场的文化、语言、消费习惯和法律法规，避免因文化差异导致的运营失误。

提供本地化服务：针对不同国家的市场需求，提供本地化的商品和服务。例如，根据当地节日推出特色商品，或提供多语言客服支持。

利用社交媒体与内容营销：东南亚消费者对社交媒体的依赖度较高，卖家可以通过 Facebook、Instagram 等平台进行推广，结合直播带货等方式增强用户互动。

优化物流与支付体验：物流和支付是跨境电商的核心环节。卖家可以与 Shopee 的 SLS 物流体系合作，确保商品快速、安全地送达消费者手中，同时利用 ShopeePay 等支付工具提升支付便利性。

注重用户体验：提供优质的售后服务，如退换货政策、快速响应消费者投诉等，以增强用户满意度和忠诚度。

【思考题】 Shopee 在东南亚哪个国家市场表现最好？

答：Shopee 在东南亚多个国家都取得了显著的市场表现，但根据数据和市场分析，其在新加坡和印尼的表现尤为突出，这两个市场各有其独特的优势和特点。

（1）新加坡市场。

新加坡是 Shopee 的发源地和总部所在地，因此在政策支持、物流基础设施、技术应用等方面具有先天优势。新加坡的电商市场成熟度较高，消费者对线上购物的接受度和消费能力较强。Shopee 在新加坡市场的主要优势如下：

高消费能力：新加坡消费者具有较高的购买力，对电子产品、时尚配饰、美妆产品等高客单价商品的需求旺盛。

物流与支付：新加坡的物流和支付体系较为发达，Shopee 能够提供快速的配送服务和多样化的支付方式，进一步提升了用户体验。

品牌影响力：作为本土平台，Shopee 在新加坡的品牌知名度和用户忠诚度较高，消费者对其信任度也更高。

（2）印尼市场。

印尼是东南亚人口最多的国家，拥有超过 2.7 亿的人口基数，这为 Shopee 提供了广阔的市场空间。尽管印尼市场在物流和支付体系方面存在一些挑战，但 Shopee 通过一系列创新举措成功克服了这些困难，并取得了显著的市场份额。印尼市场的主

要优势如下:

庞大的消费群体:印尼年轻人口占比较高,互联网普及率不断提高,消费者对线上购物的需求旺盛,尤其是对时尚、美妆、电子产品等品类的需求。

本地化运营:Shopee 在印尼市场推出了许多本地化的营销策略,如针对印尼传统节日的促销活动、本地化的内容营销等,成功吸引了大量消费者。

物流与支付创新:尽管印尼的物流和支付体系相对复杂,但 Shopee 通过自建物流体系(SLS)、推出 ShopeePay 电子钱包等方式,极大地提升了物流效率和支付便利性。

(3)其他表现良好的市场。

除了新加坡和印尼,Shopee 在马来西亚、菲律宾和泰国等市场也取得了显著的市场份额。

马来西亚:市场成熟度较高,消费者对性价比高的商品需求旺盛,Shopee 通过本地化运营和多语言支持,成功吸引了大量用户。

菲律宾:年轻人口占比较高,社交媒体活跃度高,Shopee 通过直播带货和社交媒体营销,成功提升了用户参与度和购买转化率。

泰国:电商市场增长迅速,消费者对时尚、美妆、家居用品等品类需求旺盛,Shopee 通过与当地品牌合作和本土化营销,取得了良好的市场表现。

总体而言,Shopee 在新加坡和印尼的表现最为突出。新加坡市场凭借其高消费能力和成熟的电商基础设施,为 Shopee 提供了高质量的用户基础和稳定的业务增长;印尼市场则凭借其庞大的人口基数和快速增长的电商需求,为 Shopee 提供了巨大的市场潜力。这两个市场共同构成了 Shopee 在东南亚的核心竞争力。

【课后习题】

一、单选题

1. B 2. C 3. B 4. B 5. B 6. A 7. A 8. C 9. A 10. C

二、多选题

1. ABCD 2. ABCD 3. ABCD 4. ABCDE 5. ABC

三、简答题

1. Shopee 平台的创立背景是什么?它如何填补了东南亚市场的空白?

Shopee 的创立背景源于其母公司 Sea Limited 的发展历程。Sea Limited 由李小冬创立,最初以游戏代理业务(Garena)起家。李小冬的女儿抱怨"我很想念淘宝",这让他意识到东南亚地区虽然电商市场潜力巨大,但缺乏一个类似淘宝的便捷购物平台。因此,Shopee 应运而生,旨在填补这一市场空白,打造一个"东南亚版淘宝",满足当地消费者日益增长的线上购物需求。

2. Shopee 的运营模式中,C2C 和 B2C 混合模式的优势是什么?

Shopee 采用 C2C(个人卖家对个人)和 B2C(商家对消费者)混合模式,这种模式结合了个人卖家的灵活性和品牌商家的专业性。C2C 模式允许个人卖家利用碎片化的时间和资源开展电商业务,降低了创业门槛;B2C 模式则吸引了品牌商家入驻,提升了平台的商品品质和服务水平。通过这种混合模式,Shopee 不仅丰富了商品种类,还满足了不同层次消费者的需求。

3. Shopee 平台的主要盈利来源是什么？简述其佣金政策的变化及其影响因素。

Shopee 的主要盈利来源包括佣金和交易服务费。佣金比例根据商品售价、店铺等级、订单需求等因素有所不同。早期,Shopee 采用 0 佣金策略吸引中小卖家入驻,丰富平台的商品种类。2017 年后,Shopee 开始对除印度尼西亚之外的地区收取 3% 的佣金,并逐步调整佣金比例。目前,Shopee 对新入驻卖家提供前 3 个月免佣金的优惠政策。佣金政策的变化主要受以下因素影响:商品售价、店铺等级和订单需求。

4. Shopee 在东南亚和拉美市场的营销策略有哪些？结合本土化营销、内容营销和流量来源分析其策略的有效性。

Shopee 在东南亚和拉美市场的营销策略主要包括本土化营销、内容营销和流量来源优化。本土化营销方面,Shopee 根据不同国家的节日、文化和消费习惯推出差异化的促销活动和商品分类,如印尼站点的穆斯林服装类目和越南站点的足球相关类目。内容营销方面,Shopee 通过开设博客栏目,分享购物指南、流行趋势和生活知识,吸引用户关注并提升平台黏性。流量来源方面,Shopee 通过直接搜索、自然搜索、社交媒体引流、广告投放和合作伙伴营销等多种渠道获取流量,确保平台的高曝光度和用户增长。这些策略的有效性体现在 Shopee 的高用户活跃度和市场占有率上。

5. 如果你是一名跨境卖家,准备在 Shopee 平台上开设店铺,你会如何选择目标市场和商品品类？请结合 Shopee 的市场特点和用户需求进行分析。

如果我是一名跨境卖家,我会根据 Shopee 的市场特点和用户需求选择目标市场和商品品类。首先,我会选择东南亚市场,尤其是印尼、菲律宾和越南等人口基数大且年轻消费者占比较高的国家。这些国家的消费者对时尚、美妆、母婴用品等品类需求旺盛,且对价格较为敏感。我会优先选择这些品类的商品,并通过促销活动和折扣策略吸引价格敏感型用户。同时,我会利用 Shopee 的直播功能和社交媒体推广,提升品牌知名度和用户黏性。

第八章　敦煌网平台

引例

1. 敦煌网为什么选择以"敦煌"命名？这一名称背后的文化寓意如何影响其商业模式和市场定位？

敦煌网选择以"敦煌"命名,主要是因为敦煌是古代丝绸之路的重要交通中转站,象征着东西方贸易和文化交流的桥梁。这一名称背后的文化寓意深刻影响了其商业模式和市场定位。

商业模式:敦煌网借鉴了古代丝绸之路的贸易模式,通过搭建一个跨境B2B平台,连接中国中小企业与全球买家,帮助他们实现在线交易。这种模式不仅降低了交易成本,还提高了交易效率,体现了"促进全球通商,成就创业梦想"的使命。

市场定位:敦煌网将自己定位为网络版的丝绸之路,致力于成为中小企业走向国际市场的桥梁。这种定位使其专注于服务中小企业,提供一站式解决方案,包括支付、物流和客户服务,从而在全球跨境电商市场中脱颖而出。

2. 敦煌网的"为成功付费"模式如何帮助中小企业降低进入国际市场的风险?与其他跨境电商平台相比,这种模式的优势是什么?

敦煌网的"为成功付费"模式允许卖家免费入驻平台,只有在交易成功后才收取佣金。这种模式对中小企业有以下优势:

降低进入门槛:中小企业无须支付高额的会员费或广告费,减少了初始投入成本,降低了进入国际市场的风险。

风险共担:平台与卖家共同承担交易风险,只有在交易成功后才收取佣金,这使得卖家更愿意尝试新的市场和产品。

精准推广:平台通过优化搜索算法和推广机制,帮助卖家的产品获得更高的曝光率,从而提高交易成功率。

与其他平台相比,这种模式更符合中小企业的利益,尤其是那些资源有限、风险承受能力较低的企业。

3. 敦煌网如何通过优化支付、物流和客户服务提升用户体验?这些优化措施对平台的长期发展有何重要意义?

敦煌网通过以下方式优化支付、物流和客户服务,从而提升用户体验。

支付体系:敦煌网推出了自主支付工具DHpay,支持多种货币支付和快速结算,降低了手续费,提高了支付成功率。此外,平台还提供供应链金融服务,帮助卖家解决资金周转问题。

物流体系:敦煌网拥有超过200条物流线路和17个海外仓库,提供在线发货和自定义运费功能,帮助卖家降低成本并提高物流效率。

客户服务:敦煌网提供多语言支持、翻译服务和培训课程,帮助卖家和买家克服语言障碍。平台还通过信用背书和交易纠纷处理机制,保障交易安全。

这些优化措施对平台的长期发展具有重要意义:

提升用户满意度:优化的服务使用户(尤其是中小企业)能够更便捷地开展跨境电商业务,从而提高用户满意度和忠诚度。

增强市场竞争力:通过提供更优质的服务,敦煌网在激烈的跨境电商市场中脱颖而出,吸引了更多的用户入驻。

促进平台生态发展:良好的用户体验和高效的交易流程有助于构建一个健康、可持续发展的跨境电商生态系统。

4. 敦煌网在"一带一路"倡议下开启了"网上丝绸之路"。你认为这一战略举措对敦煌网的国际化发展有何推动作用？

敦煌网在"一带一路"倡议下开启"网上丝绸之路"具有重要的战略意义。

政策支持：“一带一路”倡议为敦煌网提供了有利的政策环境，使其能够更好地与沿线国家开展合作，拓展市场。

市场拓展：通过与土耳其等沿线国家的合作，敦煌网成功打入了欧洲和中东市场，扩大了其在全球的影响力。

文化融合：敦煌网借助"一带一路"倡议，推动了中国文化和产品在沿线国家的传播，促进了文化交流与经济合作。

品牌提升：这一战略举措提升了敦煌网的品牌知名度，使其在国际市场上获得了更高的认可度和美誉度。

供应链优化：通过与沿线国家的物流和支付合作，敦煌网进一步优化了其供应链体系，提高了运营效率。

5. 如果你是一名中小企业主，敦煌网的哪些服务最能吸引你入驻，为什么？

作为一名中小企业主，敦煌网的以下服务最能吸引我入驻：

低门槛入驻：敦煌网的"为成功付费"模式允许免费入驻，降低了初始成本，减轻了资金压力。

一站式服务：敦煌网提供支付、物流、金融和客户服务等一站式解决方案，帮助我解决跨境贸易中的各种问题。

全球市场覆盖：敦煌网拥有庞大的全球买家网络，覆盖222个国家和地区，能够帮助我快速拓展国际市场。

数据分析与支持：敦煌网提供丰富的市场数据和分析工具，帮助我了解客户需求和市场趋势，优化产品和运营策略。

培训与教育：敦煌网提供的跨境电商培训课程，帮助我提升运营能力和市场竞争力。

这些服务不仅降低了我进入国际市场的风险，还提升了我的运营效率和盈利能力，因此敦煌网是一个理想的跨境电商平台选择。

【课后习题】

一、单选题

1. B 2. B 3. B 4. B 5. B 6. C 7. D 8. D 9. A 10. C

二、多选题

1. ABCDE 2. ABCE 3. ABCD 4. ABCD 5. ABC

三、简答题

1. 简述敦煌网的创立背景及其与"一带一路"倡议的关系。

敦煌网成立于2004年，旨在帮助中国中小企业突破传统国际贸易的限制，通过互联网技术将产品直接销售给全球买家。其创立背景是中国中小企业在全球贸易中面临诸多挑战,如缺乏国际销售渠道、资金不足、物流和支付体系不完善等。敦煌网以古代丝绸之路的交通中转站"敦煌"命名,希望成为网络版的丝绸之路,促进全球贸易。随着"一带一路"倡议的推进,敦煌网积极响应,通过市场拓展、物流优化、文化交流等措施,推动沿线国家的跨境电商发展,成为"网上丝绸之路"的重要组成部分。

2. 敦煌网的"为成功付费"模式对中小企业有哪些吸引力?

敦煌网的"为成功付费"模式允许卖家免费入驻平台,只有在交易成功后才收取佣金。这种模式降低了中小企业的进入门槛,减少了前期投入成本,使得大量资源有限的中小企业能够轻松进入国际市场。此外,这种模式将平台与卖家的利益紧密绑定,激励双方共同推动交易成功,降低了交易风险,提升了中小企业的市场竞争力。

3. 敦煌网如何通过优化支付、物流和客户服务提升用户体验?

敦煌网通过以下方式优化支付、物流和客户服务:

支付优化:DHpay 支付体系支持多种国际主流货币,提供低手续费、快速结算和高安全性的支付服务。

物流优化:敦煌网在全球布局了 17 个海外仓库和超过 200 条物流线路,提供在线发货服务和自定义运费功能,帮助卖家降低物流成本,提升物流效率。

客户服务优化:提供多语言支持和实时翻译功能,帮助卖家克服语言障碍。同时,平台通过信用背书机制、买家保护机制和专业的客服团队,保障交易安全,及时处理纠纷,提升用户满意度。

4. 敦煌网的海外引流策略中,利用海外社交平台引流的特色功能是什么?

敦煌网的海外引流策略中,利用海外社交平台引流的特色功能如下:

"帮助推"功能:结合平台的 BM 团队和线上资源,开启自主引流模式,帮助卖家获得更多的站外流量。

社交电商功能:允许卖家在社交媒体上直接展示和销售产品,买家可以通过链接直接进入敦煌网购买。

用户生成内容(UGC):鼓励买家在社交媒体上分享购物体验和产品使用心得,通过举办用户晒单活动,为分享用户赠送优惠券或积分,提升平台的口碑和用户黏性。

5. 敦煌网的主要目标市场有哪些?这些市场分别有哪些特点?

敦煌网的主要目标市场包括欧美发达国家和小语种国家。

欧美市场:美国是敦煌网最大的市场,占平台总访问量的 28.4%。欧美买家对 3C 电子产品、时尚服装和家居用品的需求较大,且对产品质量和品牌有较高要求。

小语种国家:如法国、西班牙、意大利、葡萄牙等,这些国家的消费者对性价比高的产品需求旺盛,且对本地化服务和语言支持有较高要求。敦煌网通过提供多语言界面、本地化支付方式和物流服务,积极拓展小语种市场,提升用户体验。